日米体育交流に関する実証的研究

アマースト方式の導入と日本近代体育の成立

大櫃 敬史

学文社

G. A. リーランド（1881年2月撮影）

アマースト大学バレット体育館での体育授業の様子——Junior Class〈1877〉（アマースト大学蔵）

1875（明治8）年ころのアーモスト大学キャンパス

Edward Hitchcock Sr.
（アマースト大学第3代学長）

William A. Starns
（アマースト大学第4代学長）

Julius H. Seelye
（アマースト大学第5代学長）

Nathan Allen
（アマースト大学理事）

William S. Clark
（アマースト大学教授・
マサチューセッツ州立農科大学
第3代学長・札幌農学校教頭）

Edward Hitchcock Jr.
（アマースト大学体育学教授）

目賀田種太郎
（米国留学生監督）

伊沢修二
（初代体操伝習所主幹）

田中不二麿
（文部大輔）

体操伝習所を創った群像

THE ALUMNI COUNCIL OF
AMHERST COLLEGE
BIOGRAPHICAL RECORD OF GRADUATES
AND FORMER STUDENTS
1920

NAME, ADDRESS, AND FAMILY RECORD

1. Name in full — **First name**: George **Middle name**: Adams **Surname**: Leland
2. Permanent (?) address — 354 Commonwealth Av.
   (Either home or business, to which communications from this office should be sent.)

3. Name and address of some one who will habitually know your address

4. Class 1874   Fraternities (including honorary societies) Alpha Delta Phi. Fellow Am. Acad. Dental Science (Hon)

5. Family record

   Full maiden name of wife — Alice Pierce Higgins

   Her residence before marriage — Boston.

   Her school or college

   Date of your marriage — July 16, 1878.

   Children:
   [Give (1) full name, (2) date of birth, (3) names of husbands of married daughters, (4) degrees your children have received from Amherst or other colleges, (5) date of death if deceased.]

   Jun (茜) born June 15, 1880 in Tokyo, Japan. Married, Capt. Salvatore Casano, R.I.N.

   Geo. Adams, Jr. born May, 19, 1886 in Boston. A.B. Harvard 1907, M.D. Harv. 1911. "Ordre d'Academie, Silver Palms, Grade of Officier d'Academie, Silver Palms", by French Govt, Nov. 28, 1919

6. Stock from which you sprang (both father and mother), Henry Leyland, settled in Shoreham Mass. 1652, from England.— father. Henry Adams, settled Mass. about 1630 from County Devonshire, England. — mother.

ジョージ・A・リーランドの履歴書（自筆）

BUSINESS AND PROFESSIONAL RECORD

1. Present occupation

    [State specifically the nature of your business or profession. Do not, for example, state merely "teacher" but "teacher of Latin, Roxbury Latin School, Boston, Mass."; not merely "manufacturer" but "general manager of Union Iron Works, Scranton, Pa."; not merely "lawyer" but "lawyer—member of firm (or clerk in office) of Reed and Craig, 14 Wall St., New York City."]

    Physician — specialty Oto-Laryngology.

2. Occupations 1895 to date (the last Biographical Record was published in 1895)

    Visiting Aural Surgeon Bost. City Hospital 1904–1913
    " Surgeon Ear and Throat do. 1913–1914
    Senior " for Diseases of Ear, Nose, & Throat 1914—
    Prof. Oto-Laryngology Dartmouth Med. Sch. 1893–1914
    " " " " " Emeritus, 1914—

3. Books written or edited ; articles or papers contributed to press or periodicals. (Copies are requested for the College Library if not already presented.)

    "Recurrent Tonsillitis" (B.M. &.S.Jour. 1893):"Two Cases Lat. Sinus Thromb. etc." (Trans. Am. Otol. Soc. 1897): "Obstructed Nasal Respiration" etc.,(Annals Gynec. & Ped. 1899): "Ton. & Circum-tonsillar Abscess",(N.Y. Med. Jour. 1899): Chapter on "Therapeusis and Prognosis" Nose & Throat   Am. Text Book of Diseases of Eye, Ear, Nose & Throat, 1899:"Earache" (Annals of Gy. & Ped. 1898)
    Cont'd on page 4

EDUCATIONAL RECORD

1. Preparatory schools attended   Boston Public Latin School.

2. Degrees received from Amherst or any other college, university or professional school, with dates A.B. Amherst 1874 A.M. do. 1894.
    M.D. Harvard 1878

3. Name of college, university or professional school at which you have studied without receiving a degree, with dates Vienna, 1881–1882.
    Heidelberg, 1882 March to July, inclusive –
    Berlin 1893, Course in Otology.

7753.   p⁴   June 6/78

Affidavit of Applicant for a Passport from State Dept.

DESCRIPTION.
Age, 27
Stature, 5 feet 7½ in., Eng.
Forehead, High
Eyes, Blue
Nose, Straight
Mouth, Small
Chin, Round
Hair, Auburn
Complexion, Fair
Face, Oval

I, George Adams Leland + wife of Boston in the State of Massachusetts do testify and declare that I was born in Boston State of Massachusetts on or about the Tenth day of September that I am a Native and Loyal Citizen of the United States, and about to travel abroad together with my wife

Geo. A. Leland.

I, George W West of Boston in the State of Mass do testify and declare that I am personally acquainted with the above-named George Adams Leland and that the foregoing declaration by him signed is true to the best of my knowledge and belief.

Geo. W West

United States of America.
COMMONWEALTH OF MASSACHUSETTS.
County of Suffolk
City of Boston } ss.

On this Fourth day of June A.D. 1878 before me Charles E Mulady a Notary Public, duly commissioned and qualified for the county aforesaid, personally appeared George Adams Leland and George W West who, being duly sworn, declared that the foregoing statement, by them subscribed, is true to the best of their knowledge and belief.

In testimony whereof, I have hereunto set my hand and affixed my seal of office, this day and year last written.

Charles E Mulady
Notary Public.

When husband, wife, minor children, and servants expect to travel together, a single passport for the whole will suffice. For any other person in the party a separate passport will be required. Address DEPARTMENT OF STATE, PASSPORT BUREAU.

1878年6月に合衆国政府からリーランドに発行された渡航許可証（アメリカ国立公文書館蔵）

GYMNASTICS IN JAPAN.

Amherst College has just been conspicuous in its department of physical education and hygiene at Tokio, Japan.

The occasion was the graduation of the first class of girls at the Government High School. The audience was not a large one but peculiarly select, as the Empress, and Mr. Tanaka, the vice-minister of education of the empire, were among the spectators.

Among several exercises were the gymnastic and calisthenic drill, in charge of Dr. George A. Leland, of the class of '74, who has been teaching several classes in the government schools since last September. The drill and marching were very much the same as were led by Dr. Leland when captain of his class in the Barrett gymnasium, closing with the then very attractive figure of the "five-rayed wheel".

The exercises were apparently very much enjoyed by Mr. Tanaka, although he did not adopt the American custom of making a "little speech" complimentary to the girls as soon as they had finished. But he did show his appreciation of the effort by requesting Dr. Leland to send a report of the affair to President Seelye.

A new gymnasium building has just been erected in Tokio, where the five government schools are all to have their physical exercises as directed by Dr. Leland. Dr. Leland's contract retains him for another year from September in the position of teacher of gymnastics.

1879年6月21日付『アマースト・スチューデント』に掲載された「日本の体育事情」

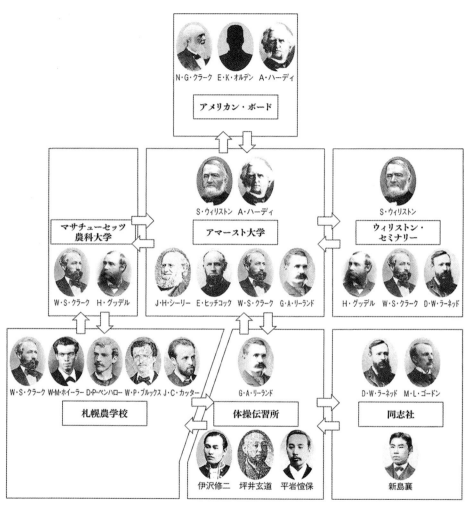

アマースト・グループ，日本，アメリカン・ボードの相関図

出典：大櫃敬史『時空を超えて甦る　幻の体操伝習所体操場』p.54

まえがき

　2003年,『リーランド博士全集』第一巻を刊行して既に10有余年が経過した。リーランド研究の基礎的資料を元にして,日米体育交流史を編んでみようと思い立った当初の計画もその後やや手詰まり状態に陥っている。その主たる理由として,本研究に取り組んで以来,私自身疑問に思った問い掛けでもある―アマーストは,マサチューセッツ州の中でも,とりわけピューリタン色の濃厚な土地柄であるにもかかわらず,何故に全米でいち早く体育が導入されることになったのか―という命題は,現在でも明確な回答が得られないままの状態がなお続いている。忠実かつ十分な資料に基づいて説明を図るべく,長年に渡って本テーマと取り組んできたが,いよいよ本年3月をもって長年在職した北海道大学を退職することとなった。これを機に,今日まで追究してきた研究の集大成として,本書を刊行することを計画した。

　本書は,次のような内容と構成からなっている。

Ⅰ. アマースト方式体育の源流を求めて

　19世紀前半,西欧からアメリカ・ボストンを中心に紹介されたドイツ・ヤーン式体操に注目して,その導入・普及の過程を明らかにする。導入当初は非常な興味を持って迎えられたが,やがてその熱意は急速に覚めることになる。この時期,アメリカに伝播したドイツ体操の意義と限界に迫っていく。

　　序章　ボストン体操学校の設立過程(1825～28年)
　　　　　―ニューイングランドにおけるドイツ体操導入の試み
　　　　北海道大学教育学部紀要　第75号　掲載論文(1998)

Ⅱ. アマースト方式体育のわが国への導入とその影響

　アマースト大学で考案された体育をわが国に伝える役割を担ったのは,若き

お雇い外国人教師のリーランド博士であった。当時アマースト大学で実施されていた体育に的を絞り、わが国に移植しようとした日本政府の動きとリーランド招聘に至る詳しい経緯をアメリカ側の資料から浮き彫りにする。その際学校施設の中心となるバレット体育館の設立経緯を示す新出資料が発掘された。これら一連の資料を合わせて紹介する。

　第1章　リーランド招聘に関する経緯
　　　　―アマースト大学所蔵文書の分析を中心として
　　　『北海道大学教育学部紀要　第73号』掲載論文（1997）
　　資料1　アマースト大学バレット体育館創設の経緯

Ⅲ. リーランドの日本での教育活動とアマースト体育のわが国への浸透

　アマースト大学で考案された体育が、新進気鋭のお雇い外国人教師リーランド博士によってわが国に導入された。リーランドが体育の指導を通して、わが国に伝えようとしたものは一体何であったのか、本国の恩師ヒッチコックとの往復書簡によって読み解いていく。更には学ぶ側の日本の生徒たちは、リーランドの教えた体育をどのように受け止めていたのか等、興味深い資料を駆使して明らかにする。

　第2章　文部省雇教師G. A. リーランドの滞日書簡―日本近代体育の一断面
　　　　『北海道大学教育学部紀要　第78号』掲載論文（1999）
　　資料2　リーランドの「体育」授業評価
　　　　―東京師範学校生徒による授業に関するレポート分析から

Ⅳ. リーランド離日後のわが国体育の行方

　リーランドは3年間の任期を無事終え、ドイツを経由して本国アメリカに帰国した。その後、米国政府は1890（明治23）年アマースト方式体育の行末を案じて日本政府に浸透の度合いを問う書簡を送っていた事実が判明した。その内実を資料に即して明らかにする。一方わが国は、坪井玄道が欧州留学の帰途、アメリカに立寄り今後のわが国体育の発展に資するアイデアを求めて視察を行

っていた事実も明らかとなった。

　この間の日米両国の詳しい交流の実態を再現する。

　　第3章　「本邦体育ニ関スル事項取調方米国公使ヨリ照会一件」(1890年)について―アマースト体育の日本における浸透の行方

　　　　『北海道大学大学院教育学研究科紀要　第93号』掲載論文(2004)

　　第4章　坪井玄道の米国体育視察(1902年5月～6月)

　　　　―わが国近代体育の更なるアイデアを求める旅

　　　　『北海道大学大学院教育学研究科紀要　第82号』掲載論文(2000)

V．キリスト教宣教と日本近代体育の成立

　従来の「体育史研究」では，キリスト教の宗派(ここでは，コングリゲーショナルをさす)にまで立ち入って詳しく検討した研究は，ほとんど見られなかった。宗教の観点で近代体育の導入を捉えると実に深い関係があることが指摘される。全米でいち早く体育館を建設し，体育学専門の教授を配した体育学科を設置したアマースト大学は，新興キリスト教勢力ユニテリアン派に対抗する伝統的なピューリタン，組合教会派の巣窟的な学校であった。当時お雇い外国人としてわが国の近代教育に深く関わった主要な人物たちのいずれもが，アメリカン・ボードの関係者であったことが明らかになっている。最後にコングリゲーショナルが強く支持したアマースト方式の体育については，極めて好意的かつ肯定的な非常に高い評価を下していたことが判った。

　　第5章　アメリカン・ボード日本ミッションの活動と日本近代体育の成立

　　　　『体育史専門分科会紀要　体育史研究　第22号』掲載論文(2005)

　　第6章　G. A. リーランドとアメリカン・ボード

　　　　『北海道大学大学院教育学研究院紀要　第107号』掲載論文(2009)

　　第7章　アマースト大学における体操プログラムの実験的試み

　　　　―会衆派ジャーナルにみる記事の分析を通して

　　　　『東北アジアスポーツ史学会　研究集録(2013)』

以上，本書はこれまで大学紀要，学会紀要，その他に公表した拙稿を再構成したものである。

　最後に第5-7章において，宗教と近代体育の問題について取り上げた。本書の中でも特に著者が力を注いだ個所でもある。
　しかし，宗教に対する学問的深さは，それ程浅いものではなく理解を深めたかと思うと，再び新たな疑問が生じてきて，浅学菲才な著者にとっては，ますますその深みに嵌まって混乱している自分に気づくことになる。
　宗教理解に長けた研究仲間に助けられながら，研究を前に進める昨今ではあるが，明らかにできたところまでが著者の到達点であると認識し，今更ながら自身の非力を嘆いているのである。
　足りない部分は，他日を期したい。

　2015年6月28日

大櫃　敬史

目　次

まえがき …………………………………………………………………… i

序　章　ボストン体操学校（A Gymnastic School in Boston）の設立過程
　　　　　（1825〜28年）
　　　　　——ニューイングランドにおけるドイツ体操導入の試み——

第1節　ボストン体操学校の設立構想 ………………………………………4
　1．ボストンにおける「公立体操場」設立までの動き …………………4
　2．ヤーン（Friedrich Ludwig Jahn）教授の招聘とドイツ体操の導入 ……9
第2節　「ボストン公立体操場」設立請願書の起草（1826年6月26日）……20
第3節　ボストン体操学校の開設 …………………………………………25
　1．公立体操場の開設（1826年9月28日）……………………………25
　2．付設水泳学校の開設（1827年7月18日）…………………………28
第4節　ドイツ体操の推進——*A Treatise on Gymnasticks, taken
　　　chiefly from the German of F. L. Jahn*（Charles Beck, 1828）
　　　出版の意義 ……………………………………………………………33
第5節　ボストン体操学校の意義と限界 …………………………………37

第1章　リーランド招聘に関する経緯
　　　　——アマースト大学所蔵文書の分析を中心として——

第1節　アマースト大学所蔵シーリー文書について
　　　　—田中不二麿よりシーリー教授宛て書簡 ………………………46
第2節　日本側教育関係者（田中不二麿・目賀田種太郎）のアメリカでの活動 …49
　1．田中不二麿のリーランド招聘を巡る動き …………………………49
　2．留学生監督目賀田種太郎のアメリカにおける活動 ………………53
第3節　アマースト大学体育学科の成立（1860〜80年）…………………57
　1．「Amherst Plan」の特質 ………………………………………………57

2.「Amherst Plan」の担い手たち……………………………………66
第4節　リーランド招聘に至る経緯………………………………………79
　1. 1877年2月9日付書簡………………………………………………80
　2. 1878年3月6日付書簡………………………………………………81
　3. 1878年8月15日付書簡……………………………………………82
第5節　リーランド招聘がわが国にもたらしたもの……………………83

資料1　アマースト大学バレット体育館創設の経緯……………………91
　◇1　バレット体育館についての真相……………………………………91
　◇2　バレット・ホール　1859-60年／バレット・ホール　1860年
　　　／バレット体育館南側壁面の碑……………………………………91
　◇3　大学の体育館の定礎式開催………………………………………99

第2章　文部省雇教師 G. A. リーランドの滞日書簡
　　　　── 日本近代体育の一断面 ──
第1節　リーランド来日後の教育(体育)活動……………………………104
第2節　リーランドからヒッチコック博士宛ての書簡
　　　　（1880年8月3日付書簡）………………………………………111
　1. 日本人女性の身体測定資料の収集…………………………………112
　2. アメリカ教育(体育)情報の受容……………………………………113
　3. リーランドの眼に映った明治日本…………………………………114
第3節　人体測定学(Anthropometry)の導入……………………………116
　1. アメリカ体育振興協会の設立(1885年11月)
　　　─人体測定の採用と体操体系の統合……………………………117
　2. 日米男女学生の人体測定の比較……………………………………122
第4節　リーランドの滞日書簡から読みとれるもの……………………133

資料2　リーランドの「体育」授業評価
　　　──東京師範学校生徒による授業に関するレポート分析から── … 140
　◇1　東京師範学校生徒の内訳 …………………………………………… 141
　◇2　東京師範学校生徒の授業「感想文」の内容分析 ………………… 142
　◇3　東京師範学校生徒からの授業レポート …………………………… 143

第3章　「本邦体育ニ関スル事項取調方米国公使ヨリ照会一件」(1890年)について
　　　──アマースト体育の日本における浸透の行方──

　第1節　米国政府(教育省・内務省)から「日本の体育に関する情報」に
　　　　　ついての調査依頼 …………………………………………………… 147
　　1．1890年4月9日付書簡 ……………………………………………… 148
　　2．1890年5月2日付書簡 ……………………………………………… 150
　　3．1890年5月7日付書簡 ……………………………………………… 151
　第2節　米国政府の要請に対する日本側政府(外務省・文部省)の回答 ……… 152
　　1．1890(明治23)年6月11日付書簡 ………………………………… 152
　　2．1890(明治23)年8月20日付書簡 ………………………………… 154
　　3．1890(明治23)年8月21日付書簡 ………………………………… 155
　第3節　リーランド帰国から明治20年代前半におけるわが国体育の
　　　　　動向について ………………………………………………………… 157
　　1．体　　　操 ……………………………………………………………… 157
　　2．遊　　　戯(小学校) …………………………………………………… 158
　　3．競技運動 ………………………………………………………………… 159
　第4節　アマースト体育の日本における浸透 …………………………… 161

第4章　坪井玄道の米国体育視察(1902年5月～6月)
　　　──わが国近代体育の更なるアイデアを求める旅──

　第1節　坪井玄道の米国訪問 ……………………………………………… 167
　　1．訪米の目的 ……………………………………………………………… 169

2. 訪問日程及び場所…………………………………………………… 170
　第2節　ボストンのジャーナルに掲載された「坪井玄道」…………… 172
　　1. 坪井玄道教授の紹介………………………………………………… 174
　　2. 日本におけるアマースト方式導入の経緯 ………………………… 176
　　3. 日本体育の現状について…………………………………………… 178
　第3節　留学報告―日本近代体育の更なるアイデアを求める旅の総括…… 180
　第4節　坪井玄道の米国訪問が意味するもの………………………… 182

第5章　アメリカン・ボード日本ミッションの活動と日本近代体育の成立
――来日アメリカ人宣教師関係文書を手がかりとして――

　第1節　アメリカン・ボードによる日本宣教と体育の開始………… 189
　　1. アメリカン・ボード（組合教会派）による日本宣教の目的 ……… 189
　　2. 日本近代体育の創始―先進モデル校にみる体育の共通性 ……… 191
　第2節　日本の先駆となったアマースト・グループにおける体育……… 195
　　1. アマースト大学の事例―科学的指導法の導入とリーランドによる
　　　 アマースト体育の伝達 ……………………………………………… 195
　　2. マサチューセッツ農科大学の事例―軍事教練の重視と
　　　 配属将校制度の導入 ………………………………………………… 196
　　3. ウィリストン・セミナリーの事例―アマースト大学モデルの
　　　 教育方針と体育の重視 ……………………………………………… 196
　第3節　アマースト・グループと札幌農学校との結びつき………… 197
　　1. リーランドと札幌農学校お雇い外国人教師との交流…………… 197
　　2. 体育導入についての意見…………………………………………… 199
　第4節　アメリカン・ボード日本ミッションの活動がわが国の
　　　　　近代体育にもたらしたもの…………………………………… 200

第6章　G. A. リーランドとアメリカン・ボード
　　　──来日米国人宣教師文書及びリーランド書簡（1880年10月17日付）の分析を通して──

第1節　アマースト大学とアメリカン・ボードの結びつき……………………… 203
第2節　お雇い外国人教師リーランドの任免を巡る
　　　　アメリカン・ボードの関与…………………………………………………… 206
　　1. リーランドの招聘………………………………………………………………… 206
　　2. リーランドの任免………………………………………………………………… 207
第3節　リーランドの明治日本への関心
　　　　──「キリスト教布教の実態」に関する報告～「日本からの
　　　　個人的な親しみのこもった手紙」（1880年10月17日付）………… 208
第4節　S. E. ヘリックとリーランド …………………………………………………… 216
　　1. ヘリック博士について…………………………………………………………… 216
　　2. 帰国後の交流……………………………………………………………………… 217
第5節　G. A. リーランドとアメリカン・ボードの関わり …………………… 219

第7章　アマースト大学における体操プログラムの実験的試み
　　　──会衆派ジャーナルにみる記事の分析を通して──

第1節　会衆派ジャーナルに掲載された記事……………………………………… 221
　　1. Congregationalist, Dec. 6, 1861. …………………………………………… 221
　　2. The congregational journal, Amherst college. Oct. 6, 1862.………… 222
　　3. Congregational, Dec. 23, 1862. ……………………………………………… 224
　　4. Congregationalist, Jan. 2, 1863. ……………………………………………… 226
第2節　記事の内容とアマースト大学体操プログラムの特徴……………… 227
　　1. 公開授業の内容について………………………………………………………… 227
　　2. 大学の建物，学科・教員，教育内容及びその効果について ………… 228
　　3. 体育運動の効果について………………………………………………………… 229
　　4. 体操プログラムの成果について……………………………………………… 229

第3節　会衆派の立場からみたアマースト体育の評価……………………… 229

あとがき ……………………………………………………………………… 231

事項索引 ……………………………………………………………………… 233
人名索引 ……………………………………………………………………… 235

序　章

ボストン体操学校(A Gymnastic School in Boston)の設立過程(1825～28年)
――ニューイングランドにおけるドイツ体操導入の試み――

　1860年に全米の大学に先駆けて，マサチューセッツ州アマースト大学において体育が正課として位置づけられ，そこにおける一定の成果が，リーランド博士によってわが国に伝達・紹介されたのは周知の事実である。明治初期，わが国にもたらされた体育は，おおよそヨーロッパから直接伝えられた系譜と，いったんアメリカを経由して間接的に伝えられた系譜の二系列に大別される。

　本章ではアメリカを経てわが国に，もたらされた体育すなわち日本近代体育の原型を探るべくさらに遡って初期の体育事情を検討する。

　アメリカにおけるドイツ式体操の導入に関する先行研究には，Leonard, Fred E. の *A Guide to the History of Physical Education*, Chap. XXI.（Philadelphia. 1923）及び個人史研究の中でこの問題を取り上げた "Pioneers in Modern Physical Training." See Chapters on Follen, Beck and Lieber（New York. 1922）などが挙げられる。

　一方，わが国においては，レオナルドの前掲書 *A Guide to the History of Physical Education* を翻訳・紹介した研究に，『欧米体育史』第二編，米国編（目黒書店，昭和2年6月）がみられる。しかしこれらの研究[1]は，いずれもドイツ体操の導入から衰退までの概要が触れられているが，この体操導入を巡る経緯と活動の中で，いくつかの画期となった出来事―ヤーンの招聘計画，「ボストン公立体操場」設立請願書の起草，英語版『ドイツ体操に関する論文』（Charles Beck, 1828）の普及活動など―に関する実証的な検討はほとんどなされ

ていないのが実情である。

　本書において，とりわけニューイングランド[2)*]に限定して，米国における体育の導入過程を検討する時，1826年初めケンブリッジ（米国マサチューセッツ州の都市でハーバード大学の所在地：筆者注）に，相前後して9月ボストンに開設された体操学校の存在が挙げられる。両校の設立過程を中心にドイツ体操導入の試みを詳しく分析する。

　1825年頃には，すでに大学生及び一般市民を対象とした体操学校を設立し，広く体育の普及を計ろうとしていたことが窺える。さらに注目すべきは，ここでの体育の指導をめぐって，ドイツから直接ヤーン（Friedrich Ludwig Jahn, 1778～1852）教授の招聘を計画していた事実が新たに判明した。

　今回発見された「ヤーン招聘に関する書簡」を手がかりにしながら，彼の招聘に関する経緯について詳しく論証していく。実際には彼を招く際の条件面で折り合いがつかず，すでにアメリカに亡命をしていた3名のドイツ体操の後継者[**]——チャールズ・フォーレン（Charles Follen, 1796～1840），チャールズ・ベック（Charles Beck, 1798～1866），フランシス・リーバー（Francis Lieber, 1800～1872）——によって指導を受けることになった。

　翌1826年6月，ハーバード大学の一群の教授たちの呼びかけに応じてボストン公立体操場設立委員会が組織されている。ヤーンの書簡に次いで新たに発見された同委員会起草の「公立体操場」設立請願書に基づいて，設立のねらい及び主な活動について分析を行っていく。この委員会は，自主的なメンバーで構成され，民主的な活動方針に基づいて誕生したものであって，特に評価すべき点は，体操場設立に必要な費用をボストン市民に呼びかけて寄付金として徴収したこと，市当局と交渉を行い体操場建設用地を借り上げしたことなどが挙げられる。

　1828年，すでにJahn教授によって著されていた『体操に関する論文』（独語版，1816）を英語版に改めて出版し，アメリカにおける一層の普及を図った。その著書の序文を執筆したのは，アメリカにおいてドイツ体操の推進役を果たしていたベック博士その人であった。ここに至ってようやく新天地アメリカにおい

序章　ボストン体操学校（A Gymnastic School in Boston）の設立過程（1825～28年）

てドイツ体操を普及していく際の，理論と実践の両面にわたる条件整備が完了したことになる。

　この時期の体育は一貫してドイツ体操の定着化が図られた時期であったといえる。

　しかしながら高邁な理念と優れた指導者に恵まれて好スタートを切ったボストン体操学校もわずか2年でその幕を閉じることとなった。

　最後にこのような突然の衰退を迎えることになったボストン体操学校の歴史的意義と限界について検討を加える。

> ＊1820年から1890年に440万人が渡米したドイツ移民は，出身地方も宗教も様々だった。ドイツ系ユダヤ人はユダヤ教の戒律のゆるい改革派を合衆国に持ち込んだが，彼らの合衆国社会への同化経験は，後にロシア系ユダヤ人のアメリカ化を助けるのに役立った。しかし「ドイツ移民」という場合，普通は19世紀を通して大量にやって来たルター派のプロテスタントとカトリック教徒を指す。彼らが確立した「ドイツ系アメリカ人」のアイデンティティは，エスニック分野における19世紀の成功例の一つである。彼らの多くは中西部に農場を求め，多角的同時栽培で成功した。しかしそこに至る途中の都市ミルウォーキー，シカゴに止まる者も多かった。彼らはそこにビールと醸造技術を導入した。これら「リトル・ドイツ」の中には，歌や議論に始まり体操クラブに至るありとあらゆるドイツ活動があった。（ナンシー・グリーン『多民族の国アメリカ』創元社，1997, pp. 61-62）
>
> ＊＊1825年から1828年の間に，ヤーン体操を最初に米国に導入したのは，フォーレン，ベック，リーバー，フォーカーによるものであった。彼らはドイツ体操の祖ヤーンと交わり，あるいは欧州における大学在学中に彼の感化を受けた者で，1819年カール・サンドのコッチャープ虐殺の後，神聖同盟のとった反動方針のために，自分の故国を離れて米，英に逃れた人たちであった。
> (Fred Eugene Leonard, *A Guide to the History of Physical Education*, 1923, p.290)

第1節　ボストン体操学校の設立構想

1. ボストンにおける「公立体操場」設立までの動き

表 序－1　Boston Public Gymnasium 設立までの動き

1823年	Round Hill School, Gymnastics を開始
1824年	W.B. Fowle, Monitorial School において，体操を導入
11月5日	Follen, Beck と共に仏国(ル・アーヴル)を立って，米国に向かう。
1825年	
2月中旬	Charles Beck, Round Hill School のラテン語及び体操講師となる。(この頃，同校体操を正課に採用)
2月22日	Dr. J.G. Coffin, ハーバード大学で体育に関する講義(3回)を実施
4月15日	第一回体育会議を開催(Harvard University)
7月	Dr. Follen, Beck をノーザンプトンに訪ねる。
10月27日	書簡「Dr. Beck 招聘の件」(from J. Jackson to President Kirkland)
28日	書簡「ハーバード大学に Gymnasium を開設する件について」(from J. Warren to President Kirkland)
〃	体育会議において，Charles Beck の招聘を決定(Harvard University)
11月17日	書簡「Gymnasium の開設について」(from J. Webster to J. Warren)
12月	Charles Follen, ケンブリッジに移る。(ハーバード大学ドイツ語講師に任命)
1826年	
1月8日	書簡「米国招聘に対する要求」(Prof. Jahn answered to Amory)
22日	書簡「Jahn 招聘に関する回答」(Amory answered from Göttingen to Warren) (この頃，Dr. Follen ハーバード大学で，「ヤーン体操」を始める)
3月5日	Dr. Follen, Dr. Beck に宛て，ハーバード大学における体操の開始及びボストン体操学校設置を予告
4月4日	Out-door Gymnasium の設備リストを提出(from J. Webster & C. Follen to President Kirkland)
5月1日	ボストン市，Public Gymnasium 用地として，Boylston street 西側の土地使用を認める(2年間)。
6月15日	設立委員会，Exchange Coffee House において，会議開催を決議
17日	書簡「体操担当教授招聘を依頼」(from Dr. Warren to Prof. Jahn)
26日	Boston Public Gymnasium 設立請願書提出
9月18日	ハーバード大学，Dr. Follen を Gymnasium 監督に命じる。
28日	Boston Public Gymnasium 開設
1827年	
2月20日	Boston Gymnasium 理事会開催
4月13日	Dr. Lieber, Swimming School の開設及び Gymnasium 監督の招聘を受諾
6月20日	Dr. Lieber, 英国(リバプール)を立って，米国に向かう。
6月末	Dr. Follen, ボストン Gymnasium 監督を辞任
7月	Dr. Lieber, ボストン Gymnasium 監督に任命

序章　ボストン体操学校（A Gymnastic School in Boston）の設立過程（1825〜28年）　5

7月 3日		Dr. Lieber 到着の報告及び Swimming School 開設の案内
	18日	Swimming School 開設
		ハーバード大学，Verley 氏をフェンシング講師として招聘（6ヵ月間）
8月 7日		A Treatise on Gymnastics（Jahn）の出版に関して，広告
		Dr. Lieber，ボストン Gymnasium 監督を辞任
秋		Coporation, Dr. Follen を Gymnasium の監督として任命
1828年		
1月		A Treatise on Gymnastics（Jahn）出版—序文を Dr. Beck 執筆
		Boston Public Gymnasium 閉鎖
1829年		
1月21日		Boston Gymnasium 理事会開催
	23日	W.B. Fowle, Dr. Warren に「ワシントン・ガーデンの土地貸与」の件で報告
1830年		ハーバード大学，Gymnasium を閉鎖
1832年		
		Round Hill School，財政的理由により，閉校
		Swimming School を閉鎖

1810年〜	高等学校の生徒（ベルリン）として，ヤーンの感化を受けハーゼンハイデ体操場に通う。
22年	ベルリン大学で古典学を教える。
7月	ハイデルベルクのルター教会の宣教師となる。
23年	チュービンゲン大学より神学博士の学位取得
24年10月	パリにおいてフォーレンと出会う。
11月	フォーレンと共に米国へ向かう。

図 序－1　Charles Beck（1798-1866）

　当時行われた教育改革のうち，最も重要でかつ成功した例はマサチューセッツ州ノーザンプトンにあったラウンド・ヒル学校（Round Hill School, 1823-1834年）[3] のものであった。その創設は，ジョセフ・グリーン・コグスウェル（Joseph Green Cogswell）とジョージ・バンクロフト（George Bancroft）という2人のハーバード大学卒業の講師によるものであった。2人は共にドイツのゲッティンゲ

ン大学で博士号(Ph. D.)を取得すると，ドイツを始めヨーロッパ各地を広範に見て回っている。

1823年6月に発行された学校案内書で次のように記している。「当校では，体質強化と精神の健全さを促進する一方法として，身体運動を奨励し，毎日決まった時間を健全なスポーツと体操運動に割り当てることにしている」。また1826年3月25日付の回覧記事で，彼ら自身のことをこう述べている。「私達は，アメリカで最初に，体育を純然たる文芸制度に結び付けたのである」。続けて，「古代ギリシアで普及したものと同様の体育教育を近代国家に移植することは不可能なことである。しかるに，何かがなされねばならない。……私達が深く認識させられたのは，体育と倫理学を合体させる必要性であった。つまり，Jahnの教え子であり，かつ良き理解者であって，しかも近代における偉大な体育擁護論者の支持を得て，体育と倫理学の2つを結合させる計画の遂行に賛成するものである」。ここで指摘された人間こそチャールズ・ベック(Charles Beck)である。彼はドイツ難民ながら，バーゼルでの3年間の滞在中にフォーレン(Follen)と親交を結び，しかもフォーレンに同行してスイスからアメリカに渡ったのであった。

その後アメリカ議会の招請で，アメリカを再訪していたラファイエット将軍を通じて，ハーバード大学のジョージ・ティクノア(George Ticknoe)教授と知己になった。ティクノア教授がジョージ・バンクロフト(George Bancroft)に宛てて推薦状を送っていたのであるが，ラウンド・ヒル学校でベックがラテン語と体育の講師の職につくのを直ちに約束づけたのである。そのため，1825年2月半ば，ベックはノーザンプトンでの新しい任務につくためフィラデルフィアをあとにした。彼がすぐに取りかかった屋外体育の種類のうち，完成されたものについての直接の証拠は明らかになっていない。

元生徒の一人が次のように述べている。「通常の体育練習は，丘の真下の台地で行われました。そこには，ドイツから新しく紹介された体操用具が山のようにありました」。

また別の"Round Hiller"(同窓生)によれば，「グランドのかなりの場所が体

操練習のために使用され、しかもドイツの体育館で使用されていたあらゆる種類の器具が備えつけられていました。全校は各クラスに分かれていて、それぞれのクラスでは、1時間の授業が週3回、ベック博士によって指導されていました」。

1826年7月の、『米国教育雑誌』に載せられた新聞記事によれば、「ある組は5時半に始まり、ある組は6時15分に始まり、朝食は7時で7時半から9時までは、ただ朗読とダンスの練習のみがあり、9時から12時までは、他の組12時から1時までは休み、1時昼食、2時から5時まで、その他の組は5時から7時まで練習と娯楽であった。この時には体操科の組のみが、天候の許す時だけ指導を受けた。次に夕食を終え、8時に熱心に体操をして、その後小さい子どもは床に就き、その他はもう1時間勉強をさせられた」。

このような理由から、当時人びとは、ラウンド・ヒルの「体育」をハーゼンハイデの縮小版であると見做していた。

1824年にすでにボストンの学校で規則的かつ系統的に体操導入を行った事例がみられた。後に体操場設立メンバーに加わり、会計係に選ばれたウィリアム B. ファウルの指導による学校（通常はモニター型システムと呼ばれる相互指導システムを導入した）＊においてであった。

>　＊一人の主任教師が多数の助教（モニター）を指揮して、進度の異なる生徒同士が砂スレートや掛図を用いて競争で教え合うのを監督させる、分団式の大量一斉教授の方式をいう。
>　これで千人からの児童を一人の主任教員が教えることも可能であるとされ、19世紀の前半、特に10年代の英国の産業都市を中心に普及した。これは従来の慈善学校やディム・スクールに内在していた一切の隘路を克服するものとして英国国教会派のベルと非国教徒側のランカスターによって競合しつつ推進された。この方式で教えられた内容は主として聖書の読み方、初歩の書き方に限定されていた。

彼は体育をこの学校に導入しょうとする試み[4]について述べ、第一に女性に適した運動の選択という観点から、第二に生徒の性格と品行に与える運動効果の観点からその重要性を指摘した。

「それはおそらく米国で初めてのことであっただろう。この授業は数年間続いたが，親たちの何らかの誤解がもとで徐々に中断されていった。その後，美容体操(Callisthenics)を軽視していたがそれをある程度改善するために，もう一つの大胆な手段がとられた。週1回，午後はダンスに当てられた。指導は教室で行われ，ファウル氏は秩序を保つため常にその場にいた。特別な服装は一切必要なく，公開の舞踏会も男女の交際も許されなかった。実際，この優雅な芸術の持つ重大な欠点は全て取り除かれ，比較的少ない費用で優れた結果が得られた」。当時の模様[5)]をこのように述べている。

1825年頃ケンブリッジ(ハーバード大学)で毎年行う講義の中で，体育に関する内容が顕著にみられるようになった。ジョンC.コフィン博士は，知的，道徳的文化と体育の関係—最近のドイツ，デンマーク，スイス，フランス体操学校における教育と実践を通して—と題して3回にわたり講義を行った。またダニエル・ウェブスターは，講義の中で，体の器官組織の発達における体操の重要性と，元来あるべき程度の体力を維持するために体操が必要であることを強調した。当時，大多数の大学生の健康状態が明らかに衰えていたことから，これらの事が重視され，大学当局が，学生の運動のためグランドを割り当て，体操開始の準備をするきっかけとなった。

こうした気運を背景にして，ボストン体操学校の設立を急速に押し進める世論が一気に盛り上がりをみせた。
1825年11月17日付ウェブスターからワーレン博士宛ての書簡[6)]によれば，

「1825年頃には，体操学校の設立という構想がボストンで練られていた。(中略)若き紳士たちは，こぞってこの計画に参加し，器械類は長年手入れされ，使用され続けたが，今では全て撤去されているはずである。ボストンでは，運動の重要性に感心した一流の紳士たちが，快くそして真剣に体操学校の設立計画に協力した。彼らの中には，ウィリアム・サリバン，ジ

序章　ボストン体操学校（A Gymnastic School in Boston）の設立過程（1825～28年）　9

ョージ・ティックナー，ジャッジ・プレスコット，ジョシア・クインシー，ダニエル・ウェブスター，ピーター O. サッチャー，ジョン A. ロウエル等がいた。これらの紳士の一人からの手紙では，体を鍛えることと頭を鍛えることを結合することの必要性を，非常に力強く記している。」と述べ，すでにボストンでは，多くの人びとが体育の重要性を認識し体操学校を設立する世論が非常な高まりを示していることを指摘していた。続いてワーレン博士に宛てた書簡では，

　「私は体操学校というアイディアが非常に気にいっています。それは私が常々考えていたことであり，その点に関して時代の流れが変わる必要があると思っていました。教育担当者は，体が人間の一部であるということを時には忘れてしまうようです。私供の大学を卒業する多くの若者は，本当に熱心で，学識もありますが，顔が青白く，貧弱な胸をしているのはとても不安なことです。一般的で素朴な娯楽はわが校にも長い間ありましたが，ずっと前に完全に忘れ去られてしまったようであり，それに代わる有用なものは何もありません。知性を磨くことが必要であるのと同様に，この世界においては，その知性を守る健全な体も必要です。節制と運動の計り知れぬ有益性を青年たちに対し強く主張することを支援し，何らかのお役に立てると思いますので，貴方の活動を喜んで援助したいと思います。」

とウェブスターは述べ，今こそまさにその運動を起こす時期にあたっていることを認識し，この計画に惜しみない協力を約束している。ここでの二人の書簡に窺えるように，体操学校の設立構想は，多くの人びとからの支持を得て実現に向かって確かな歩みを見せ始めていた。

2. ヤーン（Friedrich Ludwig Jahn）教授の招聘とドイツ体操の導入
a. ヤーン教授の招聘計画
ボストンでは，公立体操学校の設立に向けての世論が高まり，実際に体操学

校を開校する手段が講じられることになった。当面する課題として，体操の指導者の確保と学校用地にあてる適当な場所の提供が急がれた。

　筆者は，1995年9月の渡米の際にマサチューセッツ州ケンブリッジのハーバード大学図書館において，幸いにして「ヤーン招聘に関する書簡」を発掘することができた。「ドイツ体操の始祖」と称されたヤーンを直にアメリカに招く計画は，これまで体育史上に取り上げられた例はなかった。2.a.ヤーンの書簡を中心にヤーン教授の招聘計画について明らかにしていく。

　1825年頃には，ボストンに体操を導入しようという試みが真剣になされた。表 序-1にみられるように，同年4月ハーバード大学で最初の体育会議が開催され，10月に開かれた同会議では，ベック博士の招聘を決定していた。この時の様子は，ジャクソン及びワーレン両博士から学長に宛てた書簡[7]により知ることができる。

　　「もしベック博士がだめならば，あのドイツ人の先生(名前は申し上げかねますが)に同じ仕事を頼めるかもしれませんし，またこの科目を教えたことのある誰か別のドイツ人でもよいでしょう。または，最後の手段として，わが国の人間で，できればわが校の卒業生からちょうど良い人を見つけて，まずこの有用な科目を学んでから，教えてもらうことも可能でしょう。
　　または，もしかしたら，ベック博士は，6ヵ月間なら手伝ってくれるかもしれません。この間に様々なクラスが何らかの形で組織，編成され，ベック博士から多くの情報を得られるでしょう。その後は生徒が自分たちの力で活動を続け，その知識を各グループのメンバーに伝えることによって，大学内で知識を永続させることができるでしょう。
　　　　　　　　　　　　　　　　　　　　　　　　J. ジャクソン」

ワーレンの書簡[7]ではもっと詳しく述べられている。

　　「貴方からのメモを受け取った後，私は貴方が報告を受けたがっている

序章　ボストン体操学校（A Gymnastic School in Boston）の設立過程（1825～28年）　　11

ことをジャクソン博士に伝えました。我々は，委員会の会議を要請することを考えましたが，その後彼から同封の手紙を受け取りました。この手紙は，以下の意見を読む前に読んでいただいた方が良いかと思います。

　ベック博士かその他の体育について詳しく知っている者を校長として迎えることが非常に望まれます。しかし，1年足らずの期間でドイツからこのような人物を見つけられるとは思えませんし，またベック博士を現在の雇用主が手放す可能性は非常に低いと思います。体操学校の設立が延期されるようなことがあれば，忘れられてしまう恐れもあります。

　このような状況においては，この科目の教授を待つことなく体操学校を開校する手段を講ずることが得策でしょう。若者たちが行う一般的な競技のためのあらゆる設備と，それらを使うための隔絶された場所を提供するのが一番良いと思います。この他にも，悪天候の場合は，屋内でできるものなど，なんらかの特別な運動が必要になるでしょう。

　もし提案された計画がこのような形で進められれば，完全に失敗することはありえませんし，このように始めたからといって，より人為的な形の運動を教えるのに適当な人物を招くことが可能になった時にそのような運動の導入が妨げられるということはありません。体操学校一校に必要なスペースは，長さ200ヤード，幅60ヤード程でしょうが，これでは学生全員を収容できないし，事業の成功のためにはクラス分けが必要であるとも思われるので，この4倍のスペース，つまり約4エーカーが必要になるでしょう。このスペースの半分なら恐らく大丈夫でしょう。100×25フィートくらいの屋根付きスペースも必要でしょう。これは4つの個別の建物か小屋にするか，あるいは100フィート四方の中心的建物を一つ作ることも可能でしょう。（傍線：筆者）

　卒業生や，たぶん当局関係者も何人かはしばしば体操学校に行くでしょう。これは恐らく学生を集めるのに最良の方法になるはずです。現在の状況では，厳密な計画を提案するのではなく，単に2つの点について，貴方の決断をお願いしたいと思います。

1. ベック博士の招聘を試みるべきか。2. 直ちに適当な土地を手に入れるべきか。

ジョン C. ワーレン」

　まずジャクソン博士の書簡では，ベック招聘の可能性を諾否の両面から探り，最悪の事態も予測して善後策を練っていたこと，首尾よくベック招聘に成功した場合には，短期間にそのすべてを吸収し，学生自らが活動を継続できる力量をつけていくことが肝要であることを指摘した。ワーレン博士の場合は，ベック博士招聘の困難さを指摘しながらも，まず体操学校の開校を第一に優先すべきであること，そして何よりも場所の確保を最優先することを強調している。ここで注目すべき点は，運動場に必要なスペースとして約4エーカー（2エーカーでも可）を要求し，合わせて屋内運動施設（運動のための専用機能を有する体育館の意味：筆者注）として 100×25 フィート程度の建物を構想していたことがわかる。

　ドイツでは，体育館の設立*はほぼ1842年以降と推定されることから，この時期すでに米国において体育館設立の構想が，はっきり打ち出されていたことになる。これは，大いに注目すべき事実である。

*ツルネン禁止以後，室内での徒手・器械体操，医療体操の全盛時代が訪れた。しかし，これを促進した人びとといえども，種々の用具を合目的に設置した，本格的な体育館を新設するには至らなかったようである。これに対し，シュピースは体育館の機能を特に重視し，2学級の同時授業を配慮した本格的な学校体育館を新設した。おそらく，これがドイツの最初のものであり，後代の範となったものといえよう。尚，ダルムシュタットでは，理想的体育館に付設して，運動場が作られていた。（成田十次郎『学校・社会体育の成立過程』不昧堂，1997，p.511）

　そしてその結果，卒業生や当局関係者が学校に通い始めるであろうが，このことこそ最大の宣伝効果をもたらすとしている。今緊急に解決すべき問題として，ベック招聘と体操学校に必要な土地の確保を提案していた。

序章　ボストン体操学校（A Gymnastic School in Boston）の設立過程（1825〜28年）　13

　そのような折，ワーレン博士は，当時ゲッティンゲン大学の学生であったウィリアム・エモリー（William Amory）からのヤーン教授招聘に関する手紙[8]の返事を受け取った。

1826年1月22日

ワーレン博士様
　ベルリンのライマー氏から今日返事をいただきました。私は，ゲッティンゲン到着直後に，彼の友達のヤーン教授の件で彼に手紙を書き，ハーバード大学当局が，ケンブリッジに体操学校を設けたいという旨と，ヤーン教授がどのような条件からアメリカに行って体育とドイツ語を教えてくれるかを知りたがっている事を説明いたしました。ライマー氏は今月10日付の返事の中で，私の12月26日付の手紙に対する返事が，私の手紙の到着時に彼が不在だったためにやむをえず遅れてしまったことを謝罪しています。
　これにより，この件において長い遅れが生じたことをご了承いただきたいと思います。ライマー氏の手紙と共に，ヤーン教授自身からも手紙を受け取りましたが，これにもライマー氏の手紙の中の重要事項が全て繰り返されていますので，英語に訳したものを同封します。
　サラリーについては，ライマー氏は非常に明快です。彼によると，ヤーン教授の年俸は2千ドル以上でなければならず，旅費も要求しています。彼はまた，プロイセン政府からの年金と妻が将来受け取る年金は，長い投獄から免除されるために使われるとか，前の仕事を再開しないという条件であるというヤーン教授の大袈裟な発言についても少し説明しています。ヤーン教授の手紙によると，彼は金銭問題を解決するために数年間は自国に止まらなければならないようですが，本当はそうではなく，彼の条件を検討した人たちが，条件は受け入れるのに十分適当であると考えるならば，いつでも求めに応じられるのです。この交渉は，成功するように思われませんので，終りにするべきでしょう。これは，非常に残念な事です。私が

問い合わせた誰もが，ヤーン教授は優秀で知的な人物であると一般に考えられていると言っていたために特にそう思います。ヤーン教授に彼の条件について問い合わせた時に，私は自分が権限を持つと考える全てのことをしました。彼の要求が法外と思えるなら，貴方の条件を彼に提案すれば，<u>彼は自分の主張の一部を取り消すかもしれませんし，そうでなければ，違った生活状況や年齢の別の人物が見つかるかもしれません。また，ヤーン教授は，快く選定を手伝ってくれると思います</u>。私ももちろんこの目的の達成や他のどのようなことについても，お役に立てることがあれば喜んでいたします。(ヤーン氏のいくつかの論点に貴方が賛同するならば)大学図書館の責任者であるB及びB教授が，蔵書購入の際にはヤーン氏が間違いなく非常に賢明な選択をすると話していたことだけ，付け加えておきます。(傍線：筆者)

　　　　ご家族によろしく。　　　　　　　　　　　　　　　　　　　敬具
　　　　　　　　　　　　　　　　　　　　　　　　　ウィリアム・エモリー

　寄せられた返事の内容を要約するとおよそ以下のようになる。
　1825年12月26日付，エモリーがヤーンの友人ライマーに宛てた手紙の中で，ハーバード大学が，ケンブリッジに体操学校設立を予定していること，ヤーン教授のアメリカ招聘の条件について知りたがっていることを説明した。これに対する返事がライマーから寄せられた。① ヤーン教授の年俸は2,000ドル以上とすること，加えて旅費も支給のこと。② プロイセン政府からの年金と妻が将来受け取る年金は，長い投獄からの免除資金として使う。③ 前の仕事を再開しない。④ 金銭問題解決のため数年間はドイツに止まる必要がある。しかしヤーンの真意は，彼の要求が入れられれば，即座に応じる姿勢を示していた。
　エモリーは，周囲から高い評価を得ているヤーン教授の招聘に対して，様々な条件を勘案した結果，交渉は断念すべきであるとの結論を伝えた。

序章　ボストン体操学校（A Gymnastic School in Boston）の設立過程（1825～28年）

　ヤーンからエモリーへの返事[9]は，彼の「法外な要求」に関する理由のいくつかについて，かなりあいまいであるがより詳しく述べている。手紙の日付は1826年1月8日である。

　　自分自身が確立した業績が，他者の力によって打ち砕かれるのを見せつけられた者なら誰でも，必要な資力を得ることができればすぐに，喜んで復旧につとめるでしょう。
　　発見者または発明者として，自国に対して自分の立場の改善を申し出てそれを拒否された者は，誰であろうと，どこか別のところにも申し出るべきです。最後に，自国において無為に時を過ごすことを余儀なくされ，全ての仕事を禁じられている者は，大切な義務を犠牲にすることなく，人類のために尽くすでしょう。したがって，この提案自体についてはためらう理由は何もなく，同時にまず解決しなければならない点がいくつかあります。
　　第一に，私は政府から給料と年間1,000ドルの生涯年金を受け取っており，同時に有益かつ快適に過ごすための最良の機会と余暇を享受しております。よって数年後には，心配や悩みもなく品位ある生活をすることができます。第二に，過去6年間に私の財産は大きく減少したため，借金を全て返済するには数年間かかるでしょう。第三に，私の妻は私が死んだ後，ドイツに残っていれば，年間300ドルの生涯年金を受け取りますが，私が海を渡れば，それは支払われませんし，またアメリカへの移住によって，私や私が後に残す者たちの収入が奪われてしまってはなりません。外国でドイツ語を教えるためには，最低でも3,000ドル相当の価値のある，小規模なドイツ語の図書館を先に用意していただくことが絶対に必要です。この図書館は絶対に教師の言う通りに設置されるべきであります。これは，その他の点においても学校の財産であり続けるでしょう。体育科目を成功させ，深く根づかせるためには，出し惜しみせず，勇気をもって始めなければなりません。したがって私は，4人のアシスタントを同行する許可をいただかなければなりません。彼らは全て科学教育に携わる若者であり，しかるべ

き報酬を得なければなりません。このように重要なことは，死によって一人の目が閉じられた後も，退けたり無視することが許されてはなりません。体育は一度大西洋を越えて渡ってしまえば，別のアトランティス大陸が水没するまで，立派に繁栄するに違いありません。(傍線：筆者)

F.L. Jahn　自署

ヤーンがエモリーに送った手紙によれば，アメリカからの招聘に対していくつかの要求を提示した。

① 政府から給料と年間1,000ドルの年金を受け取っており，将来に渡り安定した生活が保証されている。
② 過去6年間に財産が大きく減少し，借金返済には数年間を費やす見込みである。
③ 妻は私の死後，ドイツにいれば年間300ドルの年金を受けるが，アメリカ移住によってその収入は全く失ってしまうことになる。
④ 外国でドイツ語を教えるには，3,000ドル相当のドイツ語の教師主導による図書館設置を進めるべきである。
⑤ 体育を成功・定着に導くために，4名のアシスタント(科学教育専門)の同行を認め，相当の報酬を保証されるべきである。

以上，ヤーンによって出された要求内容は，当時の人びとが用意できる額よりもはるかに多い収入を得るのでなければ，自国を捨てアメリカでの生活を確立することはできないという考えであった。そのため，一大学(ハーバード大学)や一都市(ボストン市)が抱えるには，あまりにも大きな負担であり過ぎたこと，また一般に体育を受容する人びとの間で，その重要性を認識するまでには意識が十分に到達しておらず時期尚早であったことなどが，「ヤーンの招聘」を一層困難にした原因として挙げることができる。

b. ハーバード大学におけるドイツ体操の実施

ハーバード大学に，いち早くヤーン体操を取り入れるのに力を尽くした人物に，チャールズ・フォーレン（Charles Follen）が挙げられる。1825年ドイツ語の最初の教師として迎えられてまもなくのことであった。1826年3月5日付で，友人であるベックに次のような手紙[10]を書いている。

> 「私の大学が，体操の問題について，特別に貴殿にお世話になる事と思う。私は学生と共に体操運動（gymnastic exercises）を始めた。大学からわれわれは器具を受け，また土地も与えられる事になっています。現在においては，私は食堂の一つを用いていますが，学生は皆非常に熱心であります。もう少しでボストンにも，体操学校が出来るはずです。」

と述べ，大学当局の協力を得て，体操の実施に踏み切ったこと，近々にボストン近郊に体操学校の設置が予定されていることなどを示唆した。

また当時の様子を知るのに，『ハーバードの黎明』（1880年10月，ハーバード大学出版部）の記事の中に，

「大学における体操指導の最初の運動は，自分の最上級の時に始まった。大学の医科教授たちが，学生に体操運動をなすことを，勧める檄を飛ばした。そして全校学生会が，大学の教会で開かれこの席上において，その檄に対する答えを作り，直ちにこの忠告に従うという意味の決議をした。使用されていない普通の教室の一つ（今大学の1階にある）をいろいろな体操に当てる事となり，その他の設備は，現在記念館となっている場所（デルタ）に設けた。」と説明している。

当時体操に一番興味・関心を持っていた，医学部の教授たちによりまずその必要性が指摘されたこと，直ちに学生もこの提案に共鳴したこと，実施場所は，当分の間，現有施設を用いていたことなどが述べられている。

ヤーンのドイツ体操場（ハーゼンハイデ体操場）の様子をよく知っている人は，

誰でもすぐに『ハーバード』(第2巻, The Gymnasium, and Gymnastics in Harvard College)に，ヒッギンソン(Thomas Wentworth Higginson)の述べた箇所があることに気がつく。

「古い記憶の内で，自分に最も印象の深いものの一つは，今ケンブリッジのキールランド通りにあった，父の家の入り口から，びくびくしながら外をのぞいて，向かい側の運動場で，若い人たちが棒を登ったり，振ったり，跳ね回ったりしているのをみた，その瞬間の印象であった。それは今大きな記念館の立っている，デルタと呼ぶ三角の場所であった。これらの若い人たちが，運動するのに用いていた器具は，子どもの眼には手枷か，あるいは絞首台のようにしか思われなかった。それは高い直立棒と横棒と梯子と，ぶら下がった縄と木や綱具からできた複雑なものによって構成されていた。……器具のある部分の下には，窪みが地中に掘ってあった。そしてそれは非常によく作られていたので，木部が除かれた後も，長く残っていた。」

1816年夏	学生同盟の運動おこる。ゲッセン黒党組織される。体操組合組織される(フォーレン，リーダーとなる)。
1818年3月	ゲッセン大学(民法及び宗教法)卒業
10月	イエナ大学私費研究生，傍ら「ローマ法典」の講義担当
1819年3月	コッチャープ虐殺 講義中止，ゲッセンに帰る。
冬	ゲッセンを去り，ストラスブルグへ，しばらくパリに滞在（ラファイエットと交わる）
1821年夏	バーゼルへ行く。大学で法理学及び形而上学担当の講師となる。
1824年11月	米国へ渡航

図 序-2　Charles Follen
(1796-1840)

序章　ボストン体操学校（A Gymnastic School in Boston）の設立過程（1825〜28年）

と当時の様子をやや比喩を交えながら，正確に伝えている。そしてここに記述されている時期を，ほぼ1830年頃のものであると推定している。

また一方，ケンブリッジに所属されている『ハーバードカタログ』[11]によって，教員組織を取り上げてみると，

1825年10月　　チャールズ・フォーレン……ドイツ語講師，民法講師
　26年 9月　　　同　　　　上　　　……　　同　　　　上
1827年　　　　　同　　　　上　　　……ドイツ語講師，体操場担任者

（1827年6月末にボストン体操場の監督を辞任した以後の彼の身分は，カタログによればハーバード大学体操場監督という肩書が僅かに与えられていることがわかっている。）

以上のように記述されている。これらのカタログのどの箇所にも，次のような説明が付されている。

「正規の体操運動は，体操場担当者のいる時には，水曜日と金曜日の1時までに行い，日が長ければ夕食の後にも行った。月曜日には，クラスキャプテンと副キャプテンとが別々に担任者となって，一般運動の準備をした。

1828年及び1829年のカタログには，体操運動についての記述は欠落しており，フォーレンは，ドイツ語，倫理，法律及び教会史講師となっている。そして，1826年から1829年の間は，火曜，木曜日には12時から1時まで，軍事教練が行われており，別の日には，大行進を行ったことも伝えている。」

当時の状況を回顧[12]して，ワーレン博士は，述べている。

「ウェブスター博士と，フォーレン博士の指導により，ボストンに一校，また，その直後にケンブリッジにも一校設立された。フォーレン博士は，そのドイツ式教育と気質から，必要な指導を行うのに非常に適した人材であった。ケンブリッジの学校は，目新しい間は盛況であったが，永続的な

成功を収めるためには，忍耐強いドイツ気質を吹き込むことが必要であった。運動のための運動をこの地で普及させるのは容易なことではない。
　わが国の人間が求めているのは，もっと刺激的なもの，つまりサッカーの試合とか木を切って割るという，楽しい遊びや有益な労働である。」

と，彼はすでにこの時新たに導入されつつあったドイツ体操について，その将来をある程度見通していたと推察される。

これらのことからニューイングランドにおいて，ドイツ体操導入のイニシアチブを取ったのは，ハーバード大学においてであった。ヤーン体操の直接の後継者が大学と関わりを持つ幸運にも恵まれたが，医学者を含む一群の教授たちの中には，早くから体育に関心を示す者の存在が認められた。すぐさま，大学の協力を取り付けその実施に踏み切った。ボストン市に一歩先んじて行った体操実験の示した成果は，人びとの注目するところとなり，一般学生から，市民全体を巻き込んだ体操実施へ一層拍車をかけることになった。その意味で，ハーバード大学が体操導入に果たした先駆的な役割は極めて重要であった。

第2節　「ボストン公立体操場」設立請願書の起草（1826年6月26日）

ボストンで体操学校の設立という構想が盛んに練られていた時期—1826年に入って新しい動きがみられた。ワーレン博士が中心になって，体操場設立用地を市当局との交渉によって獲得するための私的な委員会が組織された。当委員会は，1826年6月15日 Exchange Coffee House のホールにおいて会議開催を決定した。

同日開催された会議では，ウィリアム・サリバンが議長に，チャールズ P. カーティスが書記に選ばれた。会議の模様は，最近ウィリアム・ラッセルが発行した定期刊行物『米国教育雑誌』[13]に，報告のかたちで綴じ込まれた。

「市当局は，1826年5月1日から2年間，ボイルストン通りの西の一画の使

用を許可し，体操学校の授業を行う一人または複数の講師を雇う予定であった。このような学校は，生徒の身体能力を発達させ，それを社会生活における義務や理にかなった娯楽にどのように活用するかを指導し，本質的には健康と体力を増進させるであろう。ヨーロッパにおける同様の学校は，期待された効果を生み出している。大学の体操学校は，学生に対して，最も健全かつ有益な結果をもたらしている。この街の若者たち，特に座ってばかりいる者の体力と健康は，習慣を実質的に変化させればもっと増進するであろう。定期的に体育の授業を行えば，寿命が延び，人生はより楽しいものになるであろう。」

こうした意見や同様の意見により，以下のことがこの会議において満場一致で決議された。

第一に，ボストンにおいて体操学校を設立することは，得策である。

第二に，ウィリアム・サリバン，ジョン C. ワーレン，ジョージ・ティックナー，ジョン C. コフィンおよびジョン S. フォスターは，彼らが5名まで選べるその他の者たちとともに，この会議を招集するための公式通知にしたがって，委員会を結成し，最初の決議を行う。この委員会は，彼らが良いと考える時期および方法により，体操学校の設立のための任意の寄付をボストン市民に

Professor of Anatomy and Surgery in Harvard University;
Surgeon at Massachusetts General Hospital;
Honorary Member of Medical and Chirurgical Society of London, etc.

図 序－3　John Collins Warren (1778-1856)

募り，その寄付を受け取って，同校の設立のために使う権限を持つ。

　第三に，この会議は，ケンブリッジの大学の若い紳士たちの代表団(12名)を喜んで迎えており，彼らの情報から利益と恩恵を受けている。大学生たちがこの会議の目的に対して関心を抱くのは賞賛に値する。また，これは，学生たちの公共心の喜ぶべき表れであり，彼らが将来社会的に役立つことを立派に約束するものと考えられる。

　大学の代表団は，補足の手紙を提出すると共に，大学付属の体操学校の体操の授業とその恩恵について口頭で説明し，委員会のために以下のことを会議で述べた。

① 学生の健康が大きく改善されたこと。
② 体力の強化の結果，知的活動においても活気が出ていること。
③ 学生の間で病気や消化不良の心配がなくなったこと。
④ 暇な時間に喫煙によって満たされることの多かった「刺激への欲求」が，今では体操学校の男らしい運動によって完全に満たされていること。
⑤ 単純な動きから複雑な動きへと規則的に指導を行うことが，生徒を事故による怪我から守っていること。
⑥ 指導を受けていない者には，実行不可能ではないにしろ難しく見える運動がどんなに簡単かつ安全に行えるかを知って驚いたこと。
⑦ 一つの共通の関心事や，一つの賞賛されるべき趣味が，学生時代を通じて単なる他人同士に過ぎなかったかもしれなかった者たちにふれあいと友情をもたらしたという点で，体操の持つ社会的効果は，評価すべき最も重要な結果であること。

　ハーバード大学の学生を通してすでに実践されていた体操の豊富な成果が，上記7点にわたって報告されている。健康，体力の保持・増進，疾病の減少，運動への理解の深まり，社会性の習得など運動実践を通して得られた様々な効果を明らかにした。

　なお，この会議における議事録はそのまま出版されることが採決されていた。

序章　ボストン体操学校（A Gymnastic School in Boston）の設立過程（1825～28年）　23

　市民と学生が会合しておよそ1ヵ月後，委員会は会議の議を経て「ボストン公立体操場」設立請願書[14]を起草し，ボストン市民に通知した。
以下に，その全文を掲載しておく。

体操場（Gymnasium）＊
　ボストンの体操場設立を目的として任命された下に署名した委員会（The under-signed Committee）より，謹んで市民の皆様に告知いたします。
　体操場設立という重要な議案（measure）は，その趣旨にそって総額5,000ドルが拠出され，賄われない限り，施行することはできません。
　市当局から体操場設立のために割り当てられた土地は，建物がたち，囲い地となる予定です。一つまり，体操場が建設され，必要な器具や体操用具が整えられることになっております。指導員には賃金が支払われます。規律と訓練の実効性が立証されたあかつきには，体操場施設は市当局の監督下に移され，公費で運営されることになります。あるいは，やる気と能力のある者には，個人の管理・経営にゆだねることも十分に可能です。
　資金が十分に拠出されるならば，お金を集金するための適切なスタッフが雇用されます。当議案における委員会の趣旨は，ボストン市民の利益であって，それ以外の何ものでもありません。体操場設立という目的達成のための準備はなされ，これまでのところは十分可能であります。あとは，必要な資金づくりができるかどうかは，ただひとえに市民の意志いかんなのです。それ以外の措置と機関は全て整えられているからです。各父兄，子ども，そしてそれ以外の人たちにとって，幸福というものは人類の偉大なる進歩によって促進されるものであり，しかもそれは各年代の人たちに保障されるものであるから，教育のこの分野の紹介と支持に多大な関心があるに違いない。そうでなければ，他の全ての修練は比較的よいもののはずであるが，（実際は）不完全で，不出来なものである。
　この体操場は全ての階層の者に開かれ，いかなる者の申し込みも受けることになっているので，献金の多少の金額にかかわらず，有り難く受けつけるものです。

　　　　　　　　　　　　　　　　　　　　　　　　（所　　属）
　　　　　　　　ウィリアム・サリバン　　　Boston lawyer
　　　（起草）ジョン C. コフィン　　　　 Harvard Professor
　　　（会長）ジョン C. ワーレン　　　　　〃　　〃
　　　　　　　　ジョージ・ティックナー　　〃　　〃

　　　　　　　　　ジョン S. フォスター　　　　〃　　〃
　　　　　　　　　トーマス・モートレイ
　　　　　　　　　ジョシア・クィンシー Jr　　Harvard Professor
　　　　　　　　　ジョン B. ディヴィス
　　　　（会計）ウィリアム B. ファウル　　　追加署名
　　　　　　　　　　　　　　　　　　　傍線及び（　）内，筆者注
　　1826年6月26日，委員会会議で採択され，上記の告知が印刷され，市内に在る何店かの保険会社に配布され，尚かつ新聞に掲載されることになりました。

氏名：　　　　　　住所：　　　　　寄付金額：

（ウラ書き）
基金からボストンの最初の体操場（責任者）へ

　上記は，随筆文や講義を通じて最初に体育を一般市民に呼びかけたコフィン博士によって執筆されたものです。そして，これまで多くの人が理論的に学んできたことを実践に移したニューイングランド州で最初の人間です。
　　　　　　　　　　　　　　　　　1826年7月　ボストンにて

［ボストン最初の体操場（開設）のためのオリジナルな寄付金申込書］
　　　　　　　　　　　　　　　　　　　　　　　1826年7月

　＊ボストン・パブリック・ライブラリーで見つかった史料では，「Gymnasium」という用語が使用されている。筆者は，この訳語を慎重に扱った。当時米国での体育事情を考慮し，本国ドイツでの体育事情を検討した結果，第1節の2.1）ワーレン博士から学長に宛てた書簡中でもすでに指摘したように，当時ハーバード関係者には，屋内体操場（つまり体育館を指す）構想が顕著にみられたこと，合わせて広い運動場をセットで捉えていた事実が認められたことから，両者の意味を含んだ用語として「体操場」と訳した。なお，史料上（注14）では，「Gymnasium」すなわち「a gymnastic school」と解していることがわかる。

設立委員会によって起草された請願書の骨子は，
第一に，当委員会が主体となって体操場の設立準備資金5,000ドルを用意す

ること。但しこれは主として，市民の寄付金によって賄われる予定であること。

　第二に，ボストン市から割り当てられた土地（トレモント通りとウェスト通りの一画，ボストン・コモンの反対側にあるワシントン・ガーデン）に，体操場が建てられ，必要な器具や体操用具が整備されることになっていること。

　第三に，体操場を管理・指導する指導員には，賃金が支払われる。また状況に応じて，集金係の雇用も検討中であること。

　第四に，開設した後，体操場の運営が軌道に乗れば，これをボストン市の監督下に移し，以後公費で運営する予定であること。但し個人的に有能でかつ実行力を有する者がいた場合には，管理・経営を個人にゆだねる場合もある。

　第五に，体操場を設立する趣旨は，偏にボストン市民の利益を最優先することがねらいであること。

　最後に，体操場は全ての階層に等しく開かれ，いかなる者の申し込みも受けることとする。要約すると，以上のようである。

　コフィン博士によって起草された市民を主体とした構成による，平等主義に基づいた運営をその内容としたパンフレット（A4判，1枚，ウラ書き）の形で印刷され，広くボストン市民に配布された。

第3節　ボストン体操学校の開設

1．公立体操場の開設（1826年9月28日）

　1826年3月5日付，フォーレンがベックに宛てた手紙に，「ボストンに間もなく体操学校が出来るはずである。」と記しているが，これがおそらくボストン体操学校設置の構想を公にした端緒であったと見做される。多くの人が，この案に興味を持ち，彼がもし「適当な器具の設置を監督し，且つ主任監督となるなら」俸給を与えると定義し，適当な助手を雇うことを許した。9月26日，フォーレンはベックに手紙を出し，「明後日より，ボストンで私のロープダンシングを始める。その場所には，私の絞首台が立派に立っている。そして大小の上品，下品の各種の絞首される悪漢が揃っている。」と比喩を交えてその光

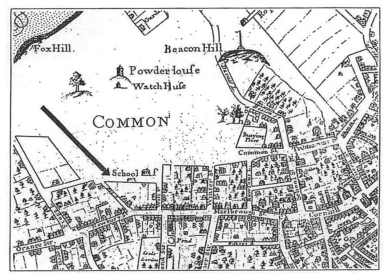

図 序-4　Boston Public Gymnasium (1826.9.28)
Boston Historical Map より作成

景を描写した。

　ボストン体操学校は，9月28日に最初に設定された場所ではなくて，コモンの反対側ウェスト通り及びトレモント通りの一画に開設された。

　「ボストン医学通信」(1826年10月3日)は，この模様を次のように紹介している。

　　「先週木曜日の午前6時，練習と指導を目的として，ボストン体操場が開館した。主任指導員は，高名なJahn氏の弟子のチャールズ・フォーレン氏で，補助指導員には，近年ケンブリッジ(ハーバード大学)の体育科で名の知れているバージニア出身のジョージF.ターナー氏があたっている。
　　パリの著名な運動養成者コロネル・アモロス(Colonel Amoros)氏より何冊もの書籍と長文の手紙を受けている。この教養が深く寛大でもある慈善家は，多忙であるにもかかわらず，氏のもとに寄せられた問い合わせに対

序章　ボストン体操学校 (A Gymnastic School in Boston) の設立過程 (1825～28年)

して絶えず満足させるような返答をするからである。というのも，氏が教授している理論と実践を同じ位重要視し，なおかつパリ市民の益に適うように考えているからである。

　ある者はロンドンから次のように書いてよこしている。

　体育は，今や国中に普及している。老若男女を問わず，全ての人に行き渡っているのだ。体操の躍動的でしかも優雅な運動の中で，木馬に跳び乗ったり三角がたに運動することが，特に人気を博していることは，注目に値するものである。信じられないような事も毎日のように起きている。たとえば，数ヵ月前までは非常に高慢であったり，消化不良のため跳びはねながら脚を持ち上げるようなことなど出来なかったような人たちにおいてである。彼らの悪いところが治ってきているのだ。つまり，消化不良やどうしようもない位悪い欠点や，非常識な態度といったものが治りつつあるのである。

　体操によって快活な気持ちになるため，快眠，快食が取れ，色つやも良くなってきた。もっとすばらしい効果は，マナーが良くなったことである。

　高慢さ，無気力さ，病弱さ，気紛れといった悪いところを，日常の生活行動や社会的協調が計れるように矯正したり，身体的動作，活力，有益性，享受性といったものを発達させることができるのは，確かに喜ばしいことである。」

そして米国教育雑誌の11月号には，「1ヵ月間その行進を見，且つその運動をすれば，この運動をやってみた人には，非常に満足を与えるということがわかる。年齢の異なった生徒に—10歳から50歳まで—行う，この体操運動の肉体的効果は，驚くべきものである。多くの人は，その体力が急に増した。生徒はいろいろな職業に携わっている。—医師，弁護士，牧師等が，商売をしている若い人や，小学校の生徒とも入り交じっていた。」とある。

様々な職業の紳士たち，若者，生徒などを含む多数が出席し，非常に熱心に

運動に参加した。間もなく彼らはそのお陰で,筋力がアップし,食欲が増進し,血色の良い健康的な顔になった。この体操学校の設立は,この国の目新しいものによくあるように,都市や地方に次々に影響を与えた。

1827年,フォーレンは在任1年を待たずして,体操学校監督を辞任した。学生より彼の教えを感謝し,惜別の意を込めた手紙[15]が届いた。

「博士が私たちに紹介して下さった運動は,しかもそれが私たちの身体の健康と精神力に連なっていることを経験からわかったものでありますが,各都市や公教育の行われている場所に急速に広がっていき,国民的利益になっていくのを見ることができるでしょう。日々の労働の必要性のないクラスのアメリカ人は,身体的運動を疎かにしていることでよく知られています。その結果,筋肉性弱質と人間の中枢器官の虚弱から生ずる病気が蔓延しているのです。体操の持つ男性的で活気のある運動が,そのような人たちの倦怠を吹き飛ばしてしまうことを願うものです。健康な社会においては,消化不良などという病気など甘やかされない日が来るのを願うものです。」

博士はこれに応えて,「ボストン体操学校がその根底に真の愛国的な見方や練習を活気づけてくれる熱心さを持ったこと。各個人が練習から精神の健全さ,快活さ,親切心を身につけたこと。同様な学校が他の都市に出来上がるのを見る喜びは,私たちの希望を正当化すること。体操がアメリカ教育の正式分野として認められ,しかも生活事情ゆえに体力の発育を怠っている人たちにとって,体操が健康や体力,そして魅力の源として認められる日が早く訪れること。」などをそこでの最後のはなむけの言葉として結んだ。

2. 付設水泳学校の開設(1827年7月18日)

1827年7月,フォーレンの後をついでフランシス・リーバー(Francis

序章　ボストン体操学校（A Gymnastic School in Boston）の設立過程（1825～28年）

1811年	ハーゼンハイデでヤーンと交わる。（この間開放戦争に参戦）
17年	熱心なヤーン体操家の一人として，ヤーンに従いリーゲン島に旅行
19年7月	ヤーン逮捕，直接リーバーも国事犯として捕らえられる。
20年	イエナ大学博士号収得
26年3月	ベルリンを立つ。ロンドンへ（3月27日）1年間ロンドンに滞在
27年6月	リバプールを立って，米国へ向かう。

図 序－5　Francis Lieber
（1800-1872）

Lieber）がボストン体操学校の監督に就任した。

かつて彼はヤーンと親交があり，1811年には，ハーゼンハイデ体操場で，相知る仲であった。また1817年にはヤーンに従ってリーゲン島を翌1818年にはリーゼン山に数回徒歩旅行を行い，多くのプロシア体操場の視察を行った経験を持っていた。その後1820年イエナ大学で博士の学位を取得した。1823年8月いったんプロシアに戻ったが，政情不安定を自ら察知して，ドイツからの脱出を企てた。当時ベルリンの水泳学校の監督をしていて，彼の水泳の技量と人格をよく知っていた陸軍少将プフエルを尋ね，渡航のできる秘密の方法を教わった。1826年3月17日ベルリンを出発し，ロンドンに着いた。彼は1年間ロンドンで過ごしながら，著名な体操関係者(ニール，フォーカーなど)と交流を持った。

米国教育雑誌(1826年11月)には，次のような記事がみられる。

米国の文学通で，ロンドンで有名なフォーカー教授の仕事を手伝い始めた，ニール(John Neal)氏(アメリカ人：筆者注)の最近の手紙によれば，

「貴方(リーバー)は自分が体育に熱心なことをご存じでしょう。私(ニール)は1年余り，熱心に各種の体操の理論及び実態を研究し，これをわが国の人びとに役立つようになればよいと思っていた。私は3人の人びと(フォ

ーレン，ベック，リーバー）を見つけた。その人たちは，前例のない程立派な教師である。自分（ニール）はヤーン教授の証明を添えて，これを雇われる事をお薦めする。」

この時出会ったニールは，リーバーのアメリカ行きを積極的に勧めていたことがわかる。

またこの時のヤーンの証明書[16]は以下の内容であった。

「フランシス・リーバー氏は，哲学博士であって，連続して数年間夏冬共に私が計画し，監督していた体操運動の全過程を終えた人である。彼はまた他の人びとと共に私に従って，1817年にリーゲン島及び1818年にリーゼン山に数回徒歩旅行を行い，その旅行中われわれは，多くのプロシア体操場を訪問した。彼が道徳的に立派な人であり，頭脳明晰にして，体操のよき指導者であり，教師である事を認めたので，すでに1817年にエクスラチャペレーにあるライン州の政庁に，彼に体操運動教師の職を与える事を願ったところ，若い学生たちに愛され，年長者や同輩からは尊敬されて，彼は委員会の会員に選ばれた。この委員会は，体操協会を代表するもので，一般に体操を向上させるため，同時に技量と共に道徳，及び科学の進歩を計らんとする目的を持っているものであった。

リーバー博士が，毎日私と共にあった時に，彼は人種の発展の唯一の基礎である真理，義務，自由を永遠の標語として，熱心にこれを行った。彼はドイツ，スイスを通って，フランス，イタリア，ギリシアに旅行して，彼の判断力を増し且つ知識を広めたに相違ない。しかしこの点については，私は確かな事を，申し上げることは出来ない。何故なら，私の記憶には残っていたが，彼にその後会っていないからである。リーバー博士の要求により，私はこの証明書を与え，法律により刻印しそして私自身の手で書いて，封印し，私が今住んでいる町の証明を得たものである。

　　　　　　サクソニー，プロシア大公国，ウンツルト，フライブルグにて

1826.8.1
哲学博士
フリードリッヒ・ルードビッヒ・ヤーン　署名」

　リーバーは，この証明書の他にも，先に述べた陸軍少将プフエルからの推薦状も同時に持参していた。プフエルは水泳教授の新法を発明し，プロシア陸軍水泳学校を創設した人物であった。当時，この分野で最も著名な二人の強力な推薦があったお陰で，フォーレン博士の知るところとなり，直ちにハーバード大学の法律教授及びボストン体操学校の監督に任命された。

　1827年4月13日水泳学校の開設及び体操学校監督としての招きを受諾するべく返事を送った。同年6月20日，ニューヨークに上陸し，新しい任地に向かった。

　7月3日付の『ボストン医学通信』は，彼の到着を次のように報じている。

「フランシス・リーバー博士が，ワシントン・ガーデンの体育館を監督し，水泳学校を開くためにボストンに到着した。

　博士はヤーンの弟子であり，水泳学校の指導は，プフエル将軍の開発した方法で教えることになる。この方式というのは，今ではプロシア陸軍の軍事教練の一部に採用されているものである。

　また，この方式はヨーロッパの数多くの大都市で施行されているものでもある。

　遊泳術の全指導講座により，参加生徒は，3週間から4週間でいかなる危険性の心配もなく，理論的かつ実践的に水泳を学ぶことができるであろう。」

と述べ，当時ドイツから招いた最高の指導者による最先端の水泳技術を駆使しての水泳指導をセールスポイントにして，短期間で安全かつ合理的に水泳が習得できることを，広くボストン市民にアピールした。

続いて7月14日の同通信では,

> リーバー博士の水泳学校は, ミルダム(Mill Dam)の北側にありますが, 生徒の入会のため, 来週水曜日の18日に開校いたします。
> シーズン用入会料は, 10ドルで, 前金払いも可能です。
> お申し込みは, 来週水曜日までリーバー博士あてに, Exchange Coffee House で午後0時から2時までと, 午後3時から4時まで受け付けています。それ以後は, 水泳学校の開催期間中となります。
> リーバー博士の教える水泳法は, プロシア軍の連隊の他, ベルリン, コブレンツ, ブリュッセル, コーニングスバーグなどの王侯都市に水泳術を紹介した人物であるプロシア陸軍のプフエル将軍の方式に則ったものです。現在, 同じ方式の水泳学校は, 別のプロシア軍将校の指導のもとにロンドンでも開校されております。
> 健康な人間であれば, 約3週間, 毎日30分間の練習で水泳術を習得します。
> 学校は, 毎日午前5時半から1時までと, 午後4時から8時まで開催しています。
> リーバー博士は, 水泳学校内における礼儀作法を厳しく守り, 生徒が入会証の裏に印刷されている諸規則を守る限り, 生徒の安全を保証いたします。
>   7月14日

以上のように水泳学校の詳しい入会規則・方法を含む案内を行っている。前回の広告で紹介した水泳指導の中味に再度触れ, プロシア陸軍で広く普及しているものと同様な内容であり, ロンドンでもその流行がみられていると付け加え, 広く市民の参加を呼びかけている。

水泳学校の実際の活動を示す史料は, ほとんどみられない。

わずかに, 1827年8月7日の『医学通信』の「体操に関する論文」の出版広告の最後に, 「リーバー博士は, ウェスタン・アベニューの北辺を少しいっ

序章　ボストン体操学校（A Gymnastic School in Boston）の設立過程（1825～28年）　33

た所で，上げ潮に乗ったようにとんとん拍子に成功している。」とその模様に触れている。

　また1827年9月6日付のリーバーが両親に宛てた手紙によれば，ボストンで盛況を誇る水泳学校の存在を耳にし，J. Q. アダムス（アメリカ第6代大統領）が学校参観を行った。彼はこの学校を大いに賞賛し，このような公の健康を助長する学校を国中に設立したい旨の希望を述べている。このことからも水泳学校は，最初から比較的順調にその活動を開始したといえる。しかし一方では，学生の水泳学校離れが一段と進み，1827年から1828年にかけて体操学校に対する関心も減少の傾向がみられた。そしてプリントショップには，体操家の風刺画が現れ始めた。

　その運動は初心者にとっては，大変骨の折れるものであった。事実それらは統制されており，しばしば繰り返しが多くまた極めて退屈なものであった。

　1827年水泳学校の最初のシーズンの終りを待って，リーバーは文学の仕事に転向した。まもなく百科全書を編集する仕事に専念し，1833年に新刊『アメリカ百科全書』（全13巻）の刊行を果たした。1833年以降は，法律学に転じギラード大学，南カロライナ大学，最後は，ニューヨークのコロンビア大学で講義を担当した。

第4節　ドイツ体操の推進—*A Treatise on Gymnasticks, taken chiefly from the German of F. L. Jahn*（Charles Beck, 1828）[17] 出版の意義

　ボストン体操学校が開校して，1年後，ちょうどこの頃盛んになった体操についての簡潔で適切な理論書の出版が，待ち望まれていた。

　1827年8月7日付，『ボストン医学通信』の記事によれば，ノーザンプトンのシメオン・バトラー（Simeon Butler）は，ヤーン（F. L. Jahn）のドイツ語本から引用した『体操に関する論文』の予約出版を企画していることを報じている。

　その内容に関しては，体操についての簡潔で総合的な出版物，つまり一般読

者の好奇心を満たし，適切な体操指導に必要な詳しい記述が載っている出版物であって，一般の人たちが容易に入手できるようになることを特に要望している。

次いで原著者の紹介を行い，教室のこの分野で論文を書いているドイツ人著者のうちで，ヤーンほど学識豊富な経験，そして熱意を持って論文を書いている者は他に類をみないであろうと高い評価を与えている。さらに続けて，彼の論文には，独創性と科学的に説明する綿密さといった点で，非常に強い論点があると認められている。それ故に，なるべくして再び取り上げられることになったのである。

さらに，

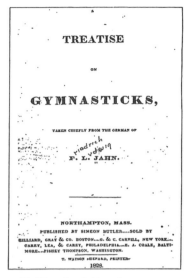

図序－6　A Treatise on Gymnasticks
（CharlesBeck, 1828.1）

「近年の経験からわかるように，このような追加出版は独創的なものとなるであろう。」と述べている。

この本の出版は，ノーザンプトンのチャールズ・ベック博士(Dr. Charles Beck)によって行われることになっていること。ベック氏は著作者(ヤーン)の元生徒であったということから，以下のような点は十分保証に耐えるものであると説明している。

つまり，1) 翻訳は原文に忠実になされ，たとえ追加，補足があっても，オリジナルの論文が持つ精神と論調において，軌を一にするものであると見做されること。

2) 出版される本は，8折判で200頁版となり，8枚の銅版画が含まれる見込みであること。また本の挿絵は，体操の訓練に長い間の知識と経験のある画家によって描かれた大変分かり易い内容になっていることなどを付け加えている。

本の予約申し込み価格として，1ドル75セントを予定していることも明ら

序章　ボストン体操学校（A Gymnastic School in Boston）の設立過程（1825～28年）

かにした。

　体操訓練についての原則，実技，そして実態について造詣の深い，文字通りの友人は，この本について次のように述べている。

　　「わが国の体操訓練の普及を見ていると，体操が各地で指導されるのであるから，どこでも共通に使える基準本を早く出版する必要性があるようだ。わが国の体操学校の必要性を満たすような出版物は，ヤーンの本に匹敵するようなものはあるまい。だからこそ，この分野における彼の卓越した功績ゆえに，彼は，『体操の父』と呼ばれるのも当然なことである。彼の出版物は，その最初のものから，ドイツの各体操学校の教科書として使用されているのである。英国とアメリカの体育は，（ドイツと）同様な基準に則って育成されてきたのである。ヤーンの本が，私の知る限りの体操に関するどんな論文よりも勝っているのは，異なる練習を系統的に組み合わせていることと，それらの一つひとつを具体的に説明していることである。

　　ベック博士の本は，ヤーンのものに見られる重要な点に，後日改良されたことと何枚もの印刷画を一緒に組み合わせている。印刷画も，現在，ラウンド・ヒルの学校に関わりのあるドイツ人熟練画家によって，制作されたものである。最も重要な練習を描写する印刷画の有効性というのは，明白なことである。特に，学校の授業に参加する機会が与えられなくても体操を学びたいと希望する人たちにとっては，なおさらのことである。」

（傍線：筆者）

　一般の読者の立場からすれば，バトラー氏には予約申し込みの遅れを待つことなく，直ちに出版に取りかかってほしいと思うものである。

　何故ならば，論文の持つ価値と，そのような案内と指導に対する絶え間ない問い合わせによって，これまでに費やした氏の経費（労苦）に，すみやかに報いなければならないからである。

　1828年1月，『体操に関する論文』は，ベック博士によって出版された。

この本の序論で,「約12年前,ドイツに於て原書が発行されるに至ったと同じ理由で,この米国に於て今やその必要がある。自分はヤーンの論説を固く信ずるものであるが,彼の序文と第5章を省き,第3章と第4章を入れ替えて,亜鈴体操に関する章を,第1章に加えた,その他除いた部分或いは最近の経験により加えた部分も多少ある。第7,第8章は,原書のままであるが,残り6章の印刷画(63枚の図)は,新しく掲載したものである。」と説明を加えている。

なお,同書の実際の内容構成は,以下のようである。

First Section
　Gymnastick Exercises
　　Ⅰ. Preparatory Exercises(予備的な運動)
　　Ⅱ. Walking
　　Ⅲ. Running
　　Ⅳ. Leaping(幅跳び,高跳び,ボールを用いた跳躍)
　　Ⅴ. Vaulting(跳躍)
　　Ⅵ. Balancing
　　Ⅶ. Exercises on the single Bar
　　Ⅷ. Exercises on the Parallel Bar
　　Ⅸ. Climbing
　　Ⅹ. Throwing
　　ⅩⅠ. Drawing
　　ⅩⅡ. Pushing
　　ⅩⅢ. Lifting
　　ⅩⅣ. Carrying
　　ⅩⅤ. Exercises with Dumb-bell
　　ⅩⅥ. Wrestling
　　ⅩⅦ. Skipping with the Hoop
　　ⅩⅧ. Skipping with the Rope

Second Section
　Gymnastic Games

Third Section
　Management of a Gymnasium

Fourth Section
　Of the Foundation and
　Arrangement of a Gymnasium

Explanation of the Plates
　plate Ⅰ
　plate Ⅱ
　plate Ⅲ
　plate Ⅳ
　plate Ⅴ
　plate Ⅵ
　plate Ⅶ
　plan of a gymnasium
　plate Ⅷ

( )内,筆者注

第5節　ボストン体操学校の意義と限界

　1826年ケンブリッジ及びボストンの両方で，相前後して創設された体操学校の存在意義について述べておく。

　まず第一に，体操学校設立の運動は，階層・男女・人種などの枠を越えたいちじるしい平等主義を促したことである。これは以下に示す事例で明らかにすることができる。

　一つはすでにこれまでに述べたように，社会の全ての階層の人びとが体操学校に参加し，様々な生活状況の人びとが交わることは，最も喜ばしいことと考えられた。

　ニューイングランドの都市化が進行する第一波の影響で，体操学校は，社会全体のさらなる民主化の一つの手段と見做されたこと。このことの持つ意味は，極めて重要であった。

　また体操学校の存在自体が，それに関連するいくつかの問題を提起した。具体的には，女性や黒人の運動への参加の是非を巡る問題であった。

　まずW. B. ファウルが関与したモニトリアル・スクールが，実際に体操を米国の女子学校で取り入れ，成功している最初のケースを示したことや「ボストン公立体操場」設立請願書の文言に謳われている通り「いかなる者の申し込みも受けること」とする趣旨に裏付けられ女性の運動への参加をより可能なものとした。(傍線：筆者)

　1827年夏，ロンドンのフォーカー体操学校のメンバーでもあり，またボストン体操学校の校長候補として最初にリーバーが注目していたジョン・ニールは，英国より帰国しメイン州ポートランドに戻ると，市内にいくつかの体操学校を設立し，そこで体操活動に着手した。

　この時初めて，アフリカ系アメリカ人の体操学校への出入りが討論されている。結果として，2名の有色人種の参加が許可されることになった。女性の運動への参加が認められたのと，同様な理由で黒人参加の問題も請願書の内容に保証され，そもそもそれが起草された時点から参加自由の権利を請け合うもの

であったといえる。

　前にも触れた通り，ハーバード大学及びボストンの両方において，体操学校は突然閉鎖を余儀なくされた。この新しい動きが，大学の学生や，著名人や有力者の両方からあれ程熱心に歓迎されたことを考えると，その突然の衰退を説明することは容易ではない。

　推測されるいくつかの理由を取り上げてみる。

　エドワード・ジャービス(後に，1861年ボストン体操師範学校理事)は，生理学的理由によるとして説明を加えた。彼の意見によると，運動は乱暴で活動的すぎ，一日のうちの誤った時間に行われていた点を指摘した。

　体操学校の設立を最初に唱えたワーレン博士は，この学校が，参加者に対して余りにも多くの努力を必要としたために，失敗したこと，また運動が目新しさの続く間だけしか行われなかったことも指摘した。

　同様に彼は伝記[18]の中でも，「忍耐強いドイツ人気質」と対照的に，「アメリカ人はより多くの刺激を必要とする」ため，アメリカで体操学校が永続的に成功することはできなかったとその主な理由を国民性の相違という観点から説明した箇所もみられる。その他の理由として，「学校の何らかの欠陥」が，予期せぬ閉鎖の原因であったかもしれないとも言っている。

　リーバーが米国へ移住した当時に書いた文書を分析すると，彼が明らかに，学校の欠陥は運営のマンネリ化にあると考えていたことがわかる。大人は，若い頃非常に刺激的に思えた運動には(余り)興味がないことを指摘したものである。

　「私たちから見ると，年齢に応じて運動を全く変えなかったことが理由に思えます。定期的な運動として，大人は体操学校の普通の運動とは何か違う，より高度なものを，そして体と同時にできるだけ心も満たす何かを求めています。少年時代に習った，お決まりの運動には飽きているのです。」

　以上が体操学校に特に深い関わりを持った人びとが述べた衰退の理由である。

　ドイツ式の体操がなぜ単なる一時的流行に終わったのかを説明する上で，十分な論証がなされないままに終わっている。

ともあれワーレン博士が下記に後述した如く，体操学校設立の結果，男子や女子の学校，高等教育機関及び大学のほとんどに，小規模な付属の体操学校が設立されたことは確かな事実であった。

また運動不足に陥っていたアメリカの学者たちが，ドイツやイギリスと同様に，知的作業を妨げることなく健康を維持できるようになったことに対する満足感は，誰にも共通するものであった。

しかし，残念なことに，社会全体で知性を磨くことは，国の栄光と考えられるのに対して，肉体の鍛錬という精神は，徐々に弱まりつつあり，国全体に広まった普遍的で有用な影響力は，今では全く評価されていない状態に留まっていた。実際には，体操に関する計画も幾らかは残っており，また社会の知識階級は，自分たちの息子や娘たちにとって，精神的及び知的資質と同様に体力的資質の発達がいかに重要であるかということを十分知るようになっていたと当時の状況を分析している。

体操学校の設立に深くかかわったワーレン博士は，1830年8月ボストンで開催されたアメリカ教員講習会の「体育の重大なこと」と題した講演の中で，昨今話題になっている体操学校の存続期間の短さについて説明を行った。

「青年男女には，適当な身体運動の重大なことを論じて，さらにこれに加えるに国中に，体操場を設立したことによって，体育上に新機軸を打ち出した。

それがめずらしがられている間は，皆熱心に運動をしたが，その重大さを知らないことと，体操場に欠陥があったために少なくとも私のいる地方では，段々に忘れられ，顧みられなくなってきた。

この体操場から得た効果は，私の寡聞によれば，非情な期待よりもはるかに多い。」[19)]と述べさらに彼は「<u>学校に於いては，体操場で運動するを，正課の一部とせねばならぬと信ずる</u>」とこの点を大いに力説している。（傍線：筆者）

極めて斬新で先取的なドイツ体操導入の試みは，すぐさま開花することはなかったが，貴重な先行体験として人びとの心に強く印象づけられることとなった。そして何よりも，運動のみに偏ることなくヤーンの理論を深く理解し科学

的な根拠に基づいた体操を重視する方向が目指された。この時期ベック博士によって刊行された英語版『体操に関する論文』による普及活動は、極めて重要な意味を持つものであった。またモデルとなった本国ドイツに先駆けて、すでにこの時期(1825年)体育館構想がみられたことは、実に大きな発見であったといえよう。それは天候に左右されることなく、一年中安定した状態で体育活動が可能になることを意味し、正課体育の実現へ道を拓くものであった。

こうした体育に寄せる一群の医学者や教育者たちによる飽くなき探求[20]は、30年余りを経た1860年のアマーストプランに確実に引き継がれ大きく開花していくことになる。

今回史料の制約によって、明らかにできなかったケンブリッジ及びボストンの2つの体操学校の詳しい活動状況、アメリカ体育史における体育館の成立についての問題は今後の課題としたい。

注

1) それ以後の関連する研究として、『世界体育史』(今村嘉雄・石井トミ共訳，不昧堂，1952年，pp.165-170)や『アメリカスポーツの文化史』(小田切毅一，不昧堂，1982年，pp.112-115)などが挙げられる。これらは、ドイツ体操の導入経緯と活動を巡って、レオナルド前掲書の部分的な紹介を行ったものである。
2) ナンシー・グリーン『多民族の国アメリカ─移民たちの歴史』創元社，1997年，pp.20-21.
　　ニューイングランドにおける初期の移民の流れについて整理をしておく。
　　まず1630年から40年代にかけてイギリスを逃れて来たピューリタン(清教徒)で、彼らはニューイングランドに入植し、かなり均質的な集団を形成した。2つめは南のハドソン川とデラウェア川の間に入植した、オランダの改革派、ドイツ(ラインラント―プファルツ)のクウェーカー教徒(1675年)、カルヴァン派プロテスタントであるフランスのユグノー(1680～90年)たちである。彼らはイギリスの入植者としばしば対立しながらも定着していった。3つめは、ヴァージニア及びメリーランドのチェサピーク植民地で、強制労働に基礎を置いたタバコ・プランテーションによる少数者支配体制を確立した人びとだった。4つめは、ノース・カロライナとサウス・カロライナの広大な土地に17～18世紀に入植した。2万5,000人のヨーロッパ人である。

序章　ボストン体操学校 (A Gymnastic School in Boston) の設立過程 (1825～28年)　41

3) Boston Public Library, *Outline of the system of education at the Round Hill School*, June-1831. Boston, From N. Hales' steam power press, p. 24.
　　Library of Congress, *Life of Joseph Green Cogswell as sketched his Letters*, 1874, p. 364.
　　Boston Public Library, *Old and New-Some Souvenirs of Round Hill School*, vol. IV, pp. 27-41.
4) アメリカ国立医学図書館所蔵「ボストン医学通信」1826年10月24日記事には，「（第一の問題について）女性のひ弱さや適性についての一般的観念といったものは，女性の虚弱性や無気力さを救おうとするあらゆる試みに矛盾したものだからである。―たとえば，飛び跳ねたり，荒々しい動作など忌み嫌われていることをやらせようとすると全く凝視した顔付きをするのです。(中略)私を駆り立てて，やっとのことで新しい体操用具と運動を考案できたからです。また（第二の問題は）これまで力が弱かったり虚弱であったような子どもが少なくとも2倍も力強くなり，弱い子どもには必要なことと考えられてきた少しばかりのわがままも，今では軽蔑の対象となっていることである。非常に無気力だった子どもが生き生きとしてきたこと。元気のありすぎる子どもが溢れるばかりの活気を無害の方法で沈静化するようになったこと。」などを導入する際の理由として挙げている。
5) Library of Congress, *American Journal of Education*, 1861, p. 607.
6) Massachusetts Historical Society, *John C. Warren Collection*, p. 223.
7) Harvard University, College papers, vol. XI, p. 82f.
8) Erich Geldbach, *The Beginning of German Gymnastics in America*, 1976, pp. 243-244.
9) Harvard University, College papers, vol. 1, p. 24f. & 33f.
　　cf. Erich Geldbach "Turnvater Jahn-Harvard Professor?", deutsches turnen, vol. 120, 1975, pp. 350-353.
10) F. L. Follen (his wife), "The Life of Charles Follen", 1844, pp. 104-105.
11) Library of Congress, "Catalogue of the Officers and Students of the University of Cambridge", 1825.
　　Library of Congress, "for the Academical year 1827-1828", 1827.
　　Library of Congress, "The catalogues for 1828-1829, and 1829-1830", 1828, 1829.
12) Library of Congress, *The Life of John Collins Warren, M.D.*, 1871, p. 222.
13) Library of Congress, *American Journal of Education*, vol. 1, 1826, pp. 443-445.
14) Sullivan William, *Gymnasium – The undersigned Committee, appointed to effect the establishment of a gymnastic school in Boston*, 1826, p. 1.

15) Library of Congress, *The Boston Gymnasium*, 1827, 7. 10, pp. 133-134.
16) Fred. Eugene Leonard, A. M., M.D., *A Guide to the History of Physical Education*, 1923, pp. 240-241.
17) Charles Beck, *A Treatise on Gymnastics, taken chiefly from the German of F. L. Jahn*, 1828, p. 173.
18) Massachusetts Historical Society, *John C. Warren Collection*, p. 272.
19) American Institute of Instruction, *The Introductory Discourse and Lectures*, August 1830.
20) Massachusetts Historical Society, *John C. Warren Collection*, p. 224.

「ボストンの体操学校設立から25年が経った。われわれは，あえて次のような希望を述べてよいと思う。公的教育の指導者は，学校や大学教育の一環としての体操の重要性を知り，また，人生を活動的に，有益に，また楽しくするために不可欠な資質が社会の知識階級で低下しているという状況を理解すべきである。

われわれの体操の授業に当初から参加している紳士たちの中で，4, 5人がかなり長い間続けており，残っているものは，これからも続けていくであろうということを，ここで付け加えておく。」とワーレンは当時，体育実施の状況を述べている。

文中で引用した，『米国教育雑誌』は全て，米国議会図書館所蔵のものを，また『ボストン医学通信』は，米国国立医学図書館所蔵のものを用いた。

第1章

リーランド招聘に関する経緯
―――アマースト大学所蔵文書の分析を中心として―――

わが国の近代体育が，アメリカから招いたジョージ・アダムス・リーランド博士(Dr. George Adames Leland)によって直接指導を受け，以後飛躍的に普及・発展していったことは周知の事実である。リーランドについては，体操伝習所の設立と彼の招聘を巡る田中不二麿や伊沢修二等の果たした役割を主として日本側の史料から考察したもの，彼の生涯を概観しつつ体操教師として日本へ赴任することになった経緯と彼の人物像を検証したもの，さらには彼の教育観ないし体育観並びに世界観や心身観に触れ，彼の体操系譜について考察を行ったもの等様々な角度からの研究[1]がなされている。これらは，わが国に所蔵されているリーランド関係史料及び米国所蔵の史料を駆使しながら，かなり詳細な研究がみられるものの，これまでリーランド招聘の経緯に関わる問題は，原史料が不明であったため，未解決のまま残ったのである。このテーマに関する先行研究を整理すると，およそ次のようである。

真行寺朗生は，『近代日本体育史』の中で，田中文部大輔が，米国に外遊して，アマースト大学を視察した時日と，いよいよリーランドを招聘するに至った手続きに関しては，種々なる異説があるとした。第一の時日に就いては，① 初年説と，② 10年説と，外に，③ 11年説を唱えているものもある。第二の手続きに関しては，④ 帰朝そうそう極力主張した結果招聘するに至ったという説と，⑤ ヒッチコック教授と相談して招聘のことを約束して来たという説の2つに分かれている。その中で，① と ④ とを結び付けた説は，日本体

育会編纂『日本之体育』によったもので，② と ⑤ とを結び付けた説は，坪井玄道の説くところである。③ については，全く否定しながら先の２つを検討して，第一回目の外遊の際には，『理事功程』及び『欧米教育視察記』(田中不二麿著)のいずれをみてもアマースト大学に関する記述は一切みられない。そこで，明治初年の外遊とアマースト大学視察とを結び付けることは，甚だ困難であると結論づけた。坪井の10年説については，彼が漠然とした古い記憶を辿って書いたための誤謬だと見て差支えないとしながら，以下にその証拠を挙げている。一つは，ヒッチコックに託してリーランドを招聘することにしたという説と，他の一つは，体操伝習所の修業年限が３ヵ年であったという説である。勿論，ヒッチコックと内約定位はしたかもしれない。けれども正式に招聘の手続きを取ったのは，リーランドが伊沢修二に呈した意見書によれば，書をJ. H. シーリーに送ったことに始まったものとみなければならない。なお，帰朝後極力主張したという説も，当時の新聞にもなければ，文部省発行の『教育雑誌』等にも一切みられないところから判断すれば，太政官へ意見書なり伺書を提出した可能性もあることを示唆している。

　今村嘉雄は，『十九世紀に於ける日本体育の研究』の中で，田中が二回目の渡米に際し，アマースト大学を訪問した可能性について，同大学の卒業生フィリップスの稿[2]を引用しながら，前述の真行寺説に修正を加えた。「(前文略)文部次官の田中不二麿が，1876年から1877年にかけて，身体鍛錬(注：体育)を含む教育制度の研究視察のため，政府から世界諸国に派遣された。ボストン・ポスト紙の報道を引用するならば，『長い時間に亘って種々調査し且つ研究した制度のうち不思議ではあろうが，この飾り気のない，ささやかなアマースト大学の制度を，最も優秀であるとする』と報告した」。なおフィリップスは，田中のアマースト視察に，W. S. クラーク(札幌農学校教頭)が関与した点も合わせて指摘した。以下これらの点に関して，今村の説は，次のように要約される。田中のアマースト訪問は，少なくとも前後２回に亘っている。第一回は，明治５年４月新島襄と共に，シーリー学長を訪れている。第二回は，「明治９年渡米の際，アマースト大学付属体操学校の整備せるを目撃し，幸に大学長は会議

第1章　リーランド招聘に関する経緯　45

の人なれば，是と商識する所あり，竟に該校出身のドクトル・リーランド氏を聘することとなれり」と述べている通りである。リーランドが候補として話題に上がったとすれば，明治9年の時点であったと考えてよい。しかも田中は，第一回の訪問の際には，アマーストの体育施設，実施概況についての視察は果たさず，9年の訪問の時初めて果たしているように考えられる。田中がアマースト訪問以前にクラークに逢ったとすれば，恐らく明治5年のアマースト訪問前後であったと考えるべきであろう。

　以上ここでみる限りにおいて，いずれの説も推測の域を脱していないことがわかる。

　筆者は，1995年9月の渡米の際に，マサチューセッツ州アマースト大学図書館において，幸いにして原史料を発見することが出来た。本章は，この原史料及び関係史料を手がかりに，以下の3点にわたって問題点を実証的に解明しようとするものである。① アマースト大学学長シーリー(出会った当初は教授の職にあった)と当時の文部大輔であった田中不二麿との間に交わされた10通全ての書簡を分析の対象とする。この時期の二人の交流全体を概観しながら，これまで先行研究の中では，不明確であった，時日，どのような具体的手続きが行われたのかを，これらの書簡に基づいて一挙に明らかにしていく。② リーランド招聘に深く関わった日本側の人物—田中不二麿，目賀田種太郎等—のアメリカでの足跡を辿りながら，彼等の果たした役割について検証する。③ アマースト大学体育学科(学科創設からリーランド来日当時まで)の創設と活動を跡づけながら，アマースト方式(Amherst plan)の特質，その担い手たちを明らかにしていく。その成果として当時のアマースト方式の事実上の継承者としてわが国の体育指導を担うに相応しい力量のあった複数の人物ネーザン・アレン(Nathan Allen)，エリシャ・ハバード・バーロウ(Elisha Hubbard Barlow)，ジョージ・アダムス・リーランド(George Adams Leland)に注目し，彼等の経歴，教育・研究及び著作活動に立ち入って検討する。そして様々な条件を考慮した結果，最適任者としてリーランドが選任され日本に赴任することになった経緯についても，可能な限り解明していく。

第1節　アマースト大学所蔵シーリー文書について
　　　　―田中不二麿よりシーリー教授宛て書簡

　史料1－1にみられるように，田中とシーリーの交流を示す史料は，全体で10通の書簡が所蔵されている。これまでの先行研究では，こうした書簡の全体を取り上げて二人の親交の中味に触れた検討はなされなかった。

　① 当時文部大輔の職にあった田中不二麿とアマースト大学教授シーリー[3]との交流は旧く明治5(1872)年まで遡る。この時は，特命全権大使岩倉具視一行に伴い欧米視察を行いその中途，アマーストを訪れた際のものである。ここでみる限りにおいては，アマースト大学で実際に行われていた体育実践の視察は行った形跡はみられなかった。公式的な表敬訪問であったと推察される。

　② その後同年秋11月には，わが国高等教育機関を代表する開成学校並びに東京帝国大学の新校舎落成を記念して撮影された明治天皇臨席の写真を送付している。

　③ またこの時期，日米両国の間で種々論議されていた「下関賠償金問題」[4]に関しても深い関心を示していることが窺える。彼は手紙の中でこの問題に関しての私見を述べ，アメリカ国内で起こっている議論を踏まえてそれに対する注釈を加えている。合わせて「日本の賠償金」に関する当時の新聞記事を送り，国内での反応を知らせる努力も行っていた。文面から推察すれば，博士はわが国の立場に立った極めて好意的な意見を持っていたものと考えられる。

　④ 1875年次第に発展を見せるわが国の教育を報じ，特にアメリカを模範とする師範学校制度の充実ぶりに改めて感謝の意を表している。そして今回新たに決定した3名と既に科学分野で留学が決まっている合計12名が博士のお世話を頂くことが予想されるので，ご配慮願いたい旨を申し述べている。

　⑤，⑥，⑦の史料に関しては，第3章で詳しく述べるので簡単に取り上げることにする。⑤ 田中不二麿がフィラデルフィア博覧会に出席しその帰途，教育制度調査のためニューイングランド及び南方諸州を視察した際，二度目にアマースト大学に立ち寄った際のことである。一行はこの滞在期間中，大変有意

義な時を過ごした事実を伝えている。この時の手紙では「貴大学を見学させて頂き，誠に興味深いものがございました。」としか伝えていないが，その後の手紙によれば，ここで初めてアマースト大学で実施されていた体育に直に触れる機会を持ったことになる。

ついで，⑥においてその時の詳しい状況を伝えている。「貴大学で見学した体育訓練」が大変新鮮でかつ興味深いものに感じられたこと。帰国後わが国の体育実施の実情をみるにつけ，大変な隔たりが感じられた。この機会に是非ともアメリカの特に貴大学に範を採り体育教育の充実を計っていきたい。ついては，博士にお願いして有能かつ適格な指導者を差し向けて頂きたい旨の要請を行っていたことがわかる。

⑦ 1878年3月6日付の親書によって体育教師の要請を正式に行い，シーリー学長からは同年6月3日付の書簡にてその返事を受け取っている。アマースト大学の卒業生でかつ医師であるジョージA.リーランド氏の推挙を受けたことを報告して，博士の尽力のお陰で大変有能でかつ才長けた人物を得ることができた喜びを率直に伝えている。リーランドに大きな期待を寄せ，その結果としてわが国の体育がいちじるしく進歩改善することを大いに嘱望していたことが窺える。

⑧ リーランドが来日をして以来，約8ヵ月経過した現在これまでの彼の仕事振りを紹介し極めて着実な成果が上がっていることを述べている。そして念願であった体操伝習所も完成しようやく体育振興の緒に着けた喜びを表している（今村前掲書『学校体育の父 リーランド博士』pp.233-236，田中不二麿書状―シーリー宛，同書では，1879年4月10日付書簡のみが取り上げられている）。

⑨ アマースト大学留学を終えて帰国した神田乃武からシーリー博士の近況報告を聞き，感慨深い思いで受け止めたこと。先頃教育法制度改革案を建議，公布に至ったこと。まもなく文部省刊行英訳版新教育法（明治12年学制を廃止し，公布された教育令をさす）。一部を，博士へ献上することを約束している。

⑩ 文部省の職務離任挨拶と在任中の礼を述べる一方，今度新たに決定した法務大臣任官の報告を行っている。最後に新文部大臣として任官された河野敏

鎌を紹介し，これまでと相も変わらない親交が継続することを切望して手紙を締め括っている。

史料1－1　シーリー関係文書(アマースト大学所蔵)

田中不二麿よりシーリー教授宛て書簡
　① 2533年(1873)9月8日　　＊ここのみ皇紀年号が使用されている。
　　米国訪問，帰朝報告・御礼
　　　文部省文部大臣代理公使　　アメリカ合衆国マサチューセッツ州
　　　　田中不二麿　　アマースト大学　シーリー博士

　② 1873年11月7日
　　開成学校及び東京帝国大学新校舎落成記念写真(天皇陛下臨席)の送付
　　　　文部大輔　　　　　　アメリカ合衆国マサチューセッツ
　　　　田中不二麿　　アマースト　シーリー博士

　③ 1874年5月7日
　　シーリー博士よりの書簡及び「日本の賠償金」に関する新聞記事
　　　　文部大輔
　　　　　田中不二麿　　シーリー博士

　④ 1875年8月10日
　　親書受信についての御礼，留学生受入れ依頼
　　　　　田中不二麿　　シーリー博士

　⑤ 1877年2月9日
　　米国訪問御礼(1876年秋11月上旬　アマースト大学訪問)
　　　　　田中不二麿　　シーリー博士

　⑥ 1878年3月6日
　　体育教師の招聘(体育教師選任依頼方…交渉役：目賀田種太郎〈在ボストン文部省出仕〉)
　　　　文部大輔　　　　　アマースト大学学長
　　　　　田中不二麿　　　　　　　シーリー

⑦ 1878年8月15日
　1878年6月3日付　体育教師選任に関する書簡（G.A.リーランド博士推薦について），体育教師選任に関する御礼，リーランド博士に寄せる期待，契約に関する進捗状況
　　　　　文部大輔　　　　　アマースト大学学長
　　　　　　田中不二麿　　　　　　　　　シーリー

⑧ 1879年4月10日
　リーランド博士赴任後の活動報告，わが国体育教育の実情報告，リーランド博士選任に関する御礼…贈答品（古漆器）送付
　　　　　文部大輔　　　　　アマースト大学学長
　　　　　　田中不二麿　　　　　　　　　シーリー

⑨ 1880年1月10日
　1879年9月11日付　書簡拝受，アマースト大学留学の神田乃武帰国（博士の近況報告，新型万年筆の拝受，御礼）
　教育法制度の建議・公布，英訳版新教育法の贈呈（一部）について
　　　　　文部大輔　　　　　アメリカ合衆国マサチューセッツ州
　　　　　　田中不二麿　　　アマースト
　　　　　　　　　　　　　　　　　　シーリー学長

⑩ 1880年12月12日
　法務大臣任官（文部省の職務離任挨拶，在任中の御礼）
　新文部大臣紹介…河野敏鎌任官，親交を依頼
　　　　　法務大臣　　　　　アメリカ合衆国マサチューセッツ州
　　　　　　田中不二麿　　　アマースト
　　　　　　　　　　　　　　アマースト大学学長
　　　　　　　　　　　　　　　　　　シーリー学長

第2節　日本側教育関係者（田中不二麿・目賀田種太郎）のアメリカでの活動

1．田中不二麿のリーランド招聘を巡る動き

　これまで田中不二麿が米国を訪れ，リーランド招聘に関する交渉を行った経緯を巡り，諸説が述べられている。その主なものを取り上げると以下のようで

ある。
　第一に時日については，田中の最初の外遊は，明治4年(1871)11月で，理事官として欧米各国の教育事情を調査し，明治6年3月帰朝した。その結果は文部省編「理事功程」に詳述されているが，その中にはアマースト訪問を示す記述はみられない。しかし新島襄によると，明治5年田中は岩倉大使一行に加わって渡米したが，この時アマースト大学を訪ねシーリー教授他同校関係者に面会したことを明らかにしている。

　　明治5年4月23日　　田中理事官と共にボストンを去ってアマースト大学に到り，シーリー博士を訪問
　　　　　　24日　　シーリー博士及びクラーク学長の案内で神学校，農学校を参観
　　　　　　25日　　アマースト大学を参観
　　　　　　26日　　アマースト大学理学部実験を参観後，シーリー，ヒッチコックの案内でノーザンプトン研究所の聾唖教育を見学
　　　　　　27日　　アマーストを去る

とあって，田中は，シーリー教授やヒッチコック教授と直接交遊している(同志社校友会『新島先生書簡集』より引用)。

　また伊沢修二によると，「田中文部大輔が岩倉大使に随行して欧米の諸州を回覧した当時，米国マサチューセッツ州のアマストコレージに行って見た。ところが其学校に体操が非常に良く行われておった。……田中大輔はそれを見て深く感心し，是非共我国の学校でも彼式の体操を課したいと思われた。」としている。土屋忠雄は，『明治前期教育政策史の研究』の中で「田中が明治5年4月，新島を伴って……アマスト大学得意の整容体操 Calisthenic exercises をこの時見なかったはずがない。この時の印象で帰国後体操の創始について考慮した際にアマスト大学からの教員招聘を思い，第二回渡米の際その交渉をもったであろう。」と指摘している。

　能勢修一は，『明治期学校体育の研究』の中で，「いずれも田中は，第一回の

渡米の際アマースト大学の体育を見学したとしているのである。これから田中は，再渡米以前に体操教師を招聘する方針を持っていたといえる。」と結論づけている。

　しかしここで取り上げられた指摘は，いずれも田中が第一回の渡米の際アマースト大学を訪れ体育に触れたとする傍証としては不十分である。何故ならばそれを立証する確かな史料を欠いているためである。

　第二の手続きに関しては，田中の二回目の外遊は明治 9 年 4 月アメリカ開国百周年記念フィラデルフィア博覧会の教務事務取調のため渡米し，翌年 1 月に帰国した。第二回について，今村嘉雄は，『十九世紀に於ける日本体育の研究』(pp.909～910)の中で，

　　　田中不二麿「教育瑣談」(大隈重信撰『開国五十年史』上巻収録)に「九年余の渡米の際，アームスト大学付属体操学校の整備せるを目撃し，幸に大学長は会識(ママ)の人なれば，是と商識する所あり，竟に該校出身のドクトル・リーランド氏を聘することとなれり」と述べている通りである。一回目の会談でリーランド招聘の話が交わされたかどうかは不明であるが，当時リーランドはアマースト大学の 2 年(Sophomore year)に在籍中であったから，体育教師招聘の話はあったかもしれないが，リーランドは恐らく候補としては挙げられていなかったであろう。したがってリーランドが候補として話題に上ったとすれば，九年のアマースト訪問の時であったと考えてよい。しかも田中は，第一回の訪問の際には，アマーストの体育施設，実施状況についての視察は果たさず，九年の訪問の時初めて果たしているように考えられる。

と述べている。

　また先に取り上げた能勢はこの点にも言及して，文部省「学第 2016 号」(外国人体育教師を招聘して各学校生徒に授業を行うことを明らかにした)に対する大坂英語学校の回答文書は，明治 10 年 12 月 26 日付であり，これからみると，

文部省がアマースト大学長に対し，体育教師招聘の公式手続きをとったのは，11年1月以降であると結論づけている。また倉沢剛は，『小学校の歴史Ⅰ』の中で，リーランドの契約については，「11年3月以前に米国に頼んでおき，あちらで条約を取り決めた。」としている。

　ここで述べられている見解は，依然として不確かな推論を多く含んだ範囲に止まっているといえよう。

　第1節の田中不二麿よりシーリー教授宛て書簡においてすでに指摘したように，田中の二回目のアマースト訪問は，1876年秋（11月上旬）に行われ，ここでの実際の見聞が直接的契機となって，帰国後の1878年3月に体育教師選任の依頼が親書に込められることになる。これを受けたアマースト大学側では，実際に候補者を選ぶ段階において，当時体育学科の責任者としての立場にあったヒッチコックに相談が持ちかけられたことは必定であり，日本の要請に応え得る有能かつ適任者としてリーランドを推薦したのである。

　こうした事実は1881年に刊行された『アマースト大学体育学科二十年の歩み』[5]によっても確認することが可能である。「1876年秋，文部大輔田中不二麿氏がアマースト大学を訪れ，体育授業の一つを見学した。その際彼は大きな関心を示すと共に翌年シーリー学長宛て日本の官立の学校にアマースト方式の体育を指導できる人物を招聘したい意向を伝えた。ジョージ A. リーランド博士（1874年クラスキャプテン）が3ヵ年の契約で選出されることとなった。」と述べている。

　以上のことからシーリー博士と当時におけるわが国文教行政の第一人者としての田中不二麿の交遊は，明治5（1872）年に始まり以降，書簡や直接の訪問等を通してお互いの親交を深める中で，当時米国で実施されていた体育の導入が画策される結果となった。本格的な直接交渉が始められたのは，1878年3月であった。

田中不二麿事跡

明治 2(1869)年10月	大学校御用掛拝命
4(1871)年10月	文部大丞拝命
11月10日	特命全権大使岩倉具視一行に伴い，欧米視察のため，横浜を出発
12月6日	米国到着(約6ヵ月間，米国の学事を視察)
5(1872)年4月23日	＊新島襄を伴って，アマースト大学シーリー教授を訪問
24日	＊シーリー，クラークの案内で神学校，農学校を参観
25日	＊アマースト大学を参観
26日	＊アマースト大学理学部実験を参観後，シーリー，ヒッチコックの案内でノーザンプトン研究所の聾唖教育を見学
27日	＊アマーストを去る
5月11日	米国出発
20日	英国到着
6(1873)年3月	帰国，直ちに文部省三等出仕
9月	「理事功程」を上奏
11月2日	文部少輔拝命
7(1874)年9月27日	文部大輔拝命
9(1876)年4月25日	フィラデルフィア万国博覧会教育取調べの為渡米
10(1877)年1月	帰国，『米国百年期博覧会教育報告』(全4巻) 文部省から刊行
11(1878)年10月	『米国学校法』(上，下2巻)文部省から刊行
13(1880)年3月13日	司法卿拝命
	＊同志社校友会『新島先生書簡集』より引用

2. 留学生監督目賀田種太郎[6]のアメリカにおける活動

　明治4年10月欧米特派全権大使岩倉具視一行が大命を奉じて，東京を出発し同年12月米国ボストンに到着した。当時彼は，アレン学校(ハーバード大学入学のための準備教育を受ける目的のため)在学中であったが，時の米国公使森有

礼の推薦によって大使一行の歓(カン)待とその他の用務に付いて，米国商務局長の下で活動する機会を与えられ，ベルハウスにおける大晩餐会にも，当時19歳であった目賀田が列席することを許されたのである。この時，森公使の斡旋で行われた事業としてのボストン公立図書館における日本歴史及び文学関係の書籍の蒐集に，彼は米国政府の依嘱を受けて専心した。米国において目賀田がこうした仕事に関わることになった最初のきっかけであった。

次にアメリカとの深い繋がりを持つことになった出来事は，太政官正院より米国留学生監督として命を受け，その傍ら自己の勉学にも当たるよう指示を受けた時にあった。実際に彼の監督に属する9名は，コロンビア大学(4名)，ハーバード大学(1名)，ボストン大学(2名)，レンセレール工大(2名)への入学を予定していた。

彼が留学生監督として取り組んだ課題に，以下のものがあった。

1) 留学生学資金問題　とりわけ当時日本金貨の下落が生じ日本人の為には相当不利益が生じていた。そこで，初年度のみに於いては貸与規則に基づいて，一人一年一千円に過不足が生じた場合，書籍または器械の費用は定額以外に貸し付けることとした。

2) 留学生貸費規則改正意見　現今の規則(貸費は卒業後三年を経て二十ヶ年賦返納の規定)を論議し，こうした結果がかえって学生に依頼心を与える原因となったり，また名は貸費なるもその実無きをみるにつけ一部を改める段階に至っている。その為一端専門学科を卒業した者については，本人の判断に任せ，したがって学業上特別費用を要する者は，卒業後時宜により検討する程度に止めるべきで，事前に定額以外の特別貸与に関する規定を設ける必要はないとの見解を表明した。

明治9年7月田中文部大輔は，教育制度調査の為米国を巡遊したが，目賀田はこれに随行して，ニューイングランド州及び南方諸州を視察した。ニューイングランド州は彼にとって，留学時代を過ごした馴染みの土地であり，同州の自治制度について研究を行った経緯も手伝って今回の随行の仕事を側面から強力に援助する大きな力となりえた。まもなく留学生監督としての実績が評価さ

れて，明治10年1月12日文部一等属に任ぜられている。またこの時，目賀田の要求を容れて，それまでニューヨークにあった留学生監督館をボストンに移すことになった。当時は，日本からの留学生の多くがボストンを中心とした地域に集中したこともあり，責任者としての立場にあった彼の適切な忠告に従った結果であった。

　移館してまもなく目賀田は田中より送付された1878（明治11）年3月6日付の書簡を携えてシーリー学長を訪れている。そして来日予定者との契約やその他の取決め一切についての協議を目賀田を通して進めて貰いたい旨を伝えた。また明治11年8月15日付の書簡では，リーランド博士との契約，取決め一切は既に終了し，まもなく日本に向けて出発の予定であるとの連絡がボストンの目賀田から報告されていたことを述べている。

　3）留学生旅費及貸費条規の改革　西南戦争の為，国家の財政は窮乏を極め，その為政府は諸費を緊縮する方針に転じた結果，明治10年9月文部省はボストン在任官目賀田に対して，留学生旅費支給改革の通達を行った。現在及び今後の留学生の汽船旅費の扱いを従来の上等から下等旅費に格下げして支給するという内容のものであった。次いで明治11年8月29日付を以て，田中文部大輔より新たに貸費留学生条規が送付された。これも財政難に伴う措置の一環として行われたものであって，貸費金額を制限して「貸付ノ金員ハ一ヶ年金千円以下タルベシ」と規定した。万事倹約を迫られる折から，改革規定を遵守せよとの命令には同意しつつも，未だなお留学期間を残しさらに自ら進んで高等の学科を修めようとする学生に対して，多少の貸費増額も認めないとする回答に彼は疑義を挟むことになった。同年10月書面を以て質問を発した。これに対して政府は確答を与えることが出来なかったため，目賀田はその職を辞す決意をした。

　4）留学生監督辞任　目賀田はこれまでに留学生監督辞任の申出でを二度にわたり行った。その理由として，病気がちであること，年齢が若過ぎること，会計事務が未熟であること，監督が有名無実に近い状態にあること，自らの勉学が思うように進まない等を挙げて，まず明治9年2月矢野代理公使宛てに書

面を以て提出している。しかし結果的にはこの申出では実現しなかった。彼の貸費規則に対する柔軟な考え方に反して，その後政府の規則改革は改悪で下等旅費の支給，一ヵ年千円以内の貸費を決定づけた。遂に明治12年に至り再び辞意を決することとなった。これに対して，田中は直ちに聴許することに躊躇し，何等かの方法で目賀田の希望を容れる努力をした結果，帰朝命令とする措置を採った。

目賀田種太郎事跡(在米国)

明治 3(1870)年 8月 4日	英国留学
4(1871)年 10月	欧米特派全権大使岩倉具視一行，東京出発
12月	ボストン到着(同行)
5(1872)年夏	アレン学校(ウエスト・ニュートン)修了
9月28日	ハーバード大学入学
12月	文部省宛て研究継続願提出
6(1873)年 1月	欧州への転学出願
7(1874)年 7月	ハーバード大学卒業
8月	米国留学より帰朝
9月	文部省八等出仕，准刻課勤務
8(1875)年 6月	文部省八等出仕，報告課勤務
7月	米国留学生監督拝命(太政官正院)
7月18日	米国へ出発
9(1876)年 3月	留学生貸費規則改正に関する意見書(田中文部大輔へ提出)
7月	田中文部大輔，教育制度調査の為ニューイングランド州及び南方諸州を視察(随行)
10(1877)年 1月12日	文部省一等属
1月	留学生監督館をボストンに移す
9月	留学生旅費支給改革の通達(国家財政緊縮の為)
11(1878)年 8月29日	貸費留学生条規
12(1879)年 2月 7日	留学生監督辞表提出
4月 7日	帰朝命令

第3節　アマースト大学体育学科の成立(1860～80年)

1.「Amherst Plan」の特質

アマースト大学第4代学長ウィリアム A.スターンは，その就任演説において，学生の健康を図るべきことを熱心に説いた。「体育は，大学生活に於いて第一の仕事ではないが，それは教育の最も進歩した一つの手段である。私は，体育と美容術(Calisthenics)を正式に之に加えようと考えている。」(1854年11月22日)。彼のこうした考えは，機会あるごとに繰り返し主張され，小弱学生の身体を保護し，夭折を予防することを緊要欠くべからざる事業とし，1856年アマースト大学報告書に，「学生の心育と体育とは並行して偏廃すべからざることを述べ，且つ前途に望ある若干学生の，不健康に由りて半途に廃学するものあるは，実に悲歎に堪へざることを申報し」，またその翌年の報告に，「毎年春季中，数々学生の不健康により退校するもの少なからずして，為に他生の勉強力を減殺し，其希望を失却せしむるに至るが如きは，全く其処置の宜しきを得ざるより生ずるものなりと」。これに加えて，「若し適度の体育を毎日学生に課し得たならば，自分は学生の年齢や健康を増すのみならず，愉快に高い気持ちで，社交や研究も出来ると思う」と説明を行っている。

この年，彼の提案によって，ケンブリッジの(ハーバード大学)Dr. M.ワイマン氏を招いて，学生達に健康論の講義を実施している。また，1859年同氏の報告書中に，「健康法を怠るより病に罹りて，上級中高等学生2名の死去せしを以て大いに感激せられたる由を述べ，且つ恐らくは，他の学生中にも同一の原因によりて，徒に身体を害ふものあるべきことを論ぜり」。ここに至って，直ちに幹事の協議を得て，1860年に体育館が創設されることになった。これが，アマースト大学体育館設立の起源である。その規則は，以後一部改正はみられたものの，敢えて大意は，変わることはなかった。

条款
第一条　当場の本旨は，生徒をして捷技，力業或いは筋力を得しめんと欲

するに非ず。只其全体を健康に保たしむるの一途にあるのみ。

第二条　格外の事故あるに非，各生徒は都て日々三十分の定時間，該場に出頭すべし。但し少なくも一週間に必ず4日以上たるべし。

第三条　教員は，各生徒に最も適切なる運動を授け，注意して生徒の暴業若くは非常の所業によりて，其名を貪る等のことを抑遏すべし。また運動を行うには勉めて斎しく全体を使用せしめ，偏に一部を専用せしむ可からず。

第四条　体操場の成達は，知育諸科の如く其優劣の点数を定むるを要せずと雖も，出場中各生徒の端正，注意，順良等の事は，教員注意して之を詳記し置き，各生の等位を定むるに当り之を加入して参酌すべし。

第五条　課業時間外に鬱散の為各生徒の好に任せ随意の運動を許すべし。尤も投毬場は定時投毬に用いるの外之を他事に用いるを許さず。且随意の運動と雖も都て体操教員の指導を受けて行はしむべし。

第六条　該場は必ず日没前に閉鎖し，決して灯火を場内に用いるを許さず。且場中に於て喫煙等の如き不遜の所業を為す可からず。

第七条　体操教員は，適宜の人を選びて之に任じ，該校の教員中に列して該術に関する意見を述べ，且学校の指揮を受くること，他の役員に異なることなし。

として，彼は，1860年の報告に上記の数条を開陳，且つ建議して，「余輩が切望する所は，<u>一教職の体育場全局を統轄すべき者を得るに在り</u>。然して其職員たる者は，第一に，<u>老練の体操家にして，生徒の練習に要用なる運動を施すに当り，其実行及容儀によりて，能く之を管理し得べき人</u>たらんことを要し，第二には仮令重症を治すること能はざるも，<u>能く医学に通じ病理を知り，生徒の疾病・健康を監別し，其摂生法を守るや否やを察し，或は留意忠告して，常に身体の強壮を保たしむべき良師</u>たらんことを要し，第三に能弁法は固より体操中の一科にして，其容儀を美にし，言論を善くするの効は姑く措て問はざる

も，最良の健康を得しめんが為に，最も欠く可からざるものたるが故に，此職員たる者は，能く能弁法に通じ，<u>躯体，肺臓，発声機等の運動を教授し得べき人たらんことを要す</u>。加之此職員は，啻に体操場を管理するのみならず，<u>身体保全に要用なる生理学を教授</u>し，平常生徒に親接して其感化の勢力甚だ大なる者たれば，<u>其容儀高雅，心情恭敬</u>にして耶蘇教風の高志ある人たらんことを要す。実に斯の如き事業を為さしめば，学校及人民をして無量の鴻益を享けしむ可し。然るときは，余輩は唯米国に斯の如き専門科を開設するの栄を有するのみならず，世界に向かいては，空く費耗し去るべき多量の体力と心力とを援助することを得て，始めて教育の真旨即ち人を育成するの大目的を達するに庶幾からんと」(傍線：筆者)

引用がやや冗長となったが，ここにおいて，新設された体操が目指す目的と内容をはっきりと示した。そしてこれを担当する体操専門教員の役割を，以下のように説明した。

1) 運動を指導する優れた能力を有し，
2) 医学的，衛生学的見地から健康への適切なアドバイスが可能であり，
3) 解剖，生理学が教授できること，

図1－1　Barrett Gymnasium, 1860, Amherst College.

図1－2　Amherst College, oct. 1859, Catalogue of Amherst College.

　4）　優れた人格の備わった人物であること
等を必要不可欠の条件として挙げている。
　このことは，新しく設けられた体操教員に対する社会への使命と大きな期待が込められており，何よりも米国にあって，他校に先駆けて体育学科を設置した責任者としての確固たる決意の表れと見做すことができる。
　1860年8月6日，学長の提案により評議会は，さらに衛生科と体育科を新たに設置することを決議した。直ちに，ジョン W. フーカーが，初代の教授（健全学及び体育学担当）として迎えられた。ここにおいて，全米初の専門の体育学科が，誕生したことになる。しかし，彼は健康を損ねて，僅か1年足らずで，その職を退いた。翌年8月8日ヒッチコック・エドワードが招かれて，その職に就いた。1860年以前の体育の実態に関しては，『アマースト大学の学生生活』—その組織〜会員と歴史（1871年刊）[7]に若干触れているので，その箇所を引用する。

　　1826 － 1860年.
　　　　Gymnastic Society.
　　1826年夏，学生たちは，休みを得て，森を整地することを願い出た。その申し出は認められ，作業終了までに，2日間を費やした。こうして，丸太や，切り株，廃物は撤去され，野外運動のために，自由に使える立派な森を作り上げた。
　　数ヵ月後，体操協会が，組織された。その主要な目的は，森の中に，体

操器具を設け，財政的に援助することであった。初代の会長に，ジョセフ・ハワード（1827年卒業）氏が，選ばれた。教授会は，協会の計画に協力した。彼等の努力の結果，多種多様な有益な体操器具が，配置され，非常に学生達に，行き届いたサービスが行われ，彼等の健康や幸福に，少なからず貢献した。

この協会の熱意と公共心によって，（10×12フィートの）更衣室も，森の南西の端に建てられた。ここに，学生用のシャワー室も備えられたが，これは後に，焼失した。

1827～28年協会は，ボーリング用フロアの創設を，計画したが，教授会が，この革新を容認しなかった。度々，協会の前のチャペルにおいて，「体育」についての講演が行われた。

協会は，1859～60年に，現在の体育館が建設されるまでは，存在していた。

学生の自治で，体操用具は，時々増設され修理されていたが，その後，森から取り除かれた。

アマースト大学カタログ[8]によれば，1859年10月，体育学科開設の前年の模様を次のように報告している。

  Gymnasium.

現在，建築中の―この建物は，冬の学期初めまでには，工事が完了するであろう。石造り，高さ70フィート，幅50フィート，地下室を備えた，2階建てで，総工費は，凡そ7,000ドルである。この建物は，大学の小さな森に通じており，体育に，好都合な機会を供えている。

1867年.

  Physical Culture.

バレット体育館は，ノーザンプトンの故ベンジャミン・バレット博士に敬意を表して名付けられた。御影石づくりの建物で，ボーリング場と，健康，レクリエーション，並びに学生全員の真の発達にとって不可欠な体操

用具を備えている。この体育館は、昼間自由に練習する学生達のために、開かれており、所定の時間に各クラスが出席し、体育科教授の指導のもとに運動するよう要求される。クラスの運動は、一般に公開されている(1874年 The Gymnasium引用)。必修の運動はほとんど全く音楽で拍子をとって、行われる。軽体操から成り立っており、骨の折れるより困難な体操は、全く学生の自由にまかされている。身心共に健康な誰でもが完全かつ安全に行えないような努力は、いかなる学生にも要求されない。

　体育科の教授は、教育を受けた医者であり、できる限り学期中に、市街地の学生の身体的条件について精通するように期待されている。すべての学生は、彼に無料で相談することが許されており、(教授から真の資格は与えられていないが)クラス幹事は、彼等が病気による出席を認めた。

　一定の期間をおいて、各々の学生の念入りな活力統計表が作成され、大学のメンバーは、以前自分と同じコースの学生達との比較をすることができた。

　この科は、過去6年間、上首尾の運営を行ってきた。その好結果は、計画立案者達の予想を上まわるものであった(1861年 New Department. 同様な記述あり)。

　1863年には、正課の体育に加えて、新たに軍事教練が付け加えられた。現在行われている軍事教練は、旧式歩兵銃や一般用機械装置を用いた陸軍教練からなっている(1863年 New Department.)。

　ヒッチコック教授の体育に対する考え方は、第3代学長でもあった父ヒッチコック・エドワードと共に著した『専門学校其他諸学校に於ける生理、解剖学の初歩』において、『筋肉発達の現象』の中に、これをみることができる。彼は、1878年のマサチューセッツ衛生総会に報告するために、起稿したもので、主としてアマーストにおいて彼の指導監督の下に行っているアマースト式(Amherst Plan)の重要な部分を述べたものであった。「その方法は決して独創のものでもなければ、筋肉発達の上に世上の注意を喚起しているという訳でもない。それ

はただ普通の身体を普通の健康状態にする目的に過ぎない。従って精神は常にあらゆる仕事に行きわたり，体力は大学の日常の学生生活の上に働き，同時に永い人生の労働に対しても屈託しない。同時に其方法は精神的にも身体的にも学生に喜ばれ，所謂倦怠を覚えたり，機械的であったり，強過ぎたりする様なことがない。重要な点は，学生はその級に加わり一週間4日の定められた時間に，体育館に行き，音楽に合わせて自分のやるべき組織的に組み立てられた体操をやる。各級は級自体で其役員をつくり，体操は普通，軽体操と呼ばれる種類のもので，大部分は極めて軽い木製の亜鈴を各手に持ち，音楽に合わせてこれを行う。特に冬季には，体育館の床上で，級が全体となってランニングを行った。2，3の行進遊戯もまた級として行われた。そうしてこの体操の課程は，健康な全校の学生に対して行われた」。

しかしこうしてヒッチコック教授を中心として，確立されたAmherst Planも，その実際の効果を広く世に問われることとなった。体育学科開設以来，行ってきた体育実践を，次の2つの方法で明らかにしょうと試みた[9]。一つは，疾病生徒の人数調べを行ったことである。疾病簿を作成し2日以上引き続いて欠席した生徒の人数を記録することとし，第1級生徒から第4級生徒までの全校生徒数と病欠の生徒の割合を算出し，運動効果による病気の生徒数の減少を示した。その結果，10年或いは15年以前の生徒の健康と疾病をもとに今日の生徒に比較すれば著しき差異のあることを実証した。もう一つは，活力統計表を作成したことである。生徒の入学後，第1年に2回，以後毎年1回ずつ各生徒の年齢，身長，体重，両手の達する長さ，胸の周囲(充満，空虚，中等)，肘の周囲，肺臓の量及び力量を測定し，毎年このようにおよそ3,000種類の条項を作成し，これを原簿に記録し，後年これを他の結果と比較を行う。運動によって，四肢筋肉を増大強壮にし，また肺臓の量と力とを増加させる結果を生じた場合，その年の生徒の体力の標準を示し，他の生徒をその標準値に近づける到達目標とした。

表1－1の疾病一覧表から，この当時学生の間に流行していた病気として，ヂフテリア，肺炎及び風邪，腸炎等が挙げられる。また比較的長期間治療を要

した病因として，平常の膿傷，黄疸(5～6週)等があった。

表1-2は，過去2年間における学年別障害者数を示したものである。

また表1-3の活力統計表にみられるように，9項目中(年齢，体重，身長，胸囲，上腕周径，前腕周径，肺活量，肺のパワー，重量挙げ)5項目に漸増がみられる。凹凸はあるものの，フレッシュマンより上がっているものは，3項目，同様に下がっているものは，1項目みられた。その特徴として，特に胸囲が大きく，前腕囲が増し，筋肉が増し，かつ肺活量が大きく増していることが判る。

表1-1　Sick List, for 1862-3.

Name of the Disease.	Average and Actual Duration of Disease.		Number Disabled.
Diphtheria, ...	10 days,	(average)	9
Inflammation of Lungs, and Colds, ...	13 〃	〃	7
Inflammation of Bowels, ...	9½ 〃	〃	2
Face Ache, ...	4 〃	(actuál)	1
Injured in Gymnasium, ...	3 〃	〃	1
Injured out of ...	7 〃	〃	1
Palmar Abscess, ...	5 weeks,	〃	1
Axillary Abscess, ...	14 days,	〃	1
Sciatica, ...	5 〃	〃	1
Pleurisy, ...	8 〃	〃	1
Bilious Fever, ...	13 〃	〃	1
Jaundice, ...	6 weeks,	〃	1
Diarrhea, ...	6 days,	〃	1
Colic, ...	5 〃	〃	1
General Inability, ...	3 〃	〃	1
15 Causes.			30 Cases.

TIME OF SICKNESS. —September, 2; October, 1; November, 3; January, 4; February, 2; March, 8; April, 1; May, 9. Total, 30.

表1-2　Disabilities Arranged by Classes for the Two Years Past.

	Seniors.	Juniors.	Sophomores.	Freshmen.	In the proportion of
1861-2	7	4	11	22	1 to 5.340
1862-3	2	4	12	12	1 to 5.933

表1－3　Vital Statistics of Amherst College, 1862-3.

	Age, in Years.	Weight, in pounds.	Height, in feet.	Cheat Girth in inches.	Arm Girth in inches.	Forearm Girth in inches.	Lung Capacity, cubic inches.	Power of Lungs.	Weight Lifted.
Seniors, -	22.650	142.781	5.680	36.203	11.734	11.109	277.483	294.129	14.379
Juniors, -	22.500	147.530	5.984	36.320	22.630	11.050	322.780	279.540	12.700
Sophomores, -	21.117	137.577	5.713	35.279	11.375	10.663	257.174	308.100	11.170
Freshmen, -	20.004	141.964	5.599	35.008	11.456	10.887	245.792	302.603	11.866
College average, -	21.580	142.713	5.744	35.712	11.548	10.927	275.807	296.093	12.528

　以上が，アマーストプランが実施されて十数年を経過した時点における実態である。1877年9月，ヒッチコック教授が，シカゴのアメリカ国民保険会社の集会で行った演説に，彼がこのプランを通して，最も強調したかった核心部分に触れて，「諸学校において，体育を設置しようとする場合，普通の疾病表を作成し，後年これを活用して，体育が有効に機能しているかどうかの判断材料とした。アマースト大学で，体育が教育上必要不可欠なものと考えて発起して以来，最も満足のいく結果が得られたことは，学生たちが極めて健康になったことであった。」と述べている。そしてこれまでの経験からして，以下の点を体育を成功に導く重要な要件と捉えている。① 強促法に従って行う（各生徒が体育に欠席することを許可しない）。② 少力運動（軽運動）を各種運動の中心として位置づける。③ 必要な器具・施設等を整備した体育館を建設する。これに合わせて教室，室内競技施設（ビリヤード台）等を付設する。④ 各クラス毎にユニフォームを着用する。⑤ 活力統計表を大いに活用すること等をその条件として挙げている。

　アマースト大学体育学科では，開設以来，以上みてきたような基本的な考え方とそれに基づいた方法に従って独自な方式を確立していくことになる。

2.「Amherst Plan」の担い手たち

a. 体育学科創設とヒッチコック・エドワード

「体育学科」が創設されて，2代目の教授として迎えられたヒッチコック・エドワード[10]は，1861年から彼が亡くなる1911年までの間，体育学担当の教授の職にあった。アメリカの大学における最初に確立した体育科の指導者であり，また実際に大学のカリキュラムにおける体育科の創設者でもあった。アマーストで試みられたこの方式は，全米はもとより日本へも広く普及していった。アマースト大学は，体育を大学教育に必修教科として最初に位置づけた大学であった。1860～80年の間のアマースト大学体育学科の教員組織及び同学科の研究活動については，史料1-2，1-3に示しておいた。

すでにみてきたように，1826～30年，ついで1850年に入って各大学に導入された体育は，十分な施設や有能な指導者を持たないままの未整備な状態からのスタートであった。

ヒッチコックは，マサチューセッツ州アマーストに，1828年5月23日，第3代学長で，著名な地質学者を父に持つ家庭に生まれた。1849年アマースト大学を（文学士）卒業後，引き続いて同大学で，文学修士の学位を取得した。医学の学位は，ハーバードから得ている。そしてその後4ヵ月間，医学，博物学，比較解剖学等の研究の為，パリ，ロンドンに渡った。ロンドンでは，当時，大英博物館の著名な比較解剖学者であったリチャード・ローエン卿の私設研究員であった。彼のもとで，ヒッチコックの仕事は，学者としての評価を不動のものとした。何故ならば，比較解剖学は彼の最も得意とする分野であったからである。教授に就任した時，学生の健康に関わる科目を特別に指導することを準備し，当初は体育（実践）を欠いていたが，まもなくこの弱点を克服した。

ヒッチコックがアマーストで発展させたプログラム[12]は，広範にわたる健康管理・指揮・教育・科学的測定を全学生に対して必修の教材としていた。それは体育のアマーストプランとして，国内はもとより国際的に知られるようになった。大学の4つのクラスが各々一週4時間，教授の監督の下，30分の運動を義務づけられた。学生達は，ユニフォームを纏い，各自のクラスと小隊の

キャプテンを選んだ。彼等は，ヒッチコックによって，体育館での，美容術と演習の技術を訓練されていた。その運動は，軽い木製の唖鈴による美容術と，ピアノの音楽に合わせて一斉にドリルを繰り返す内容から構成されていた。全てのクラスの一部は，自由な運動時間にあてられていた。彼は，クラスのこのレクリエーション的な部分を，学生の気分転換の為の極めて重要な時間として捉えていた。また大学の理事会も，新設の体育学科の教授に，学生の健康管理

史料1－2　Amherst College — The teaching staff of the Department of Physical Education and Hygiene[11]

学長	就任年次	氏名・学位・(出身校)	担当科目・身分	退任年次
Humphrey, Heaman ↓	1825	Hitchcock, Edward, D.D., LL.D. (Yale),	Chemistry and National History. prof.	1845
	35	Alfred Charles Post, M.D.	Anatomy and Physiology. prof.	1843
↑ ↓ Hitchcock, Edward ↑ ↓	1845	Hitchcock, Edward, D.D., LL.D. (Yale)	Natural Theology and Geology. prof.	1864
	1854	Clark, William Smith, PH.D., LL.D.	Chemistry, Botany and Zoology. prof.	1858
	1860	John Worthington Hooker, M.D. (Yale),	Theory and Practice of Medicine. prof.	1861
Stearns, William Augustus (Harvard) ↑	61	Hitchcock, Edward, M.D., LL.D.	Hygiene and Physical Education. prof.	1911
	1869	Barlow, Elisha Hubbard, M.A.	English Language. Instructor.	1870
		Kittredge, Alvah Baylies, B.A.	Gymnastics. Instructor.	1870
	1874	Alfred Ely, A.B.,	Gymnastics. Instructor.	1875
	76			
Seelye, Julius Hawley ↑	1883	Hitchcock, Edward, Jr. M.D. (Harvard)	Physical Education. Instructor.	1884
	84	Seelye, Hiram Henry, M.D.	Physical Education. Instructor.	1896
	90			
Gates, Merrill Edwards ↓ ↑	92	Nelligan, Richard Francis, (Boston Normal School of gym.),	Gymnastics and Athletics. Instructor.	1906
	96	Phillips, Paul Chrysostom, M.D.	Hygiene and Physical Education. Asociate prof.	1899
	99	Phillips, Paul Chrysostom, M.D.	Hygiene and Physical Education. Asociate prof.	1908
Harris, George ↓	1906	Nelligan, Richard Francis	Hygiene and Physical Education. Assistant prof.	1910
	10	Pery Robart Carpenter, M.A.	Hygiene and Physical Education.	

について，一番多くの期待を持って迎えた。ヒッチコックは，これに対して最高の技術と成果で応えた。彼は，学生達に，規則的に身体検査を課し，詳細な健康記録をとった。各々の学生は，各自の健康管理や健康相談の為に，ヒッチコックを訪ね，一方彼は毎日病気の学生の部屋を訪問した。彼の夢であった学生の診療所は，1897年になって実現している。

　ヒッチコックは，たった一冊で専門領域に貢献した。これは，解剖学と健全学の教科書であった。しかし，彼の小冊子，論文，教科書，レポートに関する一覧表は，アメリカ体育レビューに，8ページにわたって掲載されている。彼は，サージェント，アンダーソン，ハートウェル，ギューリック等と並んで19世紀の体育界の重要な研究者の一人に挙げられている。彼の論文や新しい論説はアマーストプランに記述されているけれども，他のアメリカの大学の体育の発展に多くの影響を与えた。中でも彼の指導した3人の学生，エドワードM.ハートウェル[13]，ワトソンL.サベージ，ポールC.フィリップスは，アメリカの体育に全国的に貢献をした。日本政府は，アマースト大学のプランを取り入れるために，体育教師の招聘を依頼した。ヒッチコックの別の教え子であったジョージA.リーランドが選任されこの要請に応えることになった。そして3年間日本で過ごした。彼は，わが国で近代体育の創設者として信用を得た。

史料1-3　Books・Pamphlet・Program (1860-80)[14]

1862　・「Report of the Program of Physical Education and Hygiene to the Corporation of Amherst College, July 5th.」
　　　・「Report of the Progress of Physical Education and Hygiene to the Trustees of Amherst College.」
　63　・Edward Hitchcock, *Reminiscences of Amherst College, historical scientific biographical and autobiographical, of other and wider life experiences.*
　　　・Edward Hitchcock, *Report of the Professor of Physical Education and Hygiene to the Trustees of Amherst College.*
　　　・Barlow, Elisha Hubbard, *Manual of Gymnastic Exercises.* (First edi-

第 1 章　リーランド招聘に関する経緯　69

1866
- Barlow Elisha Hubbard, *Manual of Gymnastic Exercises*. (Second edition)
  - 「Statistics in the Department of Physical Education and Hygiene at Amherst College for the Past Five Years.」
  - 「A Paper with Tables, prepared for the American Antiquarian Society, on The Decrease of the Relative Number of College Educated Men in Massachusetts during the Present Century.」

69
- Nathan Allen, *Physical culture in Amherst College*. (First edition)

1870
- 「A Program of an Exhibition, with Physical Statistics of the College.」

71
- 「Program of an Exhibition, of the Required Physical Exercises as Practiced in College, with Tables of Vital Statistics and Disabilities.」
- 「Program of the Sawyer Prize Exhibition, with some Physical Items.」

72
- 「Program of Commencement Exhibition with Health Items gathered during the Past Eleven Years.」

73
- Nathan Allen, *Physical culture in Amherst College*. (Second edition)
  - 「Program of an Exhibition in Gymnastic Training given by the Junior Class, etc., with a Table of the Ages and Weights of the Senior in Amherst College for the years 1862-1873. (July 9th.)」
  - 「Program of a Gymnastic Exhibition by the Students of Amherst College, for the Sawyer and Washburn Prizes, with some vital Statistics of the Students of Amherst College for the Ten Years, ending December 17, 1873」

74
- 「Program, Commencement, 1874, an Exercise in Light and Heavy Gymnastics given by the Junior Class, July 9th, with a Description of the Equipment and Work of the Department, and some Statistical Items.」
- 「Program of the Eleventh Annual Gymnastic Exhibition in Amherst College for Washburn Prize, in College Hall, December 12th at two P.M., Sawyer Prize in Barret Gymnasium the same Afternoon, with some of the Anatomic and Physiological Constants of a Student in Amherst College, determined by 4311 observation.」

75
- Edward Hitchcock, *Transactions of the Hampshire Agriculture Society of Amherst, Mass.*
- Barlow Elisha Hubbard, *Manual of Gymnastic Exercises.* (Third edition)
- George Adams Leland, *Manual of Gymnastic Exercises, arranged on*

         hygiene principles and adapted to music with an illustrated dumbbell drill arranged by.
         ・ ［Program of The Twelfth Annual Gymnastic Exhibition for Washburn and Sawyer, Prizes, with The Maxima and Minima of the Physical Constants of the Students of Amherst College for the Fourteen Years, from 1861-62 to 1875-76.］
         ・ ［An Exercise in Gymnastics as Practiced by the Junior Class, with some Statistical Items Relating to Graduates.］
76   ・ ［Physical Exercises at Commencement Week, with Viability of Amherst College Graduates.］
         ・ ［A Part of the Course of Instruction given in the Department of Physical Education and Hygiene, etc.］
         ・ ［The Thirteenth Annual Gymnastic Exhibition, etc., for the Washburn and Sawyer Prizes, with a Table of Anthropometry, compiled from 19638 Observations of 1089 Students.］
77   ・ Edward Hitchcock, *Relation of the Student-Life to Health and Longevity*
         ・ Edward Hitchcock, Hygiene at Amherst College.
         ・ ［Physical Exercises in Commencement Week, with Statistical Tables.］
         ・ ［The Fourteenth Annual Gymnastic Exhibition, etc., for the Washburn and Sawyer Prizes, with Statistical Items of Anthropometry, Sickness, etc.］
         ・ ［A Part of the Course of Instruction given in the Department of Physical Education, etc., an Outline of Lectures, etc...］
79   ・ ［A Gymnastic Exhibition, etc., for Washburn and Sawyer Prizes, with Vital Statistics Graphically Charted.］
         ・ ［Amherst College Gymnastic Exercises by the Junior Class, etc., with Data and Statistics.］
         ・ Edward Hitchcock, The Department of Physical Education and Hygiene in Amherst College.
         ・ Nathan Allen *Lecture, The Education of girls, as connected with their growth and Physical Development.*
1880 ・ Edward Hitchcock, An Abstract of Lectures on Health, to the Freshmen of Amherst College.
         ・ ［Amherst College Gymnastic Exhibition by the Junior Class, with some Results of the Bodily Measurements of 185 Students, etc.］

- 「A Gymnastic Exhibition for the Washburn and Ladd Prizes, February 14th, with the Average Result of Measures of 1391 different Students, etc.」
- 「A Part of the Course of Instruction given in the Department of Physical Education and Hygiene, etc.」

b. 3人の後継者

ここで取り上げるのは，わが国が，体育導入に関して種々調査，検討した結果，アマースト方式に照準を絞り，当時日本側の責任者であった文部大輔田中不二麿とアマースト大学学長シーリーとの間で直接交渉が始められた時期に限定して，その当時わが国に派遣され指導にあたる可能性のあった人物について検討[15]を行う。そして複数の候補者の中で，年齢，専門領域，(当時の)地位・身分等の理由によって，最終的にリーランドに絞られた経緯を明らかにしていく。ここでは，以下3名の人物に絞って，検討を行っていく。

1) Nathan Allen (1813-1889). class of 1836.
2) E. H. Barlow (不詳). class of 1866.
3) G. A. Leland (1850-1924). class of 1874.

1) **Nathan Allen**[16]

ネーザン・アレンは，1836年アマースト大学を卒業した後，引き続いて，1839年には，同大学で文学修士の学位を取得した。その後，ペンシルバニア大学において医学博士号を得ている。

アレン博士は，衛生学の分野では，すっかりその見識の広さが定着していた。国民の間に，衛生問題の著者としてアメリカと同様にイギリスでも評判になった。もっぱらコラムニストとしてその仕事を受け持った。彼は各種団体のメンバーとして活躍したが，中でも米国社会科学協会の創立者の一人であり，しばしばこれらの団体に論文や報告を寄せた。アレン博士は，広く配布される多くの演説やパンフレットの形で論文を書いた。彼の行った最後の仕事の大半は，これまでの仕事を集大成し，『身体の発達』(1888年)という表題で，一冊の本

1813年4月13日	モーゼス，メヒタブル夫妻の間に，プリンストンに生まれる
36年	アマースト大学卒業
37年	アマーストアカデミー卒業
39年	アマースト大学文学修士
41年	ペンシルバニア大学医学博士号取得
1842年	バーモント州キャッスルトン医科大学名誉博士号取得
56年	アマースト大学理事に選出
72年	ロンドンの国際会議（監獄制度の改正他）に出席
73年	アマースト大学法学博士号取得
74～80年7月	精神異常委員会理事に選出
41～89年	ローウェルで開業医
62～89年	マサチューセッツ州慈善事業委員会委員，奨学金試験監督

図1－4　Nathan Allen
「Physical Development」(1888年)より

にまとめた（史料1－4，No.18参照）。以下は，彼の多くのパンフレットの内の一部である（史料1－4及び5）。彼はまた特に，われわれの教育機関における体育に関心を示した。もし彼が教父でなければ，博識な監督・提案・不変な保護によってある程度の成果を治めた体育のアマースト方式の初期の独創的な計画者の一人になったと思われる。一般にこのような体育が必要とされる以前に，彼の提案した方法は，アメリカ中のほとんど全てに採用されるよう指導されることをすでに説いていた。史料1－4によれば，彼の体育に関する業績は，No.6～8の『アマースト大学の体育』1869年，No.16『アマースト大学の体育』1886年及びNo.17の『アマースト大学体育の確立』1887年等に，代表されるように数多く見られ，彼自身の体育に対する関心の深さが端的に表れている。これまでアレンに関するこうした業績は，わが国の体育史においてほとんど紹介された例はなく，史料1－4　No.6『アマースト大学の体育』(1869年)が唯一取り上げられているのみである。またPamphlets目録のNo.11は「女子教育―成長と身体の発達の関連」と題した講義をまとめたものであり，この当時女子の教育について，極めて重要な指摘を行っている。1856年アレン博士は，

アマースト大学の立法部の理事に選出され，生涯その役割を担った。とりわけ1860年，理事として学生の健康問題を解決するための重要な仕事である体育学科設立のために指導的役割を果たした。彼ほど理事会に忠実に尽くしたものはいなかった。1873年大学は，彼に法学博士の称号を授与した。また彼は，組合教会派のメンバーであり，日曜学校の校長も務めた。彼の研究生活の早い時期には，しばしば日曜学校の代表者会議，公的なあらゆる種類の宗教集会等に出席し，最も価値のあるその会議で読まれている新聞に原稿を寄せた。最後まで特に，教会の布教活動に興味を持った。

史料1－4　Nathan Allen Works[17]

1. The opium Trade;
    Including a sketch of its history, extent, effects, etc. as carried on in India and China. 1836, p. 80.
2. Medical Problems of the Day.
    The Annual Discourse before the Massachusetts Medical Society, Jun 3, 1836, p. 92.
3. Population; its LAW of Increase by Nathan Allen.
    Read at the Meeting of the Western Social Science Association, in Chicago, Nov 12, 1868, p. 32.
4. Papers and Proceedings of the National Association for the Protection of the Insane and the Prevention of Insanity at the stated meeting held in N.Y. city Jan 20, 1869.
5. The Intermarrige of Relations.
    from the Quarterly Journal of Psychological Medicine and Medical Jurieprudence, for April, 1869, p. 56.
○ 6. Physical Culture in Amherst College.
    Prepared by the request of the trustees. 1869, p. 46.
◎ 7. Physical Culture in AMHERST COLLEGE.
    Professorship of Hygiene and Physical Education, Established 1860. Edward Hitchcock. M.D., Professor 1869, p. 46.
☐ 8. The Physiological Laws of Human Increase.
    extracted from the transactions of the American Medical Association.

1870, p. 27.
- [ ] 9. Physical Degeneracy by Nathan Allen, M.D.,
    Reprinted from the Journal of Psychological Medicine, Oct, 1870, p. 40.
  10. An Address delivered Sept, 19, 1871.
    Annual Exhibition of the Farmers Club, Princeton, p. 38.
  11. State Medicine, IN ITS RELATIONS TO INSANITY, by Dr. Nathan Allen,
    Read at the Meeting of the American Social Science Association, Detroit, May 13th, 1875, p. 31.
  12. The Treatment of the Insane, by Dr. Nathan Allen,
    Read at the Meeting of the American Social Science Association, SARATOGA, Sept 6th, 1876, p. 20.
  13. Claims of the Sick Poor.
    Paper read before the Middlesex North District Medical Society, Jan 31, 1877, p. 8.
  14. Changes in New England Population.
    Read at the meeting of the American Social Science Association, Saratoga, Sept 6, 1877, p. 16.
- ○ 15. Physical Culture in Amherst College.
    Read at the Tenth Annual meeting of the American 1886 Academy of Medicine at Pittsburg. Penn. oct 12, 1886, p. 16.
- ○ 16. The Establishment of Physical Culture in Amherst College.
    Dec, 29, 1887, p. 12.
- [ ] 17. Physical Development or the Law Govering the Human system by Nathan Allen Boston, 1888, p. 348.
    Lee and SHEPARD PUBLISHERS

史料1－5　Pamphlets[17]　BY N. ALLEN

1. The Law of Human Increase, or population lased on physiology and psychology, 1868, p. 58.
2. Lessons on Population suggested by Grecian and Roman History, Boston, 1871, p. 163.
- [ ] 3. The Relations between Sanitary science and the medical Profession, p. 16.
- [ ] 4. Hereditary Disease, p. 15.

       5. The Law of Longevity with Special Reference to Life Insurance, 1874, p. 16.
       6. Report of the Commissioners of Lunacy, to the commonwealth of Mass. Jan, 1875, p. 80.
□ 7. The normal standard of woman for propagation, p. 39.
□ 8. The Phrenological Journal ILLUSTRATED, 1878, p. 6.
    9. The Prevention of Disease, Insanity, Crime, and Pauperism, 1878, p. 25.
   10. Studies on the Laws of Life, 1877, p. 32.
○ 11. Lecture; The education of Girls, 1879, p. 32.
□ 12. The Sanitarian: Laws of Inheritance, 1880, p. 6.
□ 13. Epidemics.
   14. Supervision of Lunatic Hospitals, 1880, p. 16.
   15. Church Fellowship, 1880, p. 10.
   16. The Law of Human Increase, 1882, p. 10.
   17. The New England Family, 1882, p. 24.
   18. Influence of Medical Men, 1882, p. 6.
   19. Explanation and Defence of the Preceding Paper, 1883, p. 4.
   20. The Prevention of Insanity, 1883, p. 23.
   21. Our Gallory, 1884, p. 4.
   22. Laws of Maternity, 1885, p. 7.
□ 23. Laws of Inheritance, 1886, p. 5.
◎ 24. Physical Culture in Amherst College, 1886, p. 16.
   25. Studies on the Laws of Life, 1877, p. 32.

    ※史料番号左の○印　Physical Education に関するもの
            　　　　□　　Hygiene に関するもの
            　　　　◎　　重複しているもの(すべて Physical Education 関係)

　以上みてきたように，アレンは衛生学及び体育学の分野において，数多くの優れた業績を著してきた。早くから理事として大学の運営に携わったこともあり，教育者として体育学科創設に力を発揮した息子ヒッチコック教授とは自ずと異なった進路を歩む結果となった。数多くの彼が行ってきた仕事は，常に大学を運営する立場で主張され，これらの分野に多大の影響を与えるものであった。

2) Elisha Hubbard Barlow

1863 年	『体操運動必携』初版
64 年	『Declamations』(演説の部), second prize E.H. Barlow
66 年	『体操運動必携』第二版, class captain, 『Shepard mineralogical Prizes』(鉱物学), second prize
1869 年	ラファイエット大学博士号取得
69〜70 年	アマースト大学講師(Williston Instructor in English)
70 年夏〜秋	ボストン在住
1871 年 1 月	ラファイエット大学教授(修辞学, 演説法兼体育学)
75 年	『体操運動必携』第三版

　エリシャ・ハバード・バーロウを詳しく知る史料はそれ程多くないが，この時期に活躍した人物として特筆に値する。とにかく彼について判っている事実については上述のとおりであるが，とりわけ彼がアマースト大学に入学をした時期にあたる1863年に著した『体操運動必携』がある。在学中の諸活動をみても，多分野で大いに活躍し，4年生ではクラスキャプテンを務めている。指導教授であったヒッチコックにおそらく勧められて着手した仕事であろうと思われるが，若くしてその才能を十分に発揮している。アマースト卒業後は，ペンシルバニア州イートンにあるラファイエット大学で博士号を取得している。1870年早くも母校であるラファイエット大学から教授として招かれている。彼が位置づいた専門分野は，学生時代からその優れた才能を覗かせていた修辞学(雄弁術)，演説法及び体育学においてであった。やや遅れて翌年1月に正式にその職についている(1866年クラス記録に掲載)。1875年に『体操運動必携』第三版が印刷された。この表紙には，E. H. バーロウ教授，1866年アマースト大学クラスキャプテン，現ペンシルバニア州イートン，ラファイエット大学教授編集，アマースト大学1874年クラスキャプテン，G. A. リーランド，唖鈴体操分担執筆と記されている。この著書は，日本の田中不二麿宛てにヒッチコック・エドワードより贈られたそのものであるが，明治10年5月文部省交付の

印が付されていることから，アメリカですでに実践されていた体育をわが国に導入するにあたって本書が大いに参考にされたと見做される。この点に関しては，先行研究で今村がすでに指摘しているが，「本書は表題は上掲（アマースト大学体操便覧）の写真のとおりであるが，内容はバーロウ教授編集の体操便覧でタイトルも Manual of gymnastic exercises, 1875. となっており，その表紙のそれと異なっている。」とだけ記して，詳しい説明は行っていない。すでに述べたように，ヒッチコックとバーロウの関係は指導教授とその学生の間柄にあり，ヒッチコックがバーロウに命じて刊行させたその著書もアマーストプランの一部としてまとめた結果『アマースト大学体操便覧』(1875 年)に一括収録されたものと考えられる。また中表紙に記されたバーロウ教授の身分を誤って，アマースト大学教授として記述しているが，この時点で彼はすでにラファイエット大学教授に転じていたことをはっきり指摘しておく必要がある。この年バーロウは，E. A. シェルドン（オスウィーゴ州立師範学校校長）と共著で，『教師必携　読書教授』も著した。略年譜から推測すると，アメリカから日本へ体育教師を派遣する時期に彼は 36 歳前後で最も相応しい年齢に達していたと考えられるが，すでにラファイエット大学で確固たる地位を得た後であったこと，さらに問題点を指摘するならば，彼は医学教育を受けていなかったことがあげられる。創設以来，アマーストでは，体育教師の資格を体育学兼衛生学を担当し得る者という暗黙の規定が働いたかもしれない。そのような理由から，日本行きの候補者からは外れていったと見做される。

3) George Adams Leland

1850 年 9 月 7 日	ジョセフ・ダニエルズとメアリー・プリンプトン夫妻の間に，ボストンに生まれる
74 年	アマースト大学クラスキャプテン，同大学卒業
74 〜 78 年	ボストンラテン学校卒業，ハーバード医学校卒業

77年1〜6月	ボストン市立病院インターン
77年6月〜78年6月	同 市立病院神経病，腎臓病科の内科医として勤務
78年	ハーバード大学医学博士号取得
7月1日	留学生監督目賀田種太郎とボストンで日本行きの契約を行う
78〜81年	日本国東京文部省雇体育学兼健全学教師，その間医師兼業
81〜82年	ヴィーナ，ハイデルベルグ留学
82年〜	ボストンで内科医兼外科医開業
86年	ボストン市立病院にて耳鼻咽喉科助手
88年	同院耳鼻科
93年	ベルリン留学
94年	アマースト大学文学修士号取得

　わが国が正式に米国より体育教師招聘に踏み切った時期は，リーランドはアマースト大学を卒業しハーバード大学において医学博士の学位取得の最中であった。折から1875年，在学中特にクラスの体育活動に才能を発揮し，4年次にはクラスキャプテンをも務めた経験を存分に生かしバーロウ教授との共著で，『アマースト大学体操便覧』の唖鈴体操の部分を分担執筆した。この来日直前の同書の執筆が本人自身にとってもまた周囲の人びとにとっても真に重要な意味を持ったと考えられる。それはこれまで行ってきた体操実践がかなり整理整頓され，必要に応じて指導，監督ができるレベルにまで到達していたことを意味していた。おそらく大学側から彼に対して熱心な誘いが繰り返し行われたことは想像するに難くない。次に体育に人一倍強い興味と関心を持っていたことが挙げられる。学生時代の活躍振りについてはすでに指摘したが，ファーロウの追憶文に述べられているように，「卒業後も彼は体操に対する関心を持ち続け，体操に秀でたものに毎年賞金を提供することを申し出て，賞金を受ける価値があると判断されたクラスに授与されるようにしました。このリーランド賞は，学長が10年前に競技に肩を入れ，体操のコースを廃止するまで，約40年間にわたって与えられてきました」。

　アマースト卒業後も一貫して母校の体育の発展を思い賞金を提供してきた程

のリーランドであったが，5年間の海外留学生活を終えて帰国するとそれ以後，体育，スポーツに関する表立った活動は一切みられなくなる。彼の経歴に明らかなように，耳鼻咽喉科の外科医として名声を馳せ全米はもとより国際的に知られた学者として大きく飛躍していくことになる。他の理由としては，経済的な面が指摘される。彼は兄弟も多く，経済的には余り裕福ではなかった。既にハーバード大学医学部時代には，ボストン市立病院に勤めていた事実からもそのことが窺える。また来日直前に，ボストンのリチャードR.ヒギンズ博士の娘アリス・ピアースと結婚したが，未知の国に旅立つ不安と共に経済的に自立を迫られる状況が生じたことも事実であった。最後に将来に大きな夢を抱き，新天地で自らの力を思いきり試してみようという強い意志が働いていたこともまた同様に否めない事実であった。彼は医学博士号を取得して間もない時期でもあり，未だはっきりと自分の専門領域も決まっていない自由な立場にあったので，思い切って未知の世界，日本で近代体育の指導者として自分の力を試してみたいという気持ちも少なからず働いたと考えられる。それは近い将来欧州留学のステップとして，既に彼の中ではその将来計画の一部として完全に位置づけられていたともいえるものであった。

第4節　リーランド招聘に至る経緯

　ここでは今回新しく発掘された田中不二麿からアマースト大学シーリー学長に宛てた3通の書簡をもとに，リーランドをわが国に招くに至った詳しい経過を辿ることにする。

　すでに，序章の箇所で史料の全体については，略述しておいたが，先行研究においても，1879年4月10日付，リーランド博士赴任後の活動報告及びわが国体育の実情報告を伝える書簡(史料1-1の⑧)は取り上げられてはいるが，それ以前の3通(史料1-1の⑤〜⑦)については，これまで一切不明のままであった。その意味では，これまでの疑問を解明する重要な手がかりとなる史料といえる。

これらの書簡は，田中一行が初めて目の当たりにしたアマースト方式の体育，体育を導入するに至った経緯と意図，正式な要請，具体的な契約の方法，わが国体育の展望等を含む内容に触れるものであった。
　以下3通の書簡の具体的内容に触れながら，考察していく。

1. 1877年2月9日付書簡

　　　　　　　　　　　　　　　　　　　　　　　1877年2月9日
　　　　　　　　　　　　　　　　　　　　　　　日本国東京
　　　　　　　　　　　　　　　　　　　　　　　文部省
　J. H. シーリー博士殿
　拝啓
　　私たち一行は，24日間の長旅を終えて，先月8日に無事こちらに(東京：筆者注)到着致しました。そして帰朝後は旅の疲れも回復しつつあることをお知らせ申し上げます。
　　私にとりましては，今回のアメリカへの訪問は非常に楽しいものでありましたが，とりわけアマーストへの訪問はこの上ないものでした。アマーストでは，博士のご親切なおもてなしにより貴大学を見学させて頂き誠に興味深いものが御座いました。短い滞在中に賜りました博士のご厚意，ご親切に心よりお礼申し上げます。博士にもお変わりなきことをお祈り申し上げます。
　　博士とシーリー夫人には重ねて心からお礼を申し上げます。
　　　　　　　　　　　　　　　　　　　　　　　　　　　敬具
　　　　　　　　　　　　　　　　　　　　　　　　　　　田中不二麿

　この書簡は，田中がフィラデルフィア万国博覧会出席のため渡米しその帰り，教育制度調査取り調べのために立ち寄ったアマースト大学の訪問を終え，帰国後，シーリー博士宛てに訪問のお礼を述べたものである。今回のアメリカ訪問は大変楽しいものに感じられたが，その中でも特にアマースト大学訪問は，一番楽しく思えたこと。博士の案内により学内を見学した際，非常に興味深く感じられたこと等を率直に述べている。しかしこの箇所では見学した内容については，一切触れていない。また一行が，アマーストにどの位滞在したのかも判然としない。

2. 1878年3月6日付書簡

明治11(1878)年3月6日

アマースト大学学長
　　ジュリアス H. シーリー殿
拝啓
　2年前のアメリカ滞在中にアマーストへ博士を訪問しました際，博士のご厚意により貴大学学生の体育訓練を見学する機会を得ましたが，それはとても興味深いものでした。帰朝後，わが国の学校で行われている体育訓練を何度か見学いたしましたが，日本の学生が学んでいる流儀はまだ未熟な上に，しかも変則的な方法で教わっている場合もあります。そのため，体育訓練による目立った効果が上がっていないようです。今後，わが国で上述の科目を発展せしむことが教育上肝要なことと思われますため，次のように致したいと存じます。わが文部省が，アメリカより技能，経験ともに豊かな体育教師を採用し大学を含む各種学校やそれ以外の教育機関における男女学生を対象に，学生の年齢に応じた適切な方法で体育をご指導願いたいのです（体育教師は，決められた時間割りで授業に出席することとなります）。したがいまして，貴大学には最も優れた体育制度を確立されておりますが故に，失礼をも顧みず博士におすがりして，有能で適格な指導者を一人探して頂きたくお願い申し上げます。かようななことで博士にご迷惑をおかけいたし，はなはだ申し訳ございませんが，博士のご尽力を得られますならば誠に幸甚の極に存じます。私が考えておりますような指導者を探して頂けましたなら，その方との契約などについてのお手配などをこの手紙の使者である目賀田種太郎氏とお計り下さるようお願い申し上げます。目賀田氏は文部省からボストンに出向の在任官でございます。
　博士とシーリー夫人に対して，お二人のご健康とご繁栄を心よりお祈り申し上げます。

敬具

文部大輔
田中不二麿

　この書簡によって初めて前回の書簡中見学した中身が，アマースト大学の体育であったことが明確になった。またこのことにより田中がいつの時点で最初にアマースト大学の体育に触れたのかという疑問も一気に解決したことになる。帰国後わが国で実施されている体育を注意深く観察したが，いずれもその方法

が未整備の状態である。今後体育を発展させることが教育において，緊急の課題と考えられる。そこで文部省は，アメリカから優れた体育指導者を招き，わが国の学校でその実践を希望している。その際最も優れた体育制度が確立しているアマーストに範をとり，貴大学において適任者を選出，派遣を願いたい旨を伝えている。なお契約に関する担当者は，文部省米国留学生監督目賀田種太郎(在ボストン)が務めることを付け加えている。

3. 1878年8月15日付書簡

明治11(1878)年8月15日

アマースト大学学長
　J. H. シーリー博士殿
拝啓
　1878年3月6日付の親書でお願い申し上げました体育教師のご選任に関する6月3日付のお便りを拝受致しました。博士のご推挙によりわが国の体育教師の任を受けて下さったご親切なジョージ A. リーランド氏は，貴大学の卒業生でかつ医師である旨了解致しました。
　ご面倒にもかかわらず，博士の迅速で心のこもったご配慮のお陰で有能あり才たけた人物を見付けることができたことは喜ばしい限りでございます。誠にありがとう御座いました。これで日本の教育界の体育訓練が著しく進歩改善するものと思います。何故ならば，リーランド博士は体育指導を完成させ，私どもの期待に応えてくれるものと確信するからです。
　リーランド博士との契約やその他の取決めは既に完了しており博士が間もなく日本に向けてご出発になられるという報告を，目賀田種太郎より受けております。
　当件における博士のご厚意には心より感謝申し上げますと共に博士のご健康とご繁栄をお祈り申し上げたく存じます。どうぞシーリー夫人にも宜しくお申し伝えくださる様お願い申し上げます。

敬具
文部大輔
田中不二麿

1878年3月6日付の親書で文部省から正式に，アマースト大学シーリー学

長宛てに体育教師の依頼が発せられた。これに対してシーリー学長は，6月3日付の書簡で，同大学の卒業生でかつ医師であるジョージA. リーランドを推挙した。博士の，熱心な努力により，有能でこの方面に熟達した人物を獲得することが可能となった。リーランド博士は必ずわが国の体育を完成させ，われわれの期待に応えてくれるものと田中は強く確信していた。

すでにリーランド博士はすべての契約を完了し，日本にむけて出発の日を待つばかりとなっていた。

第5節　リーランド招聘がわが国にもたらしたもの

日米体育交流に関する史料を求めて立ち寄ったアマースト大学で，目に止まったシーリー関係文書を主要な手がかりとしながら，同大学図書館及び米国議会図書館他に所蔵されている関連史料を加えて，ジョージ・アダムス・リーランド博士がわが国の近代体育の指導者として招かれるに至る背景とその経緯について考察してきた。

本章で明らかになった点を要約すると以下のようになる。

① アマースト大学学長シーリーと文部大輔田中不二麿との書簡

ⅰ）文部大輔田中不二麿が，最初にアマースト大学の体育に触れたのは，1876年11月上旬であった（当時の岩倉使節団の訪米時の行程及びリーランドの来日時の行程より推定）。

ⅱ）文部省が直接，アマースト大学シーリー学長宛てに，体育の指導者を要請したのは，1878年3月6日付の書簡によってであった。

ⅲ）これに対して，アマースト大学側は，1878年6月3日付でリーランド博士を推薦しわが国文部省宛てにその旨の返事を送っている。

ⅳ）リーランドをわが国に招くにあたって，アマースト大学との交渉が円滑に進められた背景に，文部大輔田中不二麿の果たした役割を見逃すことはできない。またボストンにあってその交渉役を務めたのは，留学生監督目賀田種太郎であった。

② 田中不二麿・目賀田種太郎のリーランド招聘に果たした役割
ⅰ）田中不二麿は，二度アマーストの地を訪れている。一回めは，岩倉使節団に随行して米国の学事を視察した1872年4月，通訳であった新島襄を伴いここに立ち寄った時である。新島の記述によれば，この時シーリー，クラーク，ヒッチコックに会い大学他を参観しているが体育に触れた様子は見られない。第2節でみてきたように，これを機に二人の親交は深まっていった。二回めは，1876年秋フィラデルフィア博覧会に出席，その帰途アマーストを訪問している。この時初めてアマースト式体育の見学を行った。7年来の親交をもとに，文部省は田中を窓口にして，直接シーリー学長宛てに体育教師の招聘を依頼した。こうした直接交渉役として彼の果たした役割は非常に大きなものがあった。

ⅱ）目賀田種太郎は，文部省派遣在ボストンの留学生監督として，留学生の世話掛を務めていた。1876年7月，田中が教育制度調査の為ニューイングランド州を訪れた際にその案内役をかって出ている。直接リーランドと関わりを持ったのは，文部省の現地交渉掛として1878年7月1日ボストンにおいて日本赴任の契約を取り結んだときである。

③ アマースト大学体育学科の創設と活動〜アマースト方式の特質とその担い手たち

ⅰ）アマースト大学体育学科の創設は，第4代学長 W. A. スターンの時，学生の健康問題に悩んだ結果，体育館の建設と有能な体育学の教授を任命することに端を発していた。

ⅱ）2代目教授として就任したヒッチコック・エドワードによって，アマースト方式が確立され，全米におけるモデルとして大いに参考とされた。

ⅲ）注目すべきは，体育教師の役割を明確に示したことであった。つまり運動を十分熟知していると同時に医者の資格を持つ者であることを必要条件とした。この傾向は，体育教員の養成がある程度定着する時期までしばらく続いた。

ⅳ）実施された体育の特徴は，まず学生の身体を健康に保つことに主眼を置いたこと。週4日の少力運動（軽運動）を必修とし，これに選択の多力運動（重

運動)を置いた。そしてこれらの各種運動が可能な器具，施設等を準備した。さらに教室と学生のレクリエーション施設も構想していたことが窺える。

ｖ) 疾病調査と活力検査を導入し科学的根拠に基づいた方法を用いて，運動効果を証明した。

こうして，ヒッチコック教授を中心に体系化されたアマースト方式はこれを着実に実践する優れた後継者たちによって受け継がれていった。本章では以下の3名ネーザン・アレン，エリシャ H. バーロウ，ジョージ A. リーランドについて検討を行った。アレンは，衛生学及び体育学の領域にわたり卓れた業績を数多く著したが，理事として大学の経営に主力を傾けたために，ヒッチコック教授とは同じ道を歩むことはなかった。また日本からの誘いがあった時は，すでに65歳に達しており年齢的にはそのピークを過ぎていた。彼はアマースト大学の創設期にあって，学生の健康，体育の問題を大学管理者の立場で強力に支えていった人物であったと考えられる。

次にバーロウの場合であるが，彼は早くからその才能を開花させ，学生時代にすでにアマーストの体育をまとめて，『体操運動必携』(初版本)を著した。アマーストでは，重視されていた修辞学，演説法でも優れた能力を発揮し，ヒッチコック教授の後継者として最有力と見做される人物であったが，博士号を取得するとまもなく母校の教授として位置づいた。日本行きの誘いがあった当時は，35歳前後であり年齢的には理想の状態にあった。ただ一つだけ条件をつけるならば，彼は医師としての資格だけは持っていなかった。最後にリーランドについてであるが，アマースト大学卒業後，ハーバード大学医学部にて医学博士号を取得した時点で，誠にタイミングよく日本から招聘の話が持ち込まれたこと，前述のバーロウと共に『体操運動必携』をまとめた直後であったこと，経済的にも自立の必要にせまられていたこと，さらには新天地で自分の才能を開花させたい機運に包まれていたこと等の様々な条件が重なり合って，リーランドの日本行きを可能なものとした。彼は，後に伊沢修二に宛てた報告書に，日本行きの目的を，「従前の国民より最も速に進歩したる国民として，著名なる大日本帝国の少年をして，其身体の健康と精神の爽快とを得しむるに在るの

み。」とその抱負を語っている。そして1878年8月13日，期待と不安を胸に未知の国日本に向けて船出をして行くことになる。

　以上が本章の検討を通して明らかになった点である。アマースト大学体育学科創設当初に限定し，しかもリーランドに直接関わる部分についてのみの検討に終始した。

　すでにみてきたように，こうした1860年代以降の体育の発展は，実はそれより遡ることおよそ35年程前にその兆候はすでにみられていた。ケンブリッジ(ハーバード大学)，ボストン，ノーザンプトンを中心にして活発な体育活動が実施されていたことが伝えられている。このような，先行体験がアマーストの体育導入にどのように関係していったのか，さらにアマーストプランを中心になって支えたヒッチコックを初めとしてフーカー，アレン，バーロウ等の詳細な個人史研究も待たれるところである。

　今回取り上げることができなかった問題点は，今後の課題としたい。

注

1)　リーランドに関する先行研究として，今村嘉雄『十九世紀に於ける日本体育の研究』不昧堂書店，1967年。今村嘉雄『学校体育の父リーランド博士』不昧堂書店，1968年。土屋忠雄『明治前期教育政策史の研究』文教図書，1962年。倉沢剛『小学校の歴史　Ⅰ』ジャパン・ライブラリー・ビューロー，1963年。能勢修一『明治期学校体育の研究』不昧堂書店，1995年等が挙げられる。

2)　今村前掲書『リーランド博士』資料九　ポールC.フィリップス「アマースト史上に輝くジョージA.リーランド」ダーカン女子寄与　ヒッチコック記念室資料。

3)　Arinori Mori, *Education in Japan; A Series of Letters, Addressed by prominent Americans to Arinori Mori,* New York; D. Appleton & Company, 1873.
　　森有礼が，駐米公使として，将来の日本の教育のあり方について米国各界の有力者15名に対して意見を聞き，それぞれの回答の手紙や論文を集め，その結論として，自筆の日本略記史を加えて出版したものである。これらの回答者のうち，大学長(元・現・将来の者も含む意味で)として，アマースト大学のStearns, Seelye等の名前がみられた。

第 1 章　リーランド招聘に関する経緯　87

　　Julius H. Seelye (1824 〜 1895)：彼は牧師であり哲学者であると同時に，学長でもあった。1853 〜 58 年には，New York 州の Schenectady 市における Dutch Reformed 教会の牧師を務め，1858 年，Amherst College の哲学教授の椅子を得，1876 年には，Stearns の後継者として Amherst の学長となった。1872 年には India を訪問し，1875 〜 77 年の間，米合衆国下院議員となった経歴もある。Seelye も，道徳教育の必要性を大いに強調しており，宗教的基盤を持たぬ教育は危険であると，森の注意を引こうと試みている（大久保利謙『森有礼全集』第三巻，宣文堂書店，1972 年，pp. 336-43，解説 pp. 15-26）。1872 年 2 月 3 日森からの手紙を受け取る。同月 29 日返事を送る。この返事の中で，健康問題に触れた箇所がある。「教育の徹底化は，国民の身体的状態にとっていちじるしく有利です。これは注意深く整理された統計によって証明されています。他の条件が同じであれば，最も良く教化された社会の人びとは最も健康的で長寿を保っています。教育を受けた人間は，一般にそうでない人間より長生きしています。この事実は教育ある人間が健康法に精通している事にのみよるのではありません。勿論この原因によることもあるでしょうが，その主な理由は，教育を受けた人間はその頭脳と神経組織をよりよく使うからなのです。そしてその場合，それが不釣り合いな位に発達するのではなく，身体的強さ，健康の源となるのです」。これは恐らくアマーストでの経験に基づいた発言と思われる。(尾形裕康『学制実施経緯の研究』校倉書房，1963 年，pp. 346-49)

4)　Birdsey Grant Northrop, "*The Japanese Indemnity*"（1872.9.5 横浜からの書簡）日本の実情報告として，アマースト・カレッジのシーリー教授からの書簡を紹介し，そこから教育費充当の具体例として，「日本の婦女子の教育振興費用に充てるべきである」と述べていた。「本来無条件で返還するのが望ましいが，しかしそれが教育費として役立てられたならば大変に喜ばしい」と述べ，特に森の希望「帝国の将来のための教育振興」があって著したとされている。

5)　Amherst College, *A Report of Twenty Years Experience in the Department of Physical Education and Hygiene in Amherst College, to the Board of Trustees*, June 27, 1881, pp. 3-4.

6)　故目賀田男爵伝記編纂会編『男爵目賀田種太郎』同会，1938 年，pp. 21-79.
　　明治 12 年 (1879) 3 月 8 日付「音楽傳習所設置案」が文部省内に回付されて間もなく，同月 25 日付で音楽教師メーソンの招聘が決定し，アメリカ在住の目賀田が日本側文部省の代理人としてメーソンと条約を結んだ。音楽取調掛設置は，10 月であったが，すでにこの時点で決定されていたと思われる。
　　この件に関しては，史料「L. W. メーソンと目賀田種太郎との條約書」英文・和文，1879 年 6 月 6 日。(『東京芸術大学百年史』第一巻，1987 年，pp. 22-25. に見ることができる。契約の内容については，任期，給料，家賃，授業担当時間，授業についての意見陳述，職務・規則遵守，病欠・復職の期間，条約満期前の

解約，再契約・中途での職務の解約等10項目に及んでいる。しかしながら，これよりおよそ1年前に結ばれたリーランドとの契約書は，未だ見つかっていない。おそらくこれと同様の内容の契約が結ばれたと思われる。

7) Amherst College, *Student Life at Amherst College, Its organizations, their membership and History*, 1871, p. 111.
8) Amherst College, "Catalogue of the Officers and Students of Amherst College, for the Academical Year", 1859-60.
9) Fred Eugene Leonard, A.M., M.D., *A Guide to the History of Physical Education*, 1923.
  なお，前掲書の翻訳版として，レナード教授・マッケンヂー博士原著『欧米体育史』第二編 米国，目黒書店，昭和2年6月。が挙げられる。
10) J. Edmund Welch, "A Physical Education Reader, History and Foundations", 1974.
11) The Trustees of Amherst College, "Amherst College − Biographical Record of the Graduates and non-Graduates", 1821-1921. Edited by Robert S. Fletcher, 1897 and Malcolm O. Young, 1916, 1939.
  Amherst College, "Triennial Catalogue of Amherst College including the officers of Government and Instruction, The Alumni", 1875.
12) Amherst College, "Catalogue of the officers and students", Amherst College. for the academical year, 1871-73. より引用。
  アマースト大学　学科課程表(1871～73年)

なお，参考資料として，学生数の推移を付した。

○ Course of study and Instruction.
　　Freshman year …… During the year――Exercise in physical culture, four days in the week.
　　Sophomore year …… Exercise in P. C.
　　Junior year ………… Exercise in P. C.
　　Senior year ………… Exercise in P. C.
○ Lectures
　　Law of Health (Freshman) …… prof. Hitchcock, Monday, at eight o'clock.
○ Tabular view of college Exercises.
　　(Senior year) − Gymnasium exercises at 9:20 o'clock, A.M., Mondays, Tuesdays, Thursdays and Fridays through the year.
　　(Junior year) − Gymnasium exercises at four and five o'clock, P.M., Mondays, Tuesdays, Thursdays and Fridays interchangeably through

アマースト大学学生数の推移

Year of	Seniors.	Juniors.	Sophomores.	Freshmen.	Total.
1859-60	48	56	71	67	242
1860-61	51	56	60	53	220
1861-62	58	49	50	78	235
1862-63	42	42	76	60	220
1863-64	30	58	64	30	202
1864-65	57	56	54	45	212
1865-66	54	51	44	54	203
1866-67	49	44	62	70	225
1867-68	41	61	69	73	244
1868-69	57	58	71	65	251
1869-70	53	64	63	75	255
1870-71	65	49	76	71	261

Report of the Professor of Physical Education and Hygiene to the Trustees of Amherst College, for the year 1862-63.

    the year.

 (Sophomore year) – Gymnasium exercises at three o'clock and four o'clock,
    P.M., and half – past ten o'clock, A.M., Mondays, Tuesdays,
    Thursdays and Fridays interchangeably through the year.

 (Freshman year) – Gymnasium exercises at eight o'clock, A.M., Mondays,
    Tuesdays, Thursdays and Fridays interchangeably through
    the year.

13) Edward Mussey Hartwell, Ph.D., M.D., of Johns Hopkins University, "Circular of Information of the Bureau of Education", No. 5, 1885 – Physical Training in American Colleges and University, 1886, p. 183. 等を著している。

14) "A List of the titles of Abstracts, Tables, Statistics, Exhibition chedules and other matters published by the Department of the Hygiene and Physical Education, Amherst College, From 1861-62 to 1905-6, Inclusive", p. 10.
 その他にヒッチコック関係史料，アレン関係史料等を参考に作成した。

15) Kenneth D. Miller, "Stearns, Hitchcock, and Amherst College", Journal of Health-Physical Education-Recreation, May-June 1957, pp. 29-30.
  Prof. Edward Hitchcock, M.D., "The Department of Physical Education and Hygiene in Amherst College", 1879, pp. 3-8.
  Frederick Rudolph, *The American College and University*, 1990, pp. 150-155.

16) Amherst College, "Obituary Record of Graduates of Amherst College-Aca-

demical Year Ending July 3, 1889", pp. 174-177.

Amherst College, "Biographical Record of the Alumni of Amherst College during its First Half Century, 1821-71", 1883.
17) Amherst College Special Collections, アレン関係史料
18) Malcolm Oakman Young, *Amherstiana – A Bibliography of Amherst College*, Amherst College, 1921, p. 40.

Amherst College. *Chronicles of the class of 1866*, Second Series, July, 1874.

資料 1

アマースト大学バレット体育館創設の経緯

　アマースト大学スペシャル・コレクションズに興味深い資料が保存されている。バレット体育館に関する一連の資料である。これらに関する資料調査の発端は，1916年にアマースト大学を訪問した日本人研究者，可児徳（かに・いさお，東京師範学校教授）から本テーマについて研究したいという強い申し出があったことが直接的なきっかけとなった。その事実を明らかにした資料，またこの体育館を建てたC. E. パークス（ボストンの建築家）の証言が残されており，その他にも本学体育館の定礎式開催の詳しい模様を紹介した記事等が多数含まれている。

◇ 1

THE TRUTH ABOUT BARRETT GYMNASIUM

PAUL C. PHILLIPS

　OF all seekers after truth the debunker is probably the most unpopular, whether he is engaged in exploding myths relating to great men of the past or legends long accepted on the basis of tradition. He cannot expect to avoid obloquy if he sets out to challenge the relative antiquity of a building often described as the first or oldest of its kind. It was, therefore, with a courage amounting almost to temerity that the writer in an unguarded moment agreed to give to our alumni the historical facts regarding the antiquity of Barrett Gymnasium, now Barrett Hall.

　As a matter of fact the data here given were compiled, not from any desire to enter upon a debunking quest, but in order to satisfy the curiosity of a foreigner, Professor Isao Kani of the Tokio Normal College, who, while visiting Amherst in 1916, wished to learn the priority of college gymnasia in America. Ironical, is it not, that a teacher of physical education from Japan, a land which owes so much to Dr. Hitchcock and Dr. Leland, should have precipitated the investigation. But it is balm to the soul of the poor debunker, who is thus enabled to shift the blame to other shoulders.

※原文は一部転載

バレット体育館についての真相

ポール C. フィリップス

　バレット体育館（現在のバレットホール）の古い歴史に関する事実を，本校の卒業生に伝えることに，図らずも合意してしまったのである。
　実際のところ，ここに提供したデータは，誤りを暴く試みの手掛かりにしたかったからではなく，一人の外国人の好奇心を満足させるためにまとめたものである。この外国人というのが，東京師範学校（Tokio Normal College）の可児徳教授である。彼は1916年にアマーストを訪れた際に，米国の大学では体育館が重視されていることについて研究したいと願い出た。日本という，ヒッチコック教授とリーランド教授が多大な貢献を果たした国からやってきた体育教師がこの調査に加わったのも，皮肉なことではない。
　知らない人もいるかもしれないが，1826年から28年にかけて，ハーバード，エール，アマースト，ウィリアムズ，ブラウン，ボードインの各大学で，ヤーン（ドイツ）式の野外体育館が建設された。アマースト大学の野外体育館はグローブ校にあった。1826年にその建設地が整備され，その翌年に学生が体育クラブを立ち上げ，体育器具の設営および保守支援にあたった。それが何階建てだったかという記録は見当たらない。（中略）またこのとき，グローブ南端に10×12フィートの浴場が建設され，併設のシャワーバス用の水はウェル校から導水した。
　アマースト大学の記録によれば，バレット体育館は1859年10月13日に竣工され，1860年夏に完成し，同年秋から学生が利用できるようになった。ヒッチコック学長の「アマースト大学回顧録」（1894年）とW. S. タイラー教授の「アマースト大学の歴史」（1894年）に，この建物の建設および外観についての詳細が記述されているので，ここで紹介したい。
　ヒッチコック学長は次のように書いている。「まだ説明していない公共建築物がもう一つある。それは整形されていないペラム片麻岩で造られた体育館である。この巨大な外見の建物は，建築規則に則って建てられてはいるが，建築物としてはあまり美しいものではない。建築に取り掛かったのは1859年秋で，冬が来るまでに可能な限り作業が進められたが，モルタル部分の凍結がひどかった。ただしこの部分の接着力が不十分だったとしても，壁面は長期に渡り持ちこたえるのである。この建物を1859年に完成させようと，多くの資金が投じられることになった」。
　通常であれば8,000～9,000ドルであった建築費は，最終的には10,000ドルになった。だが結局のところ完成は1890年秋に延びたのである。その建設に最も多額の寄付をしたのは，ノーザンプトンのベンジャミン・バレット博士（1,000ドル）だったことから，この建物は「バレット体育館」と呼ばれている。

タイラー教授は,「この建物の設計者は, ウィリストン・ホールおよびイースト・カレッジと同じくボストンの建築家チャールズ E. パークスである」と記している。教授はさらに,「著者の目には, これは本校で最も美しい建物の一つに見える。周囲との調和美を有し, 現代では珍しい簡素さを備えている。これを建てた人びとは, 優れた美的感覚と審美眼を持っていたからこそ, レンガではなくかつてのように石を使ったのである。後に建てられた建築物にも, 彼らのやり方が取り入れられており, おそらく今後も同様の工法が使われることになるだろう」とも書き残している。

バレット体育館の美観はともかくとして, 果たしてこの体育館は, しばしば言われているように「米国で初めて建てられた大学体育館」なのだろうか？ 1916年に信頼すべき情報筋から得た情報には, 以下のような新書の引用文が含まれている。

ハーバード大学 D. A. サージェント体育学部長:「各種の報告書を調べたところ, ハーバード大学の体育館が最初に建てられた年号として, 1858年・1859年・1860年の3つが記述されていることがわかった。しかしさらに調べてみると, 法人報告書に『1859年に体育館が建設された』という記述を見つけた。したがってこれを, 事実に基づく建設年度とみなしてよいだろう」

エール大学について:「エール大学体育学部の校舎は, ハートウェル博士の報告書(E. M. ハートウェル博士の1873年報告書)によれば1859年に建てられた。彼の調査はかなり慎重に行われているため, 彼の供述を証拠と認めることにする」

プリンストン大学 ジョセフ E. レイクロフト体育学部長:「先日, 学生運動の代表を務めたという人物と話したところ, この運動によって体育館が建設されることになり, 建物は1859年4月に完成したということだった。明らかに, 寄付金の募集期間も建設の完成も2年延長され, 1857年から1859年になったのである」

ウィリアムズ大学 ラテン語学部ヘンリー D. ワイルド教授:「ウィリアムズ大学には4つの体育用の建物があった。それらの建築年度に関する最も古い記述によれば, 1859～60年の大学カタログに『訓練のために, 学生が所有し管理する簡易な体育館が建てられた』と書かれている」

ボードイン大学 F. N. ホイッティア衛生体育学部長:「1860年, 室内体育館が建設された。その完成の正確な日付の記録はまだ見つかっていない」

バージニア大学 W. A. ランベス体育学部長:「視察員会議事録に, 本大学で1861年まで教鞭をとったM. ディアルフォンスの指示の下で, 体育館が1851～52年に建設されたと記されている。この建物は1861年の火災で焼失したが, その時点で大学の5ヵ所の丘に5つの野外体育館が設置されていた」

上記の引用から, バレット体育館が1859年10月13日に起工されたにしても, 1860年秋に使用開始されたにしても, この体育館が米国の大学で最も古いとは言えないことは明らかである。とは言え, 南北戦争前に建てられ, 現在まで残っているのは, この体育館だけだというのは, おそらく確かであろう。

しかしアマースト大学が, それよりもはるかに重要な貢献をなしたことは確かで

あり，バレット体育館はここの大学の信念を形にしたものに他ならない。全ての歴史家が同意しているように，アマースト大学は，大学には学生の健康を管理する責任があるという考えから，衛生体育学部を導入した最初の大学である。

スターンズ学長は就任に際し次のように述べている。「私たちに最も求められているのは，『学生の健康を常に気遣う』ことである」そして 1856 年の理事への報告書の中で，「学生の健康状態が悪くなるというのは（中略），それを防ぐための適切な手段を講じるのであれば，全くあり得ないことだと思う」と言っている。さらに 1859 年には「理事会で検討していただきたいのだが，このような（身体の）訓練を奨励するのは時期尚早だろうか。また，体育館建設のために十分な対策をいつ講じるべきであろうか」と書いている。そして遂に 1860 年 8 月 6 日の報告書で，「私たちに必要なのは，教授職を体育学部全体に拡大することである」と宣言した。

この理事会会議で，「身体鍛錬のための学部」を設置し，「体育衛生学教授」がそこで指導にあたることが決議された。

他の学長も学生の健康を案じていたが，想像力と勇気を持って，忍耐強くその実現に取り組んだのは，スターンズ学長ただ一人である。彼は理事会，新たに設置された学部，その他の大学関係者と協力して状況改善に取り組んだ。これは実に先駆的な取り組みであり，その結果としてアメリカの大学生活に計り知れない恩恵がもたらされることになった。

ネイサン・アレン博士とその委員会が枠組みを定めたこの新たな学部は，エドワード・ヒッチコック博士が創始した独特の体育プログラムを必修とし，その機能はやがて「アマースト計画」として広く知られるようになった。当初この計画は他大学から批判されたが，やがて追随されることになった。

このような経緯により，バレット・ホールの銘板には次のように刻まれている。

「当初『バレット体育館』と呼ばれたこの建物は，1854 年から 1884 年までアマースト大学体育学部の校舎として使われていた。これは米国の大学で初めて設置された体育学部である」

◇ **2**

BARRETT HALL
1859-60　　　　　　　　　　　　　　　　*Charles E. Parkes, architect,*
　　　　　　　　　　　　　　　　　　　　　　　　　　　　　　　　　　Boston

Named after Dr. Benjamin Barrett of Northampton, because he contributed the largest sum of money for its construction, Barrett Hall was originally the gymnasium. It held gymnastic apparatus and bowling alleys, and was in use until Pratt Gymnasium was built in 1883. In 1970 it was renovated for the Department of Modern Languages. Although this was not the first American college gymnasium, the College was the first to organize a Department of Physical Education, and this building was naturally its headquarters.

The dull gray stone is gneiss quarried in Pelham. Parkes created an unusually simple yet effective design based somewhat on classical design, but with very little embellishment.

バレット・ホール
1859-60 年

　　　　　　　　　　　　　　　　　　　　建築家チャールズ E. パークス
　　　　　　　　　　　　　　　　　　　　　　　　　　　　　　ボストン

　建設に最も多くの資金を寄付したノーザンプトンのベンジャミン・バレットにちなんで名づけられたバレット・ホールは，当初は体育館だった。その内部には体育器具とボーリング場があり，プラット体育館が 1883 年に完成するまで使用された。1970 年，現代語学部の校舎として改装された。米国の大学で最も古い体育館ではないものの，体育学部を設置したのはアマースト大学だけで，当然その本部はこの建物に置かれることになった。
　くすんだ灰色の石はペルムで採石された片麻岩である。パークスによるこの建物の設計は，伝統を踏襲しつつも，装飾を最小限に留め，シンプルだが効果的なものになっている。

BARRETT HALL

1860 $10,000.

There sere subscriptions of $3,550. made in 1859 toward the erection of the building.

The total subscriptions for the building are stated by Fresident Nitchcock to have been about $5,000. The cost of building and its equipment for synnasitic purposes he estimatod at $15,000.

A few yeare after ite completion Dr. Benjamin Barrett of Northampton, who bad been own of the contributers to the fund for erection of the building. put in at his one expense a gallery for spectators at the west and of the building.

In 1907 it was renovated at a coot of $11,000. chiefly with money renlized for the sale of the Strong estate on Lincoln Avenue.

バレット・ホール

1860 年 $10,000

1859 年に寄付金 $3,550 がこの建築物の建設に当てられた。

ヒッチコック学長によれば，建築に使われた寄付金の総額は約 $15,000 になり，その建材と体育用備品の費用は $15,000 と見込まれた。

建物が完成した数年後に，この体育館の建設資金の寄付者の１人，ノーザンプトンのベンジャミン・バレット博士が，建物の西端に観客用ギャラリーを設置する資金として，私財を投じた。

1907 年，このギャラリーは $11,000 で改装され，その費用は主としてリンカーン・アベニューのストロング地所の売却費で賄われた。

"This frame—BODY—is a temporary trust for the uses of which we are respon sible to the Maker. Oh! you who possess it in the supple vigor of lusty youth, think well what it is He has committed to your keeping. Waste not its energies; dull them not by sloth; spoil them not by pleasures! The supreme work of creation has been accomplished that you might possess a body—the sole erect—of all animal bodies the most free, and for what! for the service of the soul. Strive to realize the conditions of the possession of this wondrous structure.

Think what it may become, the Temple of the Holy Spirit! Defile it not. Seek rather to adorn it with all meet and becoming gifts, with that fair furniture, moral and intellectual, which it is your inestimable privilege to acquire through the teachings and examples and ministrations of this Seat of Sound Learning and Religious Education."

PROF. RICHARD OWEN.

INSCRIPTION ON THE SOUTH WALL OF BARRETT GYMNASIUM.
Student　　1878.9

バレット体育館南側壁面の碑

スチューデント　1878年9月

「この体,すなわち肉体は,私たちが使用できるよう一時的に託されたもので,私たちはこれを創造主に対し責任を持って使用しなければならない。強壮な若者のしなやかな活力を備えた君たちよ,神が君たちに持っていてよいとしたものが何かを,よく考えてみよ。そのエネルギーを無駄にするな。怠惰によってそれを鈍らせてはならぬ。快楽によりだめにしてはならない。創造という至高の所業が達成されたために,君たちは,他のどの動物よりも自由で,しかもああ!魂に仕えるべく単独で立つ,肉体というものを所有しているのだ。この素晴らしい構造物を所有しているという状況を,十分に自覚すべく尽力せよ。

この,聖霊の神殿となり得るものを考えてみるとよい。それを冒涜してはならない。全ての試合で,また適切な天賦の才によって,そして道徳的・知的なものを適正に備えることで,それを引き立たせるべく尽力せよ。それは,この健全な学びと宗教教育の場での教育,事例,そして支援によって,獲得することができる。それは諸君にとって,計り知れない恩恵となるのである」

リチャード・オーエン教授

◇ 3

LAYING OF THE CORNER STONE
OF THE
COLLEGE GYMNASIUM.

At twelve o'clock on Thursday, the corner stone of the Gymnasium was laid, according to previous announcement. At the hour designated a procession was formed at the Chapel, in the following order:

THE PROCESSION, &C.

The Montague Band.

Donors to the Gymnasium.

Trustees and Faculty.

Students in the Order of their Classes—Seniors first.

Members of the Agricultural Society;

Marshalled by Sheriff Longley.

The procession then marched to the ground of the new Gymnasium.

The Divine blessing was invoked by, Prof, J.H. Seeley.

Hon. Edward Dickinson then read a statement of the objects of the institution, and the circular addressed to the public, at the commencement of the project, which was as follows:

COLLEGE GYMNASIUM

To whom it may Concern; Deeply impressed with the importance of physical culture to bodily developement and health; to intellectu-freedom and power; to moral proficiency; and to the ablest and best growth of the educated man, the Corporation of Amherst College, seconded by the Faculty, and aided by generous friends, have determined to erect this Gymnastic Hall. They hope to add something by it to the education, as to completeness and utility, which the College is already able to bestow.

As the Institution was founded not merely for the Literature, the Philosophy, the Sciences and the Arts taught in it, but for all the high purposes of manly and christian life, through the knowledge and discipline here given, and the power thereby sttained, we follow the example of our Fathers, and dedicate this building like the others to "Christ and the Church" To such great ends we believe it will ever be kept sacred. But should it, in process of time be desecrated to any purposes of immorality, or to any thing adverse to the best interests of mankind, and should a thorough reformation of its uses be found impracticable in such a contingency, which however we do not anticipate, we would that a fire should consume it, or an earthquake throw it down, as, under such circumstances its entire destruction would be more in keeping with the wishes of its builders, than its longer durability. That it may help to save lives, to promote health, strength usefulness and happiness, and to develop among our students, by the increased completeness of their education, a larger and nobler manhood, we have already prayed and will ever pray.

In behalf of the Corporation of Amherst College, and of the Faculty, and friends of the same;

WILLIAM A. STEARNS, President.

The list of the donors to the enterprise was also read by the same gentleman, and were as follows:

大学の体育館の定礎式開催

先に発表された通り，木曜正午，体育館の定礎式が始まった。指定された時刻に，礼拝堂で，以下の順に参加団体が列を作った。

この行列は，
モンタギューバンド
体育館の寄付者
理事と教授陣
学生（上級クラスから順に）
農業団体のメンバー
等によって構成され，ロングリー保安官の指示で整列すると，新設された体育館のグラウンドへと行進した。
J. H. シーリー教授が神の加護を祈った。
続いてエドワード・ディオキンソン閣下がこの教育機関設立の目的と，本プロジェクト開始時に一般市民に配布された以下の案内状を読み上げた。

大学体育館

関係者各位：

身体の発達と健康，知性の自由と力，道徳的習熟，そして最高レベルの教養人にとっての身体鍛錬の重要性を深く胸に刻み，アマースト大学法人は，教授陣の支持を得て，また寛大な友人の助けを借りて，体育館の建設を決定した。それが本学の教育をさらに完全なものにし，現在本学が提供している有用性をさらに高めることになれば，と願っている。

　本大学創設の目的は，文学，哲学，科学，人文科学の教育に限らず，人類およびキリスト教徒が目標として高く掲げるもの全てに資することであった。これらの目的は，本学で与えられる知識と鍛錬，およびそれによって得られる力によって達成されるものである。私たちは本学の創始者の例に倣い，他の校舎と同様に，この建物を「キリストと教会」に捧げる。この体育館がこうした偉大な目的を達成するために使われる限り，建物の神聖は永久に保たれると確信している。しかし，年月の経過と共に，その神聖が汚され，何らかの不道徳な目的に使われることになれば，もしくは人類最大の利益に反する目的に使われることになり，その用途が完全に変えられ，こうした有事に役立たないような事態が生じれば（ただしそうした事態は全く予想していないが），この建物は火災で焼失するか，地震により崩れ落ちることになろう。なぜなら，そうした状況下でこの建物全体が崩壊することは，その耐久性の問題というよりも，建築者の願うところであったに違いないからである。したがって，人命を救い，健康と強靱さ，有用性ならびに幸福を増進し，本学の学生への教育をさらに完全なものにするため，私たちは本学の教育により，偉大かつ高貴な人間が育成できるよう，祈りを捧げてきたのであり，今後も祈り続けるであろう。

　アマースト大学法人，教授陣，ならびに我らが友人を代表して

ウィリアム A. スターンズ学長

さらに，この事業に寄付した人々の一覧が，以下の通り読み上げられた。

建物への寄付者：
ジョージ・メリアン(スプリングフィールド)，エドワード・バレット医師(ノーザンプトン)，A. W. ポーター閣下(モンソン)，ホレス・ビニー・ジュニア殿(フィラデルフィア)，イーノス・ディキンソン(アマースト)，エドワード・サウスワース(ウェストスプリングフィールド)，ジョセフ・カルー(サウスハドレー)，G. H. ギルバート(ウェア)，ジョージ・ホウ，ヘンリー・エドワード，アブナー・ブリガム，フレデリック・ジョーンズ，S. D. ワーレンの諸氏(ボストン)，ヤコブ・メリック(ソーンダイク)，E. W. ボンド(スプリングフィールド)

資料1　アマースト大学バレット体育館創設の経緯　101

建築委員会：
J. B. ウッヅ閣下，ウィリアム S. クラーク教授，S. ウィリストン閣下，スターンズ学長，チャールズ E. パークス(ボストンの建築家)，R. R. メイヤーズ(ノーザンプトンの建築施行者)

カスケット(小箱)に以下の記事を収め，隅石の下に埋めた。

カスケットに収められた記事：
ハンプシャーとフランクリンのエクスプレス紙およびニューヨークのデイリー・トリビューン紙の最新記事の写し，アマースト大学の最新の年間目録と法規，今学期の祈祷案のコピー，スターンズ学長の論文「教養人」，1855年までの本学の歴史を含むスターンズ学長の就任式の挨拶および演説，現法人を尊重するという声明書，建物への寄付者，建築委員会および建築家と建築工事施行者の一覧

次にスターンズ学長は，演説の中で本学の目的を想起せよと呼び掛け，そこから導き出されると予想される恩恵を詳しく述べた。

　行列は体育館を行進した後，村の教会に向かった。この教会には多くの人が集まり，中に入りきらないほどだった。そこでスターンズ学長が祈りを捧げた。

　講演者ウィンジップ博士は，紹介に続き，「身体鍛錬」という演題で発表すると述べ，農芸展覧会と体育館竣工を祝うこの日の演目として，この主題は実にふさわしいと言った。そして，身体鍛錬は米国ではいちじるしく軽視されており，子どもたちは教室に閉じこもって本を読んでいるだけで，これは幼くして墓場に入っていくようなものであり，商人は健康を無視し事業に没頭するあまり，麻痺状態に陥っている，と続けた。
　体育の導入に対し多くの反対意見が発せられている。善行がどれもそうであるように，暴言を受けることは免れない。当初は悪意から参加する者が多くなりすぎないように，非公式に実施すべきである。ダンベル，移動バー等の簡単な用具は，どの世帯にもあるだろう。こうした運動は，身体が疲労困憊するほど長い時間続けてはならない。体を鍛えるのはすなわち心を鍛えることであり，また道徳心を高めると言われる。さらには逞しい革命家を育てることとなる。ウィンジップ教授は，身体の鍛錬により思考力を養い，徳性を高めることになるため，体を鍛えることで，人は文学を愛するようになり，「王の神権」説と戦うことになる，と力説した。
　米国で最初に体育教育を始めたのは，地質学者(現歴史家)ジョージ・バンクロフトの学校だった。しかしギリシャやローマのように，体育の時間が設けられることはなかったため，米国には根づかなかった。

この講演者は，ハーバード大学に入学してから体を鍛え始めた。彼はリフティングを専門とし，そのため身体の隅々まで鍛え上げることができた。そのことを彼が認識したのは，ごく最近のことだった。最初は500ポンドしか持ち上げられなかったが，鍛錬を積んだ結果，今は1,032ポンドまで持ち上げることができる。手で800ポンド以上持ち上げた人物についての信頼できる記録は見当たらない。それができたとされるのは，英国人トップハムと「ベルギーの巨人」のみで，前者は体重200ポンド，後者は300ポンドだった（記事の文字判別不能）。強靭さを競う試合では，ごまかしが非常に多い。ダンベルを使った運動が大いに奨励された。また吊り環，高跳び用の棒，平行棒についても同様だった。この講演者は毎日30分から1時間練習を行い，毎回特定の筋肉群を鍛えることを目標にしていた。

　講演は約1時間続いた。彼の雄弁な語りに観客席は大いに盛り上がった。この講演者は着替えるためにいったん退場した。彼が力技を披露しに再び登場するまでの間，クラーク教授が観客に逸話を語ったり即興のスピーチをしたりして，会場は引き続き陽気なムードに包まれた。

　この講演者は，900ポンド強のひとまとまりの釘を持ち上げ，小指だけで腕立て伏せを行ない（これは最高難度の試み），梯子から横向きの姿勢で体を投げ出し，上下にゆっくり体を揺する，小麦1樽を肩に載せて持ち上げる，両手で交互にロープを掴んで教会の天井まで登り，それからゆっくりと踏み台まで降りる，といった離れ業を披露した。

　どの妙技もうまくいき，観客全員を驚かせ，魅了した。

　この式の演奏はモンタギュー楽団が担当した。

　この講演者は，新学期にこの科目の講義に専念する予定である。この会に出席していた講義委員会には，今後も彼の起用を検討してもらいたい。

大櫃　敬史『時空を超えて甦える幻の体操伝習所体操場』亜璃西社，2015年，pp. 78-90。Ⅶ　本書関連資料―バレット体育館設立経緯関連資料―の中から，必要個所を引用・掲載した。アマースト大学特別資料室所蔵。

第2章

文部省雇教師 G. A. リーランドの滞日書簡
―――日本近代体育の一断面―――

　G. A. リーランドが明治政府の招きに応じて，1878（明治11）年9月に来日し，わが国近代体育の創始に寄与したことは，遍く知られている。しかしながら3年間の滞在期間中に彼が実際に担った教育（体育）活動に関しては，未だ不明な点が数多く残されている。この点をさらに深く掘り下げて解明する為には，これまで明らかにされてきた公式文書以外に彼の日記及び書簡等の新たな史料発掘によって可能になると考えられる。

　筆者は幸いにして，1996年アメリカを訪れた際，現地アマースト大学図書

図2－1　来日後のリーランド博士(当時31歳，1881.2写す)

館において，リーランドによる1通の滞日書簡と彼の来日中の，積極的な資料収集活動の成果をうら付ける「比較人体測定学」[1]（Comparative Anthropometry）及び「日本人の人体測定学」[2]（Japanese Anthropometry）と題する2種類の史料を発見することができた。

本章では，リーランドが日本滞在中に，東京府本郷加賀屋敷から恩師ヒッチコック博士に宛てた書簡とその関連史料である2通りの人体測定学の史料から日米男女学生及び日本人学生の比較表の分析を主要な手がかりとしながら，以下の諸点について検討を試みたい。

1) リーランドの滞日書簡により，日本における彼の教育（体育）活動の一端を明らかにする。
2) 米国において，人体測定が正式に採用される契機となった1885年アメリカ体育振興協会の設立事情を明らかにする。
3) 今回新しく発見された人体測定の資料（1903年）から日米男女学生の身体的諸特徴を捉える。

第1節　リーランド来日後の教育（体育）活動

リーランドの来日後の動きは，およそ表2－1に示した通りである。

表2－1　リーランド来日後の教育活動

明治11(1878)年	
7月1日	文部省米国留学生監督目賀田種太郎とボストンで日本行きの契約を行う。
16日	リーランド日本に向かいボストンを出発。
8月31日	リーランドの宿舎，「新営の件」正式に決定。（完成は，11年終りか12年初め頃）
9月6日	リーランド横浜到着（同日，日本政府に正式に任用される）。
10月	体操伝習所教員を命ぜられる。
24日	体操伝習所開設を公表する。（文部省布達第5号）
11月2日	東京女子師範学校生徒に初めて体操を指導する。
12月4日	東京師範学校生徒に体操を指導。
12(1879)年	
3月	体操伝習所開設される。

	東京師範学校生徒に,「活力統計検査」を実施する。
4月7日	体操伝習所生徒に体操を指導。
4月10日	リーランドが,伊沢修二に提出した意見書が『教育雑誌』(文部省発行,第94号)に掲載される。
5月	体操伝習所生徒に,「活力統計検査」を実施する。
6月15日	長女ジュン生まれる。
7月	東京師範学校,体操伝習所に「活力統計検査」を実施。
9月	『体操伝習所　新設体操成績報告』を刊行。
11月	東京大学予備門生徒に,体育の理論と実際の指導を行う。
13(1880)年	
3月	東京外国語学校生徒に体操を指導。
9月	リーランドの雇用延期を決定。(明治14年7月までとする。)
14(1881)年	
6月14日	送別会を上野公園にて開催し,文部卿等が来席する。
7月2日	任期満了により離日。

　明治11年9月6日リーランドは,サンフランシスコを出発して横浜に到着した。同日付で日本政府に正式に任用されることになる。実際に体操伝習所教員として任務に就いたのは,10月になってからである。同年11月には,東京女子師範学校生徒125名を対象に,来日後初めて体操の指導を行っている。

　『体操伝習所　新設体操成績報告』(明治12年9月)によれば,明治12年3月着任後,初の活力統計検査を東京師範学校生徒を対象にしてすでに実施している。4月に入り,やや遅れて同校生徒150名に対して体操の実地指導を行っている。相前後して,同月7日には,体操伝習所生徒30名に体操を指導することになる。

　前述の報告書によれば,この年合わせて2回の測定を実施し,その間の得失増減を一覧表にして示した。以後毎学期生徒の体力を測定し,「活力統計比較表」を作り,その成績を示すことを決定した(表2－2)。

　以下に引用した表2－2「活力統計比較表」[3]は,わが国の学校生徒に対して行われた最初の活力統計検査の調査報告[4]である。

　東京師範学校の統計表によれば,生徒の肺臓量は明治12年3月には,平均106.8立方寸であり7月には,112.5立方寸となっておりその増加は,平均5立方寸余りである。

一方体操伝習所生徒の肺臓量は，明治12年5月には平均109.0立方寸であり7月には，平均112.0立方寸となっている。このような差が生じた理由は，東京師範学校生徒の体育の実施時間が体操伝習所のそれに比べてはるかに多いことに拠っている。

次に胸囲の増減についてみてみると，師範学校は3月にあっては平均2尺8

表2-2　活力統計比較表

		部局
5尺2寸9分 5尺3寸		身長
5尺2寸8分 5尺2寸9分		指極
8寸5分 8寸8分	8寸3分 8寸4分	上臂周
8寸1分 8寸2分	7寸9分 8寸	下臂周
2尺8寸3分 2尺8寸7分	2尺8寸9分 2尺9寸2分	胸囲
109.0立方寸 112.0立方寸	106.8立方寸 112.5立方寸	肺量
13貫307匁 13貫282匁	13貫415匁 13貫285匁	体重
8貫246匁 9貫144匁	8貫909匁 9貫067匁	右手 握力
6貫861匁 7貫614匁	7貫400匁 7貫714匁	左手
6度 8度		力量
19年4ヶ月	21年9ヶ月	年齢
24人	79人	人数
体操伝習所 （上段　明治12年5月） （下段　明治12年7月）	東京師範学校 （上段　明治12年3月） （下段　明治12年7月）	

寸9分，7月にあっては平均2尺9寸2分であり，平均3分の増加となっている。また体操伝習所生徒のそれは，5月には平均2尺8寸3分，7月には平均2尺8寸7分である。従ってここで全体で比較すると，平均4分の増加が認められている。

　師範学校生徒の上腕周は，3月には平均8寸3分，7月には平均8寸4分である。また下腕周は，3月には平均7寸9分，7月には平均8寸となっている。両者の増減を比較すると，上，下腕周共平均一人に付き1分余りの増加を示している。

　握力に関しては，師範学校生徒の右手握力は，2月には平均8貫909匁，7月には平均9貫067匁となっており，左手握力は，2月には平均7貫400匁，7月には平均7貫714匁である。従って平均一人に付きその右手握力は158匁，左手は314匁の増加となっている。

　一方，体操伝習所生徒の右手握力は，5月には平均8貫246匁，7月には平均9貫144匁である。左手握力は，5月には平均6貫861匁，7月には平均7貫614匁となっている。その結果，右手握力は平均898匁，左手は平均753匁増加していることがわかる。

　すでに腕周の増加を見，次いで握力の増加も認められた以上，今回導入された体操は単に体全体を健康にして精神を活発にするだけに止まらず，体力を高め腕力を増強するために効果があることを十分に実証している。

　さらにこの統計表で左右両手握力の最大増加を比較すれば，体操伝習所の右手握力の増加が遥かに左手握力を凌いでいる。ここで師範学校の場合を例にとれば，生徒全員の平均数ではあるが，左手握力の増加が右手の握力の増加の2倍程度の伸びを示していた。

　この理由について考察してみると，本来学生の従事する殆どの活動は，右手を中心に使用されていて，左手の筋肉を頻繁に使って鍛練するような機会には恵まれていなかった。新しい体操は，こうした事態を脱し，身体の各分を均一に発達させ完全な人物の形成を可能にしたことだった。また師範学校に比べて体操伝習所の生徒に握力の増加がみられたのは，後者の方が器械の整備が進み

腕力養成の手段に恵まれた為であった。

　力量の増減については，体操伝習所生徒を対象に測定したところ，5月に在っては平均6度余り，7月に至っては平均8度余りでその増加は，ほとんど2度に達している。なお，師範学校では，器械が未整備の為この測定は実施されなかった。

　身長及び指極の増減については，体操伝習所生徒の身長は，5月には平均5尺2寸9分，7月には5尺3寸であり平均1分の増加となっている。また指極は5月には平均5尺2寸8分，7月には5尺2寸9分となっており，平均1分の増加が認められる。

　僅か3ヵ月で身長が1分，指極も1分増加したことは注目に値する。これは平常肢体を曲折する習慣によって発育を妨げている者が，体操によって一段と身体の開発，伸長を促した結果によるものである。

　体重の減少については，師範学校生徒の体重は，3月には平均13貫415匁，7月には平均13貫285匁であってその減少は，平均130匁となっている。体操伝習所生徒の体重は，5月には平均13貫307匁，7月には平均13貫282匁でありその減少は平均25匁である。

　このように2校とも体重の減少がみられたのは，第一の原因に，食物の性質(肉類と米穀・野菜類のエネルギー化)による理由と，第二の原因として脂肪の燃焼による理由が考えられると見做している。

　一方女子生徒の測定結果[5]は，この報告書で見つけることはできなかった。東京女子師範学校の体操は，一番最初に実施されているが，「生徒の身体を健全にし，病気を減少させたことは，当校の摂理(校長：筆者注)中村君や他の諸君が証言していることからも明らかである。女子の体操法は自ずから男子とは目的を別にしている為に，一般の活力統計法に従ってその適不適を調べることは，適当ではない。そのような理由で，後日改めて詳しく報告する予定である」ことを述べている。

　したがって当初，東京女子師範学校では，体操伝習所，東京師範学校と並行して活力検査の実施を予定していたが，上に述べた理由によってこの時点では，

実施されなかった事実が判明した。

　以上この報告書では，当時の体育がどのように把握されていたか，体育実施の効果が実際にどんな形で表れたか等の非常に興味深い内容が報告されていた。

　なお，参考までに表2－3には，体操伝習所第一期生を対象に実施された「活力統計比較表」(明治12年10月，同14年2月実施)[6]を掲載した。

　また来日後，リーランドが，体操伝習所主幹伊沢修二に宛て提出した意見書が文部省発行の『教育雑誌』(第94号)に掲載された。この内容は，米国アマースト大学において実施されている「ヒッチコック体育の全貌をわが国に伝えわが国情，民俗を賢明に洞察しながら，体育運動の科学性と教育性を強調し，日本の近代学校体育に方向を与える」[7]ための明確な指針となっていった。

　明治13年9月日本政府は，リーランドの当初の雇用期間2年を改めさらに1年間の雇用延長を決定した。その後さらに同年東京大学と大学予備門の学生200名程を対象に体操指導の範囲を広げていった。

　しかしこれらの学校では，参加する学生自体も年齢的(18～27歳)には，相当な開きがあり，必ずしもアマースト方式に見られたような強制法を伴った方法が採られておらず，彼等の中には，すでに成長のピークを過ぎているため運動による効果そのものを否定し，健康を維持するための運動の重要性を無視した態度が窺えた。

　この間の経緯については，1885年「同期季刊紙」(Class Chronicles)[8]にリーランド自身が寄稿しているように，「3年間に割り当てられた仕事のうち着手したものは，半分にもみたなかった」。そうした最も大きな理由は，「1,200名の学生を持つ医学部(東京大学：筆者注)と約500名の学生を持つ学習院に，この極めて重要な教育の部門(体育：同注)を採用する準備が出来ていなかった。」として，わが国で最も体育の実施が急務であろうと思われるこの2校において，立ち遅れが目立ったことが一番の理由であると指摘した。

表2－3　体操伝習所(第一期伝習員)の活力統計表

『文部省出陳　教育品附言抄　全』明治14年6月

第2節　リーランドからヒッチコック博士宛ての書簡 (1880年8月3日付書簡)[9)]

アマースト大学所蔵のリーランド関係史料の中で，彼が日本に着任後，教育(体育)活動の一端を恩師ヒッチコック博士に宛て報告した一点限りの書簡である。

A4判，欧文横書き，4枚，当時お雇い外国人教師であったリーランドの宿舎にあてられていた東京府本郷加賀屋敷17番地から彼の恩師である米国マサチューセッツ州アマースト在住のヒッチコック博士に宛てて送ったものである。

この書簡の内容は，家族の健康，Summer plans，近況報告(同年6月15日長女ジュン誕生)，現在取り組んでいる統計学のデータについて，今後の滞在予定を巡る問題，アメリカから送られた衛生関係の報告書の利・活用について，日米の習慣の違い，Servant trouble などについて触れている。

ここでは，以下の点について書簡の内容に即して，取り上げていく。

1．日本人女性の身体測定資料の収集

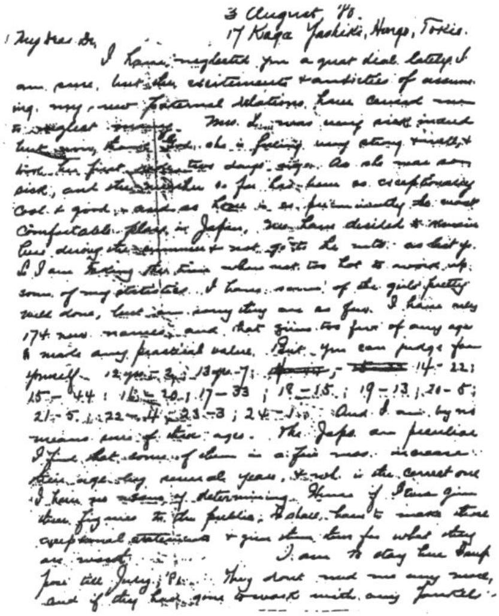
3 August '80.
17 Kaga Yashiki, Hongo, Tokio.
My dear Dr.
I have neglected you a great deal lately I am sure, but the excitements + anxieties of assuming my new paternal relations have caused me to neglect [illegible]. Mrs. L. was very sick indeed but now, thank God, she is feeling very strong + well, + took her first [illegible] days since. As she was very sick, and the weather so far has been so exceptionally cool + good, + as house is so preeminently the most comfortable place in Japan, we have decided to remain here during the summer + not go to the mts. as last yr. & I am taking this time when not too hot to work up some of my statistics. I have some of the girls pretty well done, but in many ways they are so few. I have only 174 names, and that gives too few of any age to make any practical value. But you can judge for yourself — 12 yrs. – 3; 13 yrs. – 7; 14 – 22; 15 – 44; 16 – 20; 17 – 33; 18 – 15; 19 – 13; 20 – 5; 21 – 5; 22 – 4; 23 – 3; 24 – 1. And I am by no means sure of these ages. The Japs are peculiar. I find that some of them in a few mos. increase their age by several years, + which is the correct one I have no means of determining. Hence if I ever give these figures to the public, I shall have to make these exceptional statements + give them [illegible] for what they are worth. I am to stay here [illegible] till July '81. They don't need me any more, and if they had [illegible] to work with any [illegible].

図2－2　リーランドからヒッチコックに宛てた書簡(1880.8.3)

2. アメリカ教育(体育)情報の受容
3. リーランドの眼に映った明治日本(明治政府の対応,風俗・習慣について)

1. 日本人女性の身体測定資料の収集

　リーランドが日本で生活を始めて早くも2年が経過した。自らの体験から特に暑い夏の過ごし方は，家の中で静かにして過ごすのが一番快適であるとの結論を得ていた。そこでこの夏の暑い時期を利用して新たに「統計学」(人体測定学：筆者注)の勉強を始めることにした。その手始めとして，彼自らが収集した日本人女性のデータについて述べ，

　　「手許に非常によくできた何人かの女性の統計資料を持っていますが，残念ながら数は少ないです。174人分の新しい名前しか持っていませんが，いずれの年齢についても人数が少なすぎて現実的な価値は無いと思います。しかし，次の者について，御自身で判断して下さい。」

として以下のような具体的な統計資料を挙げている。

12歳…2名	16歳…20名	20歳…5名	24歳…1名
13……7	17……33	21……5	
14……22	18……15	22……3	
15……44	19……13	23……3	

　加えて，当時の日本人の年齢に対する曖昧さを次のように指摘している。

　　「彼女たちの年齢については，確かではありません。日本人は変わっています。数ヵ月しか経っていないのに数年も歳を増やして申告する人もいます。私には，正確な年齢を判断することは出来ません。したがって，これらの人物を公表する場合には，こうした説明を加えて，外観から判断した年齢を当てはめるより仕方ないでしょう。」

結果的には，公表されたデータを見る際，自己申告通りでは誤りが生じるため，こうした傾向を踏まえて年齢の箇所を判断する必要があることを申し添えている。

2. アメリカ教育（体育）情報の受容

リーランドは，アメリカから送付された農場の衛生状態に関する詳しい報告書を受け取り，大変興味を持ってじっくり読むことができた。この報告書は，いずれきちんとした形での利用方法を考えていた。またH. L. & C.（ヒッチコック，リーランド・研究会：筆者注）の報告書も今から大いに期待をしていて，それが彼の手元に一日も早く送り届けられるのを待ち望んでいる心境を率直に述べている。

書簡の中では，

「H. L. & C. カード*については，私に何が出来るか考えてみます。あの6ヵ国すべてのリストは，すべて日本人のもので，背景は常に日本人になっていると思います。目の色は茶色で，髪の色は黒です。見分けるのは，難しくないと思います。職業コラムもまた，満足できる情報を殆ど提供してくれないでしょう。と言うのも，日本人の習慣は，われわれのものとは異なるからです。大工たちは，腰掛けて，足と爪先で万力を使っています。鉄工職人たちも腰掛けて，左足の指でふいごを働かせています。金床は，地面からせいぜい8～10インチの高さです。すべての面において，彼等は非常に異なっているので，職業が大工，鉄工職人等々になっていても，本国の人びとは彼等の職業の内容については殆ど想像できないでしょう。肺活量が低下していないことに，少々驚いています。この問題については，貴方からもっと教えて頂くと助かります。」

*H. L. & C. カードは，国籍，身体の特徴（目・髪の色），職業コラム，身体測定のデータについて調査を行う為に作成された票。

あまりにも違いすぎる本国アメリカとの職業習慣や労働形態に大きな戸惑いを感じている様子が窺える。そんな状態にもかかわらず，彼等の肺活量が極端に低下していないことに非常な関心を寄せている。この原因究明のためにヒッチコック先生から適切なアドバイスを熱望していたことがわかる。

3．リーランドの眼に映った明治日本
a．明治政府の対応

彼がこれまで，アメリカ社会でほとんど経験したことがなかった，日本人の一風変わった人間のぐずぐずしたやり方を批判して，

> 「彼等（文部省役人）が，最初からヤンキーと一緒に仕事をする事を考えていれば，私はそれを２年の契約期間内に仕上げることが出来たでしょう。」

この様な方針のはっきしない対応の結果として，

> 「当地に1881年７月まで，もう１年間滞在する予定です。彼等は，私をそれ以上に必要としないでしょう。
>
> （体操伝習所訓導米国人　ジョージ・エ・リーランド儀，客月五日雇満期ノ処同人ハ該所必須ノ教員ニ付，同六日ヨリ来ル　明治十四年七月三十一日マテ向十ヶ月二十五日間，月給貿易一円銀二百五十円ヲ以継雇候条此旨上申候也。）」
>
> 　明治13年10月２日付，文部卿河野敏鎌から太政大臣三条実美宛上申書

と述べて，明治政府の近代体育導入に対する明確な方針を持たない優柔不断な態度に，業を煮やしている様子がこの文面から読み取れる。

b. 風俗・習慣について

書簡は，最後にわが国の風俗・習慣に及び日本の婚姻や離婚に関する法律の相違を日本の家庭内で実際に起こったエピソードを交えて取り上げ，夫婦間の在り方について実に詳細にレポートを行っている。

「日本では，婚姻と離婚に関する法律は大変ルーズになっています。1ヵ月かもう少し前に，コックが8年前に結婚した彼の妻にやきもちを焼いたのです。彼等には子どもがありません。ある晩，私の妻に仕えて赤ん坊の世話をしている彼の妻が，兄の所に行きたいので許可して欲しいと言ってきたのです。夜の10時には，必ず帰ると約束しました。ところが，彼女が出かけようとしている丁度その時に，家で5人の仲間と酒を飲んでいた彼女の夫のコックが，激怒しながら飛び出してきたのです。彼よりは酔いが回っていない2人の男が彼を連れ戻そうとしているのが見えました。それから，彼女は不実な妻で2人の男と逃げ出そうとしている，と言っているのが聞こえてきました。彼は，剣を手にして駆け出してきて，今にも男たちに切りかかろうとしました。

その後，彼女はもう帰ってこない，夫の彼が妻を追い出した，という話になりました。彼は，妻が彼と彼女の衣類，そして煙草のストックのすべてを持ち逃げした，と話しました。彼女は，2日後に帰ってきて，目に一杯涙を浮かべて，非難のすべてを否定しました。話が色々と矛盾し，また，コックが直ぐに別の妻をもらうつもりだと言ったりするので，彼らを解雇し，新たにお手伝いを雇いました。」

来日当初は，お手伝いに対して全幅の信頼を置いていたが，家庭内での相次ぐ不幸な出来事の連続にすっかり困惑した事情を訴えている。

「当地に初めてやってきた時は，日本ほどお手伝いさんが良いところはないと思いました。しかし，最初の者は100ドルを着服したので辞めさせ

ました。そして。今回の者は殺人の汚名を着せられました。お陰で，お手伝いさんに対するわれわれの印象は以前ほど良くはありません。」

第 3 節　人体測定学 (Anthropometry) の導入

　リーランドの書簡と同様に，アマースト大学に所蔵されている「比較人体測定学」(Comparative Anthropometry) 及び「日本人の人体測定学」(Japanese Anthropometry) と題する資料は，1903 年アマースト大学卒業式の際，リーランド賞の展示品として陳列された史料の一部であった。

　前者の内容は，1 枚目まえがきの部分で人体測定が実施されている日本とアメリカの実験校を取り上げ，その実態を簡単に説明している。1885 年アメリカ体育振興協会の設立を，この方法が全米で採用されることになった契機として捉えられている。最後にここで提示した統計資料について触れ，資料を見る際の留意事項を明確に示している。

　2 枚目からは，整理された以下のような統計資料が添付されている。

　　　表 2 − 4　Measurements of College
　　　　　　　――Men.（Amherst, Japan, Williston）
　　　表 2 − 5　Measurements of College
　　　　　　　――Women.（Mt. Holyoke, Japan, Smith）

　一方後者の内容は，リーランドが来日中に収集した統計資料であって，13 〜 25 歳までの男子学生を対象に測定を実施したものであった。

　　　表 2 − 6　Japanese Anthropometry.

　この箇所では，まず 1903 年版「パンフレット」の記述に見られたように「人体測定」が導入される画期となった，まず，1) 1885 年に設立されたアメリカ体育振興協会の動きを中心に，19 世紀後半のアメリカ体育界の動向を概観する。そこで全米の体育のモデルとして採用が決定したアマースト方式にそって，2) 測定された日米男女学生及び日本人学生の比較資料である上記の表 2 − 4，2 − 5，2 − 6 を手がかりに，この当時の日米学生の身体的諸特徴を把握するこ

第2章　文部省雇教師 G. A. リーランドの滞日書簡　117

とを主なねらいとしている。

1. アメリカ体育振興協会の設立(1885年11月)[10]
―人体測定の採用と体操体系の統合

　ここでは，まずはじめに 19 世紀後半のアメリカ体育界の動きを捉えておく。この時期のアメリカの体育は，その体系や実施形態が多種多様に存在した。このいろいろな体系は，ヨーロッパから伝わったものや，アメリカで創られたもので，国家主義台頭期に重視された健康増進がそのまま目的となっていた。

　この時期に現れた体育は，およそ以下のような区分が可能である。

1) 初期のドイツ体操の系譜(C. ベック，C. フォーレン，F. リーバー，C. E. ビーチャー，D. ルイス)

　　国民個々人の能力を増進させると同時に，平時，戦時の別なく非常事態に十分に応じることができるようによく訓練された市民を国家に提供しょうとすることを目的としていた。学校におけるカリキュラムの一部としての身体運動は，運動それ自体のためでも，体操家養成のためでもなく，生徒自身の身体を健康で，強く，機敏にさせるために修めるべきものであって，これを病気を治療したり，軽い疾患や不具を治す一般的な処方としては捉えていなかった。

2) 南北戦争後のドイツ体操の系譜

3) スウェーデン体操の系譜(H. ニッセン，B. N. ポッセ，E. H. ハートウェル)

　　この体操をアメリカの学校に伝えた最初の一人であるポッセは，体育は単に健康だけでなく技術の獲得，即ち抑制，印象，表現を正しく行うための注意力の教育に役立っている。…正常な活動にある自然さを助長し，異常な方向への発展を妨げるためにいろいろな運動が選ばれた。体操運動の価値は，身体に及ぼしたその効果とそれを行う際の簡潔さと美しさが決定することを強調する立場に立っていた。

4) アメリカ体操の系譜(E. ヒッチコック，D. A. サージェント，R. J. ロバーツ*，L. H. ギューリック*，J. H. マッカーディ*)

＊YMCA の体系もここに含めて分類をした。

　サージェントは，身体訓練に4つの目的(衛生的，教育的，休養的，治療的)を挙げて説明した。特に1883年に著した論文で，「筋肉を運動させる目的は，身体の健康や美を求めることだけでなく，病的な精神状態を中断し，意気消沈の暗い影を追い払い，明朗な精神を確保することである。」と述べ，運動競技を管理調整することについては，教育的見地からみて，全ての筋肉活動の目的は，行儀をよくし，人格を高めることであるとしている。彼は，体育の根本目的と最高の理想は，個人を体格や機能の点で改良することであるとしていた。

　またキリスト教青年会(YMCA)のように独自の体系を考案し，他のいかなる体系にも深く依存することがないものもみられた。ここでは，体育はオールラウンドな人間の育成に役立つことであり，このような人間は，健康で強く，平均して発達し，よく訓練された身体と，強固で，よく平均がとれ，訓練された精神を持った人間が目指された。

　これまでにアマースト大学のヒッチコックによって実践されていた数多くの優れた体育活動や，彼に体育教師として教授資格を与えた同大学の前例は，1879年にサージェントがハーバード大学でその職を得，新しく完成したヘミンウェー体育館長となって活動を開始するまでは，多くの関心と支持を得る対象には程遠い存在であった。

　彼は以来40年間，教員養成，競技，カリキュラム，テスト及び測定，体育館及びその他施設等体育の多くの問題に関わって深い影響を与えてきた。

　アメリカで体育が多くの大学の科目の一つとして置かれたのは，ちょうどこの時期であった。いくつかの大学ではハーバード大学に倣って体育館を建て，指導者を雇った。大学体育の初期の指導者たちのほとんどは医者であった。当時は身体的欠陥を矯正することが重視されていたためであり，衛生と体育の間に管理上の結び付きができたためである。また体育は歴史，音楽，文学，心理学，美術，経済学等と並んで新しく設けられた科目として，大学のカリキュラ

ムの一つに加えられた。

　同時に、体育は多くの公立学校にも受け入れられ、カリキュラムの中に確固たる位置を占めた。このような重要な出来事は、主にドイツ体操連盟に負うところが大きかった。1880年に開催された全国ドイツ体操連盟会議で、ドイツ体操家たちは公立学校の体育の必修化を主張した。

　ドイツ体操連盟の多くの指導者たちは、公立学校に対して奉仕を申し出た。なかには、そこでの活動が認められそのまま指導者として残る者も現れた。その結果、彼等は教科課程を発展させ、体育やゲームに関する数多くの著書を著した。

　1885年以降の公立学校では、ドイツ体操の競争相手としてリングのスウェーデン体操が徐々に登場し始めた。

　この当時の公立学校は、大学の課程内容からあまり影響を受けなかった。そのためヒッチコックの業績や思想は、単にアマースト大学にのみ影響を与えたに過ぎず、サージェントもその原理を公立学校に適用しようとはしなかった。ただ多くの女子大学では、サージェントの原理が採用された。一般に大学では、スウェーデン体操とドイツ体操が平行して行われていた。

　公立学校における体育への関心の高まりは、ついには、体育に関する州法の成立に結び付いていった。1866年のカリフォルニア州の「体育法」成立を始めとして、1890年代には急速に各州に広まっていった。

　またこの頃アメリカで最初の体育の専門組織である体育振興協会の設立[11]がみられた。1885年11月27日ニューヨークのブルックリンにおいて、アデルフィ学院の体育教師W. G. アンダーソン[12]の呼びかけに応じて、60名の参加者が集った。メンバーの中には、大学教師、アカデミー教師、YMCAの指導員、牧師、弁護士、その他さまざまなグループに所属する人びとがみられた。

　この内49名の男女が会員となり、アマースト大学のヒッチコックが初代会長に、同じく副会長にハーバード大学のサージェントが選出された。最初の15年間の会議は、人体測定と多様な体操に関する理念・実践上の論争(Battle of System)に終始した。この会議では、人体測定に基づく体育の科学的な管理

運営の意義を確認する方向性が打ち出された。ドイツ体操に関する主張が，最も主流を占めたことになる。ヒッチコックは会議の席上，アマースト大学での25年間に及ぶ人体測定の実証的な統計資料に基づいた体育のあり方を大いに力説した。

アマースト大学関係書誌[13]の「Physical Education」の項目によれば，1863年に最初の「身体計測」の報告書が出されて以来1904年までこの報告書は，継続して出版されている。この中で身体測定に関する総件数は約56点挙げられるが，この内「Vital Statistics」と表記されているものが13点，「Physical Measurement」で表されているものが19点，そして「Anthropometry」の表記がみられるものが24点となっている。そこで各々使用されている時期についての特徴をみてみると，およそ次のようである。アマースト大学では，体育学科創設以来当分の間(1863～79年)は，「Vital Statistics」を主に使用していた。1879(明治12)年初めてわが国に「活力統計検査」が実施されるが，まさにこの語源こそがそれに由来していた。1888年を最後にこの用語は姿を消している。

次に「Physical Measurement」が登場して来るのは，主として1880年以降の動きにおいてである。パンフレットの表記にもみられる「Anthropometry」は，1876年と比較的早い時期から使用されており，1887年からは全米でこの測定方法が認知されたこともあって頻繁に使用されていることを窺わせている。1888年以降使用頻度を比較してみても「Physical Measurement」(10回)に比べ「Anthropometry」(19回)が圧倒的に多く使用されていたことが指摘されよう。

1885年からの約15年間は，まさに人体測定の全盛時代であった。サージェントの考案した測定表はアメリカ体育振興協会によって採用され，多くの大学や学校で活用された。たとえば，シーバーはエール大学で2,700名の学生，ウッドはウェルズレー大学で1,500名，ハンナはオベリン大学で1,600名，クラップはネブラスカ大学で女子1,500名について測定し，図表を作成した。さらに測定への関心は，公立学校へと広がっていった。

人体測定法を最初に取り入れた人物は，アマースト大学のヒッチコックであった。彼は各学年の年齢，体重，身長，指極，胸囲，肺活量，筋力をその在学中に測定した。ヒッチコックが採用したこの方法は，主に解剖学，生理学に基づき，学生たちを毎年比較すれば，発達の程度を知ることができた。

　ハーバード大学のサージェントは，40以上の細部にわたる人体測定法を作成したが，その項目には恥骨および上縁高，肘および足の甲の周囲，肩から肘までの長さなどが含まれていた。彼もまたイギリスのマクラーレンの研究の影響を強く受けたひとりであった。

　彼は，盛んに測定に対する一般の関心を深めることに努力し，また調和がとれて発達した人間の典型的な，かつ完全な釣合いを決定しようとした。

　1886年には，「測定と検査の方法」に関するハンドブック[14]を出版した。

　ヒッチコックの言によれば，その第一人者としての業績は人類学者（ハーバード大学出身）W. T. ブリガムの存在を挙げている。彼は，1865年太平洋を多くの中国人と渡った時，人体測定に興味を持ち始め，これらの人びととの身長と体格の相違を観察し，体のすみずみまで測って筋肉の発達の変化を見る一連の測定法をこの時点で既に考案していた[15]ことがわかる。

　これ以外にも1889年に，ボストンで"身体鍛練のための会議"（Conference in the Interest of Physical Training）が開催され，スウェーデン体操とドイツ体操，そしてアメリカ体操を加えて統合が検討された。このことは体育振興協会の発足以来，ドイツ体操とアメリカ体操を中心に展開してきた統合化に対して，新たな段階への発展を意味するものであった。A. ホーマンスが，M. ヘミンウェー女史[16]の支援によってボストン師範学校（スウェーデン式体操による）を開設したのもそのひとつの現れであった。

　またこの会議で指導的立場にあったD. A. サージェントは，体育の統合化について，「アメリカの最も必要とする体育は，ヨーロッパ諸国民が行って試みているその適切な組み合わせである。即ちドイツ（体操場），イギリス（スポーツ），フランス（キャリセニクス），スウェーデン（自由な運動）など全てを調整し系統づ

け，われわれの特別な必要性や諸制度を適用する」[17]と述べている。

こうしたとらえ方は，新しいアメリカ的感覚を持ってこの問題に対処しようとする積極的な姿勢を窺わせるものであった。

以上みてきたように，19世紀末のアメリカ体育は2つの歴史的出来事を通して体育の統合化が図られることになった。特に体育振興協会の設立がもたらした意義は，人体測定の実施を全米規模に拡大しその採用を決定づけた点にある。

アマースト大学では，ヒッチコックによって，1860年の体育学科創設以来この測定が実施されていたが，近隣の狭い範囲に限定されたものであった。全米で注目を浴びるようになるまでには，およそ四半世紀の年月を必要とした。広く全米の大学から受け入れられるためには，測定項目を増やし，学生が簡単に同年同性の他人と比較できる方法で，しかも何よりも強制を伴わないやり方が求められた。

今回見つかった1903年版の日米男女学生の「人体測定」比較表は，全米でこの方法が盛んになりつつあった時期に作成された資料であったといえる。

2. 日米男女学生の人体測定の比較

1903年に提出されたパンフレットのまえがきの部分には，日本関係の史料の典拠について触れ，「明治政府の招きに応じて来日し体育の指導に当たっているリーランド博士と坪井玄道両氏の努力により，当時のわが国の官立学校及び諸学校において，数多くの若い男女・各年齢層を対象に測定して得られた豊富な資料を所有している。これら大量の資料を持っていることは，人体測定学の研究をより一層発展させることに大いに役立つと考えている。

アマースト大学では，同じ条件のもとに，同じ方法で測定されているこのアジア（日本：筆者注）のデータと，アメリカのいくつかの大学から得られた測定値とを一緒に配列し，両者を比較・検討することを可能にした」[18]。

アメリカの女子学生を対象に実施した身体測定の事例は，以下の2校にみることができる。

第 2 章　文部省雇教師 G. A. リーランドの滞日書簡　123

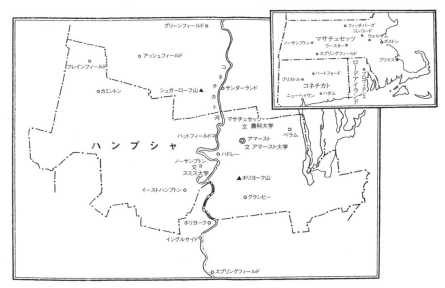

図 2 − 3　アマースト大学周辺の図

　マウント・ホリヨーク大学では，このレポート作成のために，数年間をかけてきちんと整理された資料を準備した。これらの資料は，現在マサチューセッツ州南ハドレーの同大学で，体育を担当しているネリィ A. スポレによって主導された。
　同様にマサチューセッツ州ノーザンプトンのスミス大学でも体育担当教師センダ・ベレンソン*によって，こうした身体測定が実施されていた。

　　＊ボストン体操師範学校卒業，女子バスケットボールの創始者。J. ネイスミスの学校があったスプリングフィールドから 15 マイルしか離れていないノーザンプトンのスミス・カレッジで開始された。彼女は，若い女性も行えるようにバスケットボールのルール（ベレンソンはコートを 3 つのゾーンに分け，それぞれのゾーンに各チーム 2 人ずつが入ることにした。選手は自分のゾーンから出てはならず，ドリブルや激しいディフェンスも禁じられた。）に変更を加えた。当初は学内スポーツとして行われ，4 年生が 2 年生の，3 年生が 1 年生のコーチを務めた。その後女子のバスケットボールは，男子とほとんど同

じ早さで普及した。1896年4月4日スタンフォード大学対カリフォルニア大学との間で，女子による最初の大学対抗試合が行われた。

一方男子学生を対象に実施された事例は，マサチューセッツ州イーストハンプトンのウィルストン・セミナリーにおいて，みることができる。同校教師A. W. クラークは，この男子校において，青少年のすばらしい大量の測定値を確保した。

アマースト大学は，過去数年間に渡って同じ種類の身体測定の一覧表を翻刻することによって，アメリカの他の学校の不足分を補う役割を果たした。

尚ここで取り上げた全てのデータは，同じ手段と方法で確保されたものであることを特に強調している。

1885年ニューヨークのブルックリンで開催されたアメリカ体育振興協会の年次会議において，人体測定に基づく体育の科学的なシステムは，アマースト方式を基礎として採用されることになった。

資料として付された2枚の測定表(表2－4, 2－5)には次のような注釈がみられる。

「表の中で，莫大な日本人学生の数字が示されているが，特に体重，身長，胸囲の項目だけが正しい数値を示している。他の項目については，リーランド博士の数値のみが利用されているが，結果的には，彼の努力にもかかわらず比較に耐え得るような数が集まらなかった。

日本の結果についてのこれらの項目が遅れたためにいくつかの食い違いが最後の一覧表の中に明らかに生じてきた。それは日米間の避けられない時間と距離により訂正することができない。」

資料の表2－6には，「日本人の人体測定学」と題するタイトルに続けて，次のような解説が付けられている。

(日本)東京の諸学校における日本人学生443名の身体測定
　　　―74年度卒業G. A. リーランド博士，体操伝習所監督
　そして資料の下段には，本資料の由来について以下のように説明をしている。
　「1878年日本政府は，アマースト大学シーリー学長に適任者を推薦，派遣して東京の学校に体育のアマースト方式を制定するために少なくとも3年間滞在することを依頼した。
　アマースト大学74年度卒業のクラス・キャプテン，ジョージA. リーランド博士がその役割を担った。リーランドの努力の結果として，私たちは官立学校及び諸学校で採られた測定一覧表の印刷を許可されている。
　その仕事と結果は，アマースト大学で活用されているのと同じ方法と手段で達成される。」[19]

　これらの表は，1903年アマースト大学の卒業式の期間を利用して，プラット体育館にリーランド賞＊の展示品として，陳列されたものであって，これらは，人体測定学の研究として一般の人びとに公開された。

　　＊リーランドは，母校を卒業後も体操に対する関心を持ち続け，体操に秀でた者に毎年賞金を提供することを大学に申し出て，賞金を受ける価値があると判断されたクラスに授与されるようにした。この賞は，アマースト大学の学長が10年前に競技に肩を入れ，体操のコースを廃止するまで，約40年間にわたって与えられてきた。

　これらのことから，全米の大学及び諸学校で人体測定が導入され始める約7年前に，わが国ではすでにアマースト方式の身体測定を実施しその効果を実験していたことになる。19世紀半ば，アメリカの一地方大学で考案されたこの科学的な測定法に基づく体育にいち早く注目をし，直ちにその導入に踏み切った明治政府の関係者の先見性と先取性は高く評価されてよい。
　ここでは，リーランドと坪井玄道により1878(明治11)年～1881(明治14)年に収集された日米男女学生の体格や機能測定値から，国際比較を行い，その意

126

表 2 – 4 MEASUREMENTS OF COLLEGE——Men.

Years.		Weight Kilos.	Height m.m.	Finger Reach. m.m.	Chest. Exp'd m.m.	Chest. Norm'l m.m.	Chest. Cont'd m.m.	U.RtA'm Cont'd. m.m.	U.LtA'm Cont'd. m.m.	U.RtA'm m.m.	U.LtA'm m.m.	Right Grip. Kilos.	Left Grip. Kilos.	Lung Cap'ty Cub.In	Body Lift. Units.	Nmb'r
16	Amherst	58.87	1716	1781	897	858		279		250	240	35.0	34.0	239	8.0	70
	Japan	45.42	1552	1581	765	752	718	239	233			36.0	33.0	153	3.9	150
	Williston	51.60	1684	1736	865	813				244	240	35.0	29.6	183	7.0	26
17	Amherst	59.22	1725	1780	886	857		282		250	242	37.4	38.0	245	8.2	326
	Japan	47.90	1578	1575	787	760	724	245	236			35.0	31.0	160	4.5	131
	Williston	61.70	1720	1768	900	862				261	255	39.0	32.0	220	7.0	26
18	Amherst	61.00	1733	1791	917	867		290		255	248	39.3	36.1	251	7.1	735
	Japan	50.01	1611	1593	801	773	742	250	239			37.0	33.0	170	4.6	236
	Williston	60.10	1718	1783	906	859				257	252	39.0	36.0	221	7.2	24
19	Amherst	61.59	1733	1787	926	882		296		258	252	41.2	34.0	251	8.8	988
	Japan	53.67	1609	1605	804	769	699	248	239			36.0	32.0	170	4.6	560
	Williston	60.20	1739	1777	920	870				264	259	39.0	35.0	222	7.0	25
20	Amherst	63.00	1731	1787	929	889		300		263	257	42.2	38.5	258	9.6	888
	Japan	52.59	1607	1614	807	776	748	245	220			35.0	31.0	178	4.7	971
	Williston	61.20	1695	1749	916	873				262	258	42.0	28.0	226	10.0	10
21	Amherst	63.97	1731	1792	941	901		305		266	259	43.3	39.3	260	9.9	824
	Japan	53.15	1619	1618	805	793	715	254	239			35.0	29.0	175	4.3	1293
	Williston	64.00	1729	1797	940	892				268	259	43.9	39.0	237	8.0	11
22	Amherst	64.15	1732	1783	949	909		308		262	256	44.9	39.2	265	9.6	434
	Japan	53.08	1613	1599	801	787	760	254	237			38.0	34.0	172	5.2	1491
	Williston	64.30	1729	1787	947	894				266	259	40.0	36.0	235	9.0	9
23	Amherst	63.02	1731	1788	944	899		300		262	258	44.3	40.6	263	10.2	296
	Japan	54.86	1598	1599	812	787	757	245	233			31.0	27.0	167	5.5	1317
	Williston															
24	Amherst	65.47	1732	1791	959	915		310		270	258	44.4	40.0	267	9.4	155
	Japan	52.72	1610	1624	812	802	766	263	248			37.0	33.0	198	6.5	1233
	Williston															
25	Amherst	65.08	1733	1781	957	917		311		270	265	43.5	39.5	267	9.8	100
	Japan	52.31	1613	1660	797	799	772	254	246			36.0	28.0	192		941
	Williston															

* Williston…secured by Mr. A. W. Clarke

第2章 文部省雇教師 G. A. リーランドの滞日書簡　127

表2-5 MEASUREMENTS OF COLLEGE—Women.

* Mt. Holyoke…secured by Miss. Nellie A. Spore
Smith…secured by Miss. Senda Berenson

Years.		Weight Kilos.	Height m.m.	Finger Reach. m.m.	Chest. Exp'd. m.m.	Chest. Norm'l m.m.	Chest. Cont'd. m.m.	U.Rt.A'm Cont'd. m.m.	U.Lt.A'm Cont'd. m.m.	U.Rt.A'm m.m.	U.Lt.A'm m.m.	Right Grip. Kilos.	Left Grip. Kilos.	Lung Cap'ty Cub.In.	Body Lift. Units.	N'mb'r
16	Mt. Holyoke	52.4	1605		809	758	715	253	248	229	224	28.0	25.0	155.0		24
	Japan	42.2	1471			689						22.4	19.0	123.8		88
	Smith	57.3	1637		847	798						26.4	23.7	192.1		20
17	Mt. Holyoke	53.3	1608		814	764	717	257	252	235	233	28.7	25.5	160.7		118
	Japan	44.8	1479	1478	829	713						22.1	17.7	124.1		105
	Smith	54.6	1621			781		261	256			26.8	24.8	167.5		192
18	Mt. Holyoke	53.5	1605		817	770	720	260	254	238	234	29.6	26.4	160.1		327
	Japan	46.0	1471	1473	828	722						23.2	22.2	125.4		74
	Smith	53.5	1612			779		257	252			24.8	22.3	167.2		384
19	Mt. Holyoke	53.3	1609		817	769	722	260	254	239	235	29.9	26.5	160.2		256
	Japan	46.1	1473	1465	828	729						21.2	18.7	120.5		76
	Smith	53.9	1608			778		259	254			24.7	22.0	164.0		240
20	Mt. Holyoke	53.8	1605		819	772	722	263	257	241	236	30.0	27.1	160.2		148
	Japan	49.0	1489	1445	832	744						26.5	25.5	142.2		74
	Smith	53.1	1617			780		259	253			24.7	22.7	164.8		120
21	Mt. Holyoke	53.9	1608		819	772	722	266	260	242	237	30.3	26.9	159.2		80
	Japan	48.8	1484	1460	817	754						24.7	22.1	137.0		56
	Smith	52.9	1601			770		253	246			25.5	26.2	163.4		48
22	Mt. Holyoke	52.7	1608		813	767	722	257	252	235	230	29.8	20.0	160.8		47
	Japan	45.7	1484	1477		744						22.0		144.0		59
	Smith															
23	Mt. Holyoke	45.4	1484	1501		732						30.0	28.0			36
	Japan															
	Smith															
24	Mt. Holyoke	47.4	1473	1571		787						26.0	20.0			28
	Japan															
	Smith															

表 2 – 6　JAPANESE ANTHROPOMETRY

Physical measurements of 443 Japanese students in the Different Schools of Tokio, Japan.
Taken by DR. G. A. LELAND, A. C. '74, Physical Director of the Taiso Den Shiu Jio.

Years.	Items.	No.	Age Yrs.Mos.	Weight Kilos.	Height m.m.	Finger Reach. m.m.	Exp'y. m.m.	Chest. Cont'd. m.m.	Norm'l m.m.	Arm. Right. m.m.	Arm. Left. m.m.	Grip. Right. Kilos.	Grip. Left. Kilos.	Body Lift. Times.	Lung Cap'ty. Cub. In
13	Average	2	13.10	37.0	1448	1457	733	651	672	193	206	24	20	1	114
	Maxima		13.11	39.5	1475	1463	763	672	696	206	218	28	22	2	116
	Minima		13.9	36.4	1427	1451	705	630	651	189	215	20	19	0	113
14	Average	18	14.6	43.5	1511	1515	705	684	718	221	218	38	26	2.5	134
	Maxima		14.11	55.6	1642	1654	763	781	802	251	257	46	40	9.0	190
	Minima		14.0	29.7	1321	1354	688	618	651	181	193	13	14	0.0	69
15	Average	27	15.5	42.6	1521	1508	742	678	709	221	218	27	25	2.5	133
	Maxima		15.10	57.3	1675	1690	833	772	802	284	263	50	55	10.0	197
	Minima		15.0	28.3	1327	1333	672	599	721	169	177	12	12	0.0	87
16	Average	44	16.8	47.4	1572	1581	790	718	752	239	233	36	33	3.9	153
	Maxima		16.11	58.8	1603	1693	887	732	869	284	272	51	57	12.0	227
	Minima		16.0	36.6	1481	1453	702	627	651	196	201	25	23	0.0	100
17	Average	57	17.5	48.3	1578	1575	802	724	760	245	236	35	31	4.5	160
	Maxima		17.11	57.4	1769	1781	887	787	848	287	274	53	45	12.0	229
	Minima		17.0	34.0	1469	1448	733	705	696	196	209	26	18	0.0	100
18	Average	77	18.4	49.9	1630	1593	0	742	709	250	239	37	33	4.6	170
	Maxima		18.11	60.9	1681	1745	243	818	863	290	275	63	61	12.0	243
	Minima		18.0	37.9	1481	1466	103	651	681	212	209	21	15	0.0	103
19	Average	75	19.5	49.6	1599	1605	178	699	769	248	239	36	32	9.6	170
	Maxima		19.11	66.9	1711	1757	927	827	863	296	281	56	49	12.0	243
	Minima		19.0	37.2	1469	1402	748	678	696	215	199	24	19	0.0	103
20	Average	52	20.5	50.7	1608	1618	820	748	776	245	218	35	31	4.7	178
	Maxima		20.11	63.1	1785	1787	878	802	882	296	269	52	51	14.0	252
	Minima		20.0	39.4	1705	1533	712	651	660	184	187	20	19	0.0	109
21	Average	46	21.3	51.9	1602	1599	836	715	793	254	239	35	29	4.3	175
	Maxima		21.11	62.7	1766	1681	924	854	878	299	278	57	47	12.0	236
	Minima		21.0	43.3	1518	1515	763	696	718	218	221	22	21	0.0	103
22	Average	14	22.5	51.5	1584	1599	821	760	787	254	212	38	34	5.2	172
	Maxima		22.11	61.0	1666	1708	851	812	833	296	266	49	45	7.0	212
	Minima		22.1	40.2	1566	1508	787	742	742	212	199	23	20	2.0	125
23	Average	13	23.3	51.0	1599	1624	757	787	787	245	233	31	27	2.5	167
	Maxima		23.9	59.7	1678	1708	818	848	878	267	260	42	38	5.0	231
	Minima		23.0	42.1	1533	1548	645	669	669	215	230	20	20	0.0	110
24	Average	12	24.4	54.9	1624	1624	766	802	802	203	248	37	32	6.5	198
	Maxima		24.8	62.9	1708	1733	863	924	924	287	272	52	46	10.0	262
	Minima		24.0	46.9	1548	1569	681	757	757	220	230	31	25	3.0	136
25	Average	6	25.4	54.0	1642	1660	772	799	799	254	184	36	38	0.0	192
	Maxima		25.10	57.7	1736	1736	821	842	842	272	203	43	31	0.0	230
	Minima		25.0	51.6	1560	1596	739	769	769	257	227	31	26	0.0	156
Total Average		443													

表 2 – 4, 5, 6 (出典): In the year 1878 the Government of Japan requested President Seelye to select and detail a person to he and spend dw least three years in instituting the Amherst System of Physical Education in the Schools of Tokio. Dr. George A. Leland "Gym", Captain of Amherst Class of '74 accepted the position. As one of results of his work we are permitted to publish in accompanying tables of measurements taken from members of some of the Schools and of the University preparatory department by Dr. Leland. The work and results are accomplished by the same methods and means as are employed at Amherst College.

義について考察していく。日米男女共に測定は16歳から開始されており，20〜25歳までの測定値であるが，ここでは16歳と20歳の数値よりその概要を比較検討する。

a．日米男子学生の比較――アマースト大学，日本，ウィルストン・セミナリー

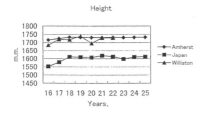

身長は米国は16歳の約170cm（アマースト172cm，ウィルストン168cm）から漸増し20歳で170cm強（アマースト173cm，ウィルストン170cm）である。日本は16歳の155cmから18歳まで急増し，その後一定水準で20歳で161cmである。米国と日本の身長差は16歳で13〜16cm，20歳で9〜12cmであった。

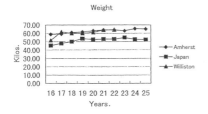

体重は米国は16歳で約55kg（アマースト59kg，ウィルストン52kg）から漸増し，20歳で60kg強（アマースト63kg，ウィルストン61kg）であり，日本は16歳の45kgから19歳にかけて増加し，20歳で53kgである。米国と日本の体重差は，16歳で6〜14kg，20歳で9〜10kgであった。

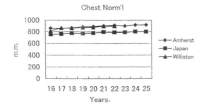

胸囲（平常 cubic inch）は，米国は16歳で80台（アマースト86，ウィルストン82）から漸増し20歳で90近くになり（アマースト89，ウィルストン87），日本は，16歳で75，20歳で78であった。米国と日本の胸囲差は16歳で6〜11cm，20歳で10〜11cmであった。

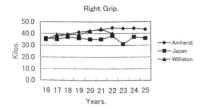

握力右は，米国は16歳で35kg(アマースト，ウィルストン共に35kg)から20歳で40kg強(アマースト，ウィルストン共に42kg)と伸びたが，日本は16歳で36kg，20歳で35kgであった。米国と日本の握力差は，16歳で同等，20歳で7kgの差で日本は劣勢であった。

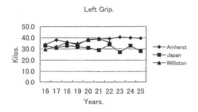

握力左は，米国は16歳で30kg台(アマースト34kg，ウィルストン30kg)，20歳で40kg近くになった(アマースト39kg，ウィルストン38kg)。日本は16歳で，33kg，20歳で31kgであった。米国と日本の握力差は，16歳で同等，20歳で7〜8kgの差で日本が劣勢であった。

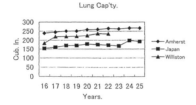

肺活量(単位はcubic inch)は，米国は16歳の200前後(アマースト239，ウィルストン183)から20歳で200台(アマースト258，ウィルストン226)を示したが，日本は16歳で153，20歳で178となった。米国と日本の肺活量の差は，16歳で30〜86 cubic inch，20歳で48〜80 cubic inchであった。この差は，cubic cmに直すと，16歳で492〜1392c.c.，20歳で778〜1312c.c.の差である。

b. 日米女子学生の比較―スミス大学，日本，マウント・ホリヨーク大学

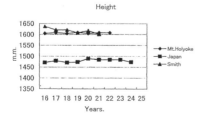

身長は，米国は16歳で160cm台(ホリヨークが161cm，スミスが164cm)で20歳でも同様である(ホリヨーク161cm，スミス162cm)。日本は16歳で147cm，20歳で149cmである。米国と日本の身長差は，16歳で13〜17cm，20歳で12〜13cmである。

第2章　文部省雇教師 G. A. リーランドの滞日書簡　131

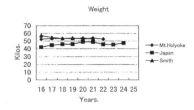

体重は，米国は16歳で50kg台（ホリヨークが52kg，スミスが57kg）で20歳でもほぼ同様（ホリヨーク54kg，スミス54kg）である。日本は16歳で42kgであったが漸増して20歳では49kgであった。米国と日本の体重差は16歳で10～15kgであったが，20歳では4～5kgとなった。

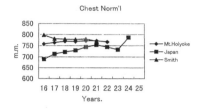

胸囲は米国は16歳で80cm近くになり（ホリヨーク76cm，スミス80cm），20歳でほぼ同様であった（ホリヨーク77cm，スミス78cm）。日本は16歳で69cmであったがその後増加し，20歳で74cmであった。米国と日本の胸囲差は，16歳で7～11cmで，20歳では3～4cmとその差は少なくなった。

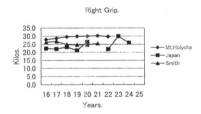

握力右は，米国は16歳で30kg近く（ホリヨーク28kg，スミス26kg），20歳でほぼ同様（ホリヨーク30kg，スミス25kg），日本は16歳で22kg，20歳で27kgであった。米国と日本の握力差は，16歳で4～6kgの劣勢，20歳でほぼ同等であった。

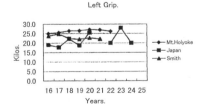

握力左は，米国は16歳で20kg台（ホリヨーク25kg，スミス24kg），20歳でほぼ同様（ホリヨーク27kg，スミス23kg）であり，日本は16歳で19kg，20歳で26kgであった。米国と日本の握力差は，16歳で5～6kgの劣勢であったが，20歳では差はなかった。

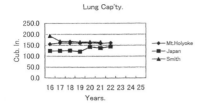

肺活量(単位は cubic inch)は,米国は 16 歳で 150～200 近く(ホリヨーク 155,スミス 192),20 歳で 160 位(ホリヨーク 160,スミス 164)であった。日本は,16 歳で 124,20 歳で 142 であった。米国と日本の肺活量の差は,16 歳で 31～68 であったが 20 歳では 18～23 であった。この差は,cubic cm では 16 歳で 508～1115c.c.,20 歳で 295～377c.c. である。

以上,資料に基づいて明治初期における日米の男女学生の主要形態及び機能の発達の概要を比較したが,先ず主要体格値に大きな差がみられた。特に身長などの長育の差については思春期発育の伸びの差の大きいことが指摘されてきた。猪飼は吉田章信の資料を引用し[20],「日本人は欧米人に比し,8～12 歳では 4cm 以上の差があり,14 歳で 2.4cm,15 歳では 1.3cm の差となる。そして再びその差は増大し 20 歳において 7.7cm の差を生ずる」としている。また,古くから身長と共に上体,上肢の発育差を指摘されてきている。リーランド,坪井玄道による本資料で指極(Finger Reach)が測定されているが,日米学生(男子)を比較してみると,米国は 16 歳で 180cm 近く(アマースト 178cm,ウィリストン 174cm),20 歳で同様(アマースト 179cm,ウィリストン 175cm)であった。これに対して日本は 16 歳で 158cm,20 歳で 161cm であった。米国と日本の指極差は 16 歳で 16～20cm,20 歳で 14～17cm となり,身長におけるよりさらに大きな差であった。横堀[21]は 1960 年代までの日本人の体格の過去と現代を検討する中で,世界各国における身長の増加についての報告から考察しているが,各国ともにおよそ 10 年間に 1cm の増加を示すとしている。

わが国においては 1900(明治 33)年以来,途中第二次世界大戦の 1940(昭和 15)年から 1946(昭和 21)年の年を除いて今日まで継続されて記録され,歴史的に極めて貴重な発育資料となっている[21・22]。

この資料に本資料,明治初期の 1880 年の資料を加味すると,改めて日本人青年男女のこの間の発育の概要を把握することができる。

以下,主要体格値についてみるとおよそ次のようである。

先ず，身長について 1880 年は男子 20 歳で 160.7cm であったが，1996 年は 171.6cm となり，発育完成期である 20 歳の成人の身長は 120 年間で 11cm の伸びであり，10 年に 1cm の割合で伸びている。

同様に，1880 年の女子 20 歳は 148.9cm であったが，1996 年は 158.8cm でその伸びは 9.9cm であり，男子と同様な伸びを示している。

ついで体重についてみると，男子では 1880 年は 20 歳で 52.6kg であったが，1996 年は 64.5kg で 120 年間で 11.9kg 増であり，10 年で 1kg ずつ増えている。

女子では 1880 年は 20 歳で 49.0kg であったが，1996 年では，50.8kg であり，男子に比較すると女子は少ない推移であった。

胸囲について，男子では 1880 年は 20 歳で 77.6cm であったが，1996 年は 87.9cm であり，120 年間で 10.3cm の伸びであった。同様に女子では 1880 年は 20 歳で 74.4cm であったが，1996 年では 82.3cm であり，120 年間で 7.9cm の伸びであった。

明治時代以降，正確な科学的データとしての日本人の身体計測に関する最も古い研究[23]は，1883 年と 1885 年の 2 回に分けて，ドイツ東亜自然学民族協会誌にベルツ（Erwin baelz）によって報告されたものとされているが，ほぼ同時期（正確には数年早い）に計測されたリーランド，坪井両氏の本資料は，時代的推移を把握するための歴史的史料といえよう。

第 4 節　リーランドの滞日書簡から読みとれるもの

これまでにリーランドが体操伝習所に着任した後，新たに判明したわが国における教育活動の一端を検討した。続いて米国における 1885 年人体測定が正式採用される契機となったアメリカ体育振興協会の設立事情を明らかにし，その導入過程の一環として提出された人体測定の資料（1903 年）から日米男女学生の身体的諸特徴を捉えてきた。

今回明らかになった点を要約すれば，およそ以下のようである。

リーランドの滞日書簡による来日後の教育(体育)活動

　アマースト大学所蔵のリーランド関係書簡によれば，彼が来日後，人体測定に本格的に着手したのは，1880年の夏(7月)であった。実際この年の3月からわが国において，「活力統計検査」が開始されているので，これを機会に測定した資料の収集活動を始めたものと考えられる。しかしながら収集した女子174名の資料は，これらをサンプルとして活用するのに足る十分な標本が得られなかったのみならず，申告された年齢についても不明瞭な点が多く十分納得のいく結果が得られなかったとしている。また職業別の身体測定も実施しているが，職業内容や労働形態の違いで調査の難しさも同時に経験した。こうした調査や研究に関わる直接の情報は，その度毎に本国アメリカから関連資料を収集し，わが国で進める際の貴重なお手本としていたことも明らかになった。

　リーランド招聘を画策した明治政府は，当初から近代体育導入に対する明確な方針を持たないまま優柔不断な態度に終始していたことも窺わせていた。

　書簡では最後に，わが国の風俗・習慣に触れ日本の婚姻や離婚に関する法律の相違を実際に家庭内で起こったエピソードを交えて取り上げ，夫婦間のあり方についてこと細かく報告を行った。あまりにも本国アメリカと異なる風俗・習慣に大いに戸惑いを感じながらまた一方では強い興味と関心を抱いていたことも事実であった。

1885年アメリカ体育振興協会の設立と人体測定の採用

　今回見つかった「人体測定学」のパンフレットの記述にも明らかなように，1885年アメリカ体育振興協会の設立を機に，人体測定と多様な体操に関する理念や実践上の問題が繰り返し議論された。その結果として人体測定の採用とドイツ体操の系譜が体育界のイニシアチブを採ることが決定づけられた。

　会長に推挙されたアマースト大学ヒッチコックは，会議の席上自らの大学での25年間に及ぶ人体測定の実証的な統計資料に基づいた体育のあり方を熱心に唱導した。

　1886年ハーバード大学のサージェントは，測定に対する一般の関心を深め

るねらいで,「測定と検査の方法」に関するハンドブックを出版した。彼が考案した測定表は,すぐさま振興協会によって採用され,多くの大学や学校で活用され始めた。この時期すでに,人体測定の主導は,アマースト方式(ヒッチコック)からサージェント方式(サージェント)に移行しており,事実上この分野は彼によってリードされていた。

新しく発見された「人体測定」資料(1903年)による日米男女学生の身体的諸特徴

1) アマースト大学に所蔵されている「比較人体測定学」及び「日本人の人体測定学」と題する史料は,1903年アマースト大学卒業式の際,リーランド賞の展示品としてプラット体育館に陳列された資料の一部であった。この内容は,
① 日本関係の資料は,リーランド博士と坪井玄道両氏が官立学校及び諸学校の数多くの男女学生を対象に測定して得られたものであった。
② これら大量の資料を保有することは,人体測定学の研究をより一層発展させることに必ず貢献するものと確かな方針を持っていた。
③ アマースト大学では,同一の手法で日本のデータが入手できたことによって両者の比較・検討が可能になった。
④ アメリカでの実験校——マウント・ホリヨーク大学,スミス大学,ウィルストン・セミナリーでの実践を紹介した。
⑤ アマースト大学では,過去数年間に遡って身体測定の一覧表を翻刻し,この間のデータの不足を補う努力をなしてきた。
⑥ 1885年のアメリカ体育振興協会の会議で,これまでの実績がようやく認知され人体測定が正式に採用されることに決定した。以上の点について述べたものであった。

最後に測定資料の見方(限界)について触れ,これらのデータの内,身長,体重,胸囲については,正しい数値を示しているが,その他の項目に関しては,データ不足のために信頼性にかけるとした。

2) 日米男女学生の主要形態及び機能の発達を比較した結果，主要体格値に大きな差異がみられた。

身長などの長育の差は思春期発育の伸びの差が大きいことが指摘されてきた。また古くから身長と共に上体，上肢の発育差も指摘されてきているが，本資料においても同様に，指極の項目で明らかなように，米国と日本の差は，身長におけるよりもさらに大きな差があることが認められた。各項目の比較の中で，特徴的な点は，唯一日本の女子の（吸気）胸囲が，22歳でようやく大幅に米国を上回っている結果が得られたことであった。

これまで見てきたように，全米の大学及び諸学校で人体測定の採用が決定するおよそ7年前に，すでにわが国では，リーランドの直接の指導を受けてアマースト方式の体操が実施されていたことになる。「長い期間にわたり体育を含む教育制度を調査・研究した結果，あえてハーバード大学の制度を避けて，この飾り気のない，ささやかなアマースト大学の制度を最も優秀であるとする」（ボストン・ポスト紙引用）報告を行った文部大輔田中不二麿に卓越した先見の明があったと言わねばならない。

こうしていったん日本に紹介された体育は，身体測定による国際比較という新しい意味づけを行った後，いわゆるブーメラン現象を起こし全米における身体測定の制度化を実現させる大きな推進力となった。

最後にこうしたアマースト方式が実際にわが国にもたらした意義は，以下の諸点に見出すことができる。

1) わが国の学校生徒に対して行われた最初の試みであった。

リーランド着任後，約1年経た明治12年9月体操伝習所，東京師範学校，東京女子師範学校生徒（実施せず）の活力検査が行われその結果が発表された。おそらくこの調査発表は，わが国の学校生徒に対して行われた最初の試みであった。その後この調査は，体操伝習所及び文部省直轄学校に対して毎学期行われ文部省に結果が報告されていた。こうした事情は，後年アマースト大

学創立百周年記念式典に出席した(男爵)神田乃武は，その挨拶の中で，「日本の諸学校における体育の体系がリーランド博士によって，初めて導入されたということは，歴史的な問題であります。」とこの点を強調して述べている。
2)　リーランドの実施した体操が科学的実証を伴う科学的体育法でなければならないことを意味するものであった。

　リーランドの体操を実際に受けた学生が，体操の効果に関する手紙に書いているように，彼等が体操から受けつつある効果を十分に認識していた。特に体操伝習所の生徒のうち何人かが全くみごとな発達を示した。20人のうち8人は，2ヵ年の終りに上膊の周囲が，1フィート(30.48cm)程になった。これは日本人としては全く注目すべきことである。(リーランド手記)

　この体操の体系が，日本人のために果たした業績について，神田は(前掲アマースト大学記念式典)挨拶の続きの中で，「この体操を実施した結果，日本人の平均身長は，2インチ(約5cm)伸び，特に女子が大きな利益を受けました。」と大いに感謝の念を表している。
3)　リーランドが年2回測定を実施して身体発育状態を一覧表に示したが，それが単に日本の教育者にとってのみではなく，異なる民族を比較研究する上で貴重な資料となった。

　ジョン　W. ファーロウは，リーランドの追悼文の中で「彼は，男女両性について多くの測定を行いました。それは米国諸学校生徒と比較する上に役にたちました。」と述べた。これは，1903年版「人体測定学」の史料が十分に例証しているところであった。

　19世紀中頃アメリカ東部の一地方大学で考案されたこうした体育法は，体育指導における実験・実証に先鞭をつけ，今日の体育科学への道を拓く貴重な出発点になったといえるであろう。

　リーランド帰国後の日米体育交流やわが国における人体測定の浸透過程は，今後の課題としたい。

【付記】

本研究に際して，中川功哉先生（北海道大学名誉教授，元仙台大学大学院スポーツ科学研究科教授）に今回見つかった日米男女学生の身体比較資料の分析及び解説をお願いし，またその際に貴重な資料のご提供を頂いた。こうした幸運に恵まれなければ，本書の執筆は不可能であった。

大変貴重な時間を割いてご教示頂いた中川先生に心からお礼を申し上げる。

注

1) Amherst College, "Comparative Anthropometry", 1903, p. 3.
2) Amherst College, "Japanese Anthropometry", 1879-81, p. 1.
3) 『体操伝習所　新設体操成績報告』文部省刊行，1879年9月，pp. 10-18，国立公文書館所蔵
4) 『伊沢修二　その生涯と業績』高遠町図書館，1987年10月，pp. 48-49
　　「かのクラブは棍棒，ワンドは球竿，ダンベルは啞鈴など，実にこの時に命名したのであるがその他握力，胸囲，指極なども当時初めて作った用語である。而してさらに活力統計という一新観念を造り，学術的に人体を測定してその結果を数字によって現わすこともまたこの時初めてできたのであって，明治12年9月体操伝習所から出した『新設体操成績報告』は次の通りである。これがわが国における最初の体操成績報告であり，従ってわが国人の身体の増減を学術的に測定した最初のものである。」(自伝)
5) 3) に同じ，p. 6
6) 『文部省出陳　教育品附言抄全』文部省刊行，1881年6月，国立公文所書館所蔵
7) 今村嘉雄『学校体育の父　リーランド博士』不昧堂書店，1968年，p. 60
8) Amherst College, "Chronicles of '74", Leland, George A., pp. 25-28.
9) Amherst College, Leland, George A. 1850-1924（AC 1874), A. L. S. to Dr. Hitchcock, Tokyo, 3 August 1880, p. 4.
10) Van Dalen, Mitchell, Bennett, *A World History of Physical Education*. 加藤橘夫訳『体育の世界史』ベースボール・マガジン社，1976年，pp. 383-417
11) W. G. Anderson, *The Early History of the AAHPER*（JOHPER, 1941.1, p. 4).
12) W. G. Anderson（1860-1947），医学博士。1877～78年にR. J. ロバーツ（YMCA）の指導を受けた後，ウィスコンシン大学に進学。1885年当時は，アデルフィ学院の教師であったが，翌年にはブルックリン師範学校を，また1901年には，

アンダーソン師範学校を創設するなどして、体育指導者養成に貢献した。彼はスウェーデン式体操を支持した代表的なアメリカ人のひとりに数えられている。1892年には、エール大学体育館に勤務した。
13) Young, M. O., *"Amherstiana"—A Bibliography of Amherst College*, 1921, pp. 29-32.

「身体測定」に関する用語の変遷

	Vital Statistics	Physical Measurement	Anthropometry
1863 - 67	2	—	—
1868 - 72	2	—	—
1873 - 77	2	—	2
1878 - 82	2	2	1
1883 - 87	4	7	2
1888 - 92	1	3	12
1893 - 97	—	3	3
1898 - 1902	—	2	3
1903 - 04	—	2	1
Total	13	19	24

14) Sargent, D. A., A. B., M. D., "An Anthropometeric Chart" Showing the Relation of the Individual in Size, Strength, Symmentry and Development to the Normal Standard, 1886, p. 14.
15) Hitchcock, E. Jr., "Physical Examination", Physical Education 1, Februry 1893, pp. 221-228.
16) スウェーデン式体操の支持者と見做される、ボストンの慈善家。ハーバード大学の体育館（1880年設立）にもその名を止めている。
17) Sargent, D. A., "The Sargent System of Physical Education", —A. Weston, "The Making of American Physical Education", 1911, p. 117.
18) 1)に同じ。
19) 2)に同じ。
20) 猪飼道夫「成長・発育と体育」日本生理学会編『生理学講座　第6巻3　成長の生理』1951年, p. 7
21) 横堀　栄「日本人の体格の過去と現在」福田邦三編『日本人の体力』杏林書院, 1968年, p. 11
22) 木村邦彦『ヒトの発育』メヂカルフレンド社, 1969年, pp. 300-301
23) 鈴木隆雄『日本人のからだ』朝倉書店, 1997年, pp. 12-13

資 料 2

リーランドの「体育」授業評価
──東京師範学校生徒による授業に関するレポート分析から──

　周知の如くG. A. リーランドは，日本の近代体育の指導を目的に招聘され当初の予定であった2年間を1年超えて在職し，わが国の近代体育発展の大きな礎を築いた。彼はこの間，本務校である体操伝習所で授業を行う傍ら近隣4校─東京女子師範学校・東京師範学校・東京大学予備門・東京外国語学校─へも出向いて新設体操術の指導に当たった。当初わが国政府との契約予定では，日本人学生およそ2,700名を対象に体育指導を行うことになっていた。しかし実際には，東京大学医学部(1,200名)及び学習院(500名)では，体操の実技指導が実施されなかったため，結果的にはこの期間，指導の対象となった学生は予定の半分にも満たなかった。

　著者は，資料調査を行っている間に上記に関する非常に興味深い資料を米国アマーストで発掘した。従来の研究において，当時リーランドから直接「体育授業」を受けた生徒たちが，「授業」に対してどのような感想を抱いていたかを「生の声」で聞く機会は，ほとんど皆無に近かった。

　本資料は，実に貴重な東京師範学校生徒49名に及ぶ授業「感想文」の内容を分析したものである。

◇ 1 東京師範学校生徒の内訳—生徒の卒業年度

(名)

明治10年10月	1
12年7月	2
12年7月(中学師範学科)	5
明治13年2月(小学師範学科)	2
13年7月(小学師範学科)	5
13年7月	1
明治14年7月	2
14年7月(小学師範学科)	6
明治15年2月(中学師範学科)	1
15年7月(中学師範学科)	8
明治16年12月	1
16年12月(中学師範学科)	2
不詳	13
合計	49

◇ 2　東京師範学校生徒の授業「感想文」の内容分析

　　　　　　　　　　　　　　　　（名）
1. 熟睡が可能となった。　　　　　　16
2. 食欲が増進された。　　　　　　　14
3. 胃痛が解消された。　　　　　　　 5
4. 頭痛が解消された。　　　　　　　 3
5. 肺活量が増大した。　　　　　　　 2
6. 胸囲が増大した。　　　　　　　　 2
7. 便通が良くなった。　　　　　　　 1
8. 体に活力が出て，病気が解消された。24
9. 長文の手紙。大方の興味を十分に
　 呼ぶと思われる内容である。　　　14
　　　　　　（＊複数回答を含む。）

　リーランドから直接授業を受けた生徒が，各々の感想を記したいわば授業レポートともいえるものであった。一部の生徒の中には，お雇い外国人教師である彼に対して，英文で感想をしるした者も見られた。レポートに見られる主な特徴は，複数回答であり上記にまとめた通りであるが，概ね好意的な回答―如何に建設的で，高い評価を得たもの―が多く見られた。参考までにいくつかのレポートを以下に取り挙げておく。

◇ 3　東京師範学校生徒からの授業レポート

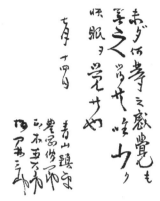

明治15年7月（中学師範学科）卒業　青山鎮平　正木玉太郎
　　　　　　　　　　　　　　　　豊岡俊一郎　坂部林三郎

明治12年7月（中学師範学科）卒業　小柳三郎

明治 13 年 7 月（小学師範学科）卒業　村瀬七三郎

明治 15 年 7 月（中学師範学科）卒業　富沢亀三郎

明治 16 年 12 月卒業　宇津忠雄

年代不詳　H. 深井

To Dr. リーランド

Iki July 11th 1879.

Dear Teacher,

When I was in the habit of growing without the exercise of all muscular powers, I felt, sometimes, very unhappy for the cause of headache; but now I am quite healthy. I eats and drinks on every day, with a good appetite. "Health is more precious than gold." I am very glad to write such a joyful effects to you.

Yours truly,
H. Fukai.

躰操之利害

学士書生ノ憂フ所学業其難キニ非スシテ
正ノ庭弱ニシテ苟モ身ヲ氷冷ニ不使コト能ハス学
術大成スヘニ非ス古来注意シ絶ノ中途
ニ廃スル所以ナリ而ノ泰西ノ学開テシモシテ挫ケ
躰操ノ術ヲ以テス而ノ高習シ久シキ従フ動モ
徒ニ正シ諸校長伊沢君共ニ見テ今年首
博士ヲ招シ生徒ヨリ日ヲ半時ニ限リ躰操
ヲ習フ晨曇ヲ冒弱ノ患アリ近時ニ至リ頗ル金
ニ復ル是ヲ見ル呉運動度ニ過クル所以ニナラスヤ
苟モ今日人ノ子弟ヲ教育スル者心宜ク躰育
両ヲ担備シコフ待タ其責ヲ怪フト猶フヘシ若
シコフ一方ニ偏ヲト鳥ノ片翼失ガ如ク決シコノ其責
ヲ達スル能ハス故ニ躰操ハ教育ヲ要領ヲ
教部ノ一日ニ怒ニスヘクラマル新以ラリ

高山直道

第 3 章

「本邦体育ニ関スル事項取調方米国公使ヨリ照会一件」（1890年）について
―― アマースト体育の日本における浸透の行方 ――

　わが国の体育の近代化は，周知のように米国の熱心な指導と助言を受けて導入された経緯がある。そこで主導的役割を果たしたのが，G. A. リーランドであった。彼は日本政府から要請のあった3年間の任期を無事終えると，1881（明治14）年ドイツを経由して本国アメリカに帰国をした。リーランド帰国後の主要な任務は，彼のもとで通訳を務めていた坪井玄道にそっくりそのまま引き継がれ，それ以後の日本の体育発展に大いに力を注ぐ結果となった。

　これまでリーランドが帰国をして以来，明治20年代前半に至る迄のこの時期，アメリカからもたらされた近代体育が，わが国でどのように捉えられ，実際どのような評価[1]がなされていたのかを知る手がかりは，僅かに坪井玄道が欧州留学を経て1902年（明治35）に帰国の途上，米国に体育視察のため立ち寄った際に，彼が現地のマスコミに対して述べたコメントによって明らかにされている位である[2]。当時，史料の制約もあってほとんど検討されてこなかったのが実情であった。

　今回，日米教育交流に関する外交文書を調査している最中に，偶然発見された「本邦体育ニ関スル事項ニ付キ承知致シ度旨米国公使ヨリ照会之件」[3]と題する外交史料を中心に分析を進める。本史料は，わが国近代体育に極めて重要な役割を果たした当の主体である米国が，日本に対して与えたその影響の度合いを，直接打診して来たものである。このような事例は，日米間の教育交流史においてもあまり類をみないものであった。

第3章 「本邦体育ニ関スル事項取調方米国公使ヨリ照会一件」(1890年) について　　147

　本章では，史料中，特に「日本の体育に関する情報」収集の為の3通の米国側政府(教育省・内務省)の書簡とそれに回答する日本側政府(外務省・文部省)の3通の書簡を主要な手がかりとしながら，以下の2点を明らかにすることをねらいとしている。
1)　明治20年代前半，米国政府(教育省・内務省)がリーランドが伝えたアマースト流体育の日本での受容と普及の度合いに深慮を抱くあまり，本邦における体育教育の普及の実態を調査していた事実が判明した。今回新たに発掘された書簡に基づいて，米国政府が総力を挙げて，わが国政府に対して要請した具体的な調査内容について明らかにする。
2)　こうした米国側の要請に対して，日本政府はアマースト流体育を如何に受け止め，これらを如何に継承・発展させようと試案していたのかを新たに見つかった史料に即して検討する。
　終わりに，この時期に米国側からの積極的な「日本体育に関する情報」への問い合わせは，果たして如何なる意味を持つものであったのか合わせて考察する。

第1節　米国政府(教育省・内務省)から「日本の体育に関する情報」についての調査依頼

　ここでは先に触れた，外交史料である「本邦体育ニ関スル事項ニ付キ承知致シ度旨米国公使ヨリ照会之件」の中に所収されていた3通の米国政府の書簡を手がかりに考察してみたい。
　本論に入る前に，これらの書簡が発せられた当時の米国体育の動向を捉えておく。19世紀後半の米国体育は，「1900年をめぐってアメリカにおける体育実践の断面図を描くとするならば，ドイツ体操，スウェーデン体操，サージェント式運動，YMCA，陸上の運動競技，新しい遊戯とレクリエーション運動などから引き出された諸活動の寄せ集めとなるであろう。学校体育は，保健，悪い姿勢のような身体的欠陥の矯正，体操やカリセニクスを通じての精神訓練な

どに重点をおいた身体訓練である。学校の管理者は体育のために毎日15分から30分を割り当てた学校もあるし，また一方には，多くの子どもが全く体育を行っていない学校もあった。大学のプログラムもそれと同じ傾向を示していた。熱心な学生に対して競走，レスリング，ボクシングのようなわずかなスポーツが用意されていたところもあった。カレッジの運動競技は，学生クラブから教授団の統制する競技協会に進み，会議の開催は大学対抗競技の基準の必要性に応じて始まった」(ヴァンダーレン・ベネット『体育の世界史』1976年版，p.417)としている。

　この時期の体育は，主だった4つの体系がその主流の座を巡って，凌ぎを削っている真っ只中にあった。その意味ではアメリカが自信を持って日本に送り込んだアマースト流体育の成果は一番気掛かりな点であった。来るべき20世紀の方向性を決定する上においても，日本におけるこの実験結果は最大の関心事であったといえよう。

　ひとつめの書簡は，1890年4月9日付　当時，米国連邦政府教育省長官であったウィリアム・トレイ・ハリスが内務省長官宛に送付した以下のような書簡であった。

1. 1890年4月9日付書簡　　教育省長官　W. T. ハリスから内務省長官宛

史料3－1　英文書簡

> 　　　　　　　　　　　　　　　　　　　　　　1890年4月9日
> 内務長官閣下
> 拝啓
> 　当方で出版を予定している刊行物に掲載するため，日本の体育に関する情報を収集したいと思います。つきましては，閣下より国務長官閣下に対し，日本

第3章 「本邦体育ニ関スル事項取調方米国公使ヨリ照会一件」(1890年) について   149

の公使館や，その他国務長官閣下が適当と思われる人物を通して，本件の調査を執り行うべく，依頼して頂くようお願い申し上げます。
(1) 特に東京都の学校における体育の導入については，数年間アマースト大学のG. A. リーランド博士の指導の下で進められましたが，これに関する写真，実施計画及び統計表などが掲載された報告書を入手したいと思います。

(2) 日本の大学において，体育の授業が一般的にどのように行なわれているか，その内容はリーランド博士の時代以降変更されたのかどうか，通常の体育の授業回数及びその特徴，また日本におけるスポーツ熱の高まり等について知りたいと思います。

敬具

W. T. ハリス*

＊ウィリアムス・トレイ・ハリス，[4] (1835-1909)：米国の哲学者，教育学者，1889年〜1906年の間，米国教育省長官を務める。1889年ボストンで開催された「身体鍛練のための会議」の議長も務めた。この翌年，日本に宛て体育の調査を命じたことになる。

　近々，教育省で出版予定をしている刊行物に，「日本における体育」についての特集を企画中である。そこで(内務)長官閣下より直々に国務長官に対して，日本公使館を始めとして，それ以外にも幅広く国務長官が適任とお考えの数多くの方々に当って頂き，この件での調査依頼に御協力をお願いできることを切に希望している。
　まずひとつめとして，東京都を中心とする学校は，これまでアマースト大学のリーランド博士によって体育の指導が進められてきた経緯があるが，それらに関する写真や具体的な実施計画及び統計資料等がまとめられた報告書の収集を考えている。
　次に，日本全国の学校で体育の授業が，平常どのように行われているのか——実際に行われていた体育が内容的に見て，リーランドが伝えた体育の内容そのものと相違があるのか否か，また通常行われている体育の授業時間数とその特徴についてはどのようなものであるのか，加えて日本で実施されているスポー

ツの高まり具合についても同様に一調査を実施したいと考えている。

　以上の2点にわたる調査項目を，教育省長官ハリスは，内務長官宛に依頼をした。

2. 1890年5月2日付書簡　　内務省　G.チャンドラーから Secretary of State 宛

史料3－2　英文書簡

　　　　　　　　　　　　　　　内務省
　　　　　　　　　　　　　　　ワシントン　　1890年5月2日

国務長官閣下

　拝啓

　1890年4月29日付の教育長官からの書簡の写しを同封させて頂きます。これは，日本公使館を通して，大日本帝国における日本の体育教育の様々な発展段階に関する情報の提供を求めたものです。
　長官にご利用頂くために，閣下のご都合が許す限りかかる情報の収集にご協力頂ければ幸いです。
　　　　　　　　　　　　　　　　　　　　　　　　　　　　敬具

　　　　　　　　　　　　　　　代理長官
　　　　　　　　　　　　　　　ジョージ・チャンドラー

　1890年4月29日付の教育長官からの書簡の写しを同封させて頂きました。本書簡の主旨は，日本公使館を通じて広く日本全国で実施されている体育教育の各々の学校レベルに応じた発展の模様を調査依頼したものである。国務長官に本資料を有効に活用してもらうために，できるだけ正確で詳細な資料が収集出来るように，長官の助力を切に希望している。

　以上のようなわが国体育に関する情報収集を依頼する書簡を，国務長官に送

っている。

3. 1890年5月7日付書簡　　国務省　J.G. ブレインから在日米国公使 John F. スイフト宛

史料3－3　英文書簡

　　　　　　　　　　　　　　　　国務省
　　　　　　　　　　　　　　　　　　ワシントン　　1890年5月7日
J.F. スイフト　殿
　東京

　　拝啓

　　日本における体育教育に関する詳しい情報を求めた内務省からの書簡の写し及びその同封物をお送り致します。
　　貴殿におかれましては，本件に関する情報をご提供頂けるものと存じます。

　　　　　　　　　　　　　　　　　　　　　　　　　　　　敬具

　　　　　　　　　　　　　　　　　　ジェームス G. ブレイン

同封物
　1890年5月2日付内務省からの書簡

　日本の体育教育に関する詳しい調査資料を要求した内務省からの書簡の写しとその同封物を送付致しました。

　公使には，この件での調査依頼に十分な協力が得られるものと確信しております。

　米国国務省は，日本での調査依頼を託した書簡を，日本駐在米国公使宛に送付している。

図3−1　米国全権公使から外務大臣青木周蔵宛書簡(1890年6月10日)

第2節　米国政府の要請に対する日本側政府(外務省・文部省)の回答

1. 1890(明治23)年6月11日付書簡　　外務大臣　青木周蔵から文部大臣　芳川顕正宛

　わが国の体育教育に関する詳しい情報について，米国教育省長官より直接問い合わせのあった件について，文部省をはじめとする関係各省庁に正式に調査依頼を行いたい旨了承しました。付きましては，別紙に関する回答を頂きたいと思いますので，宜しくお取り扱い下さいますようお願い致します。

　上記の内容を記した書簡を文部大臣宛に送っている。

第 3 章 「本邦体育ニ関スル事項取調方米国公使ヨリ照会一件」(1890 年) について   153

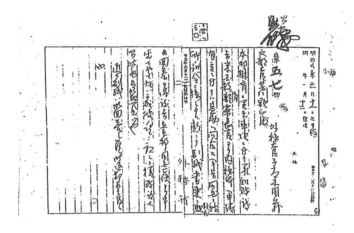

図 3 － 2　外務大臣青木周蔵から文部大臣芳川顕正宛書簡(明治 23 年 6 月 21 日)

史料 3 － 4

> 文部大臣　芳川顕正　殿
>
> 本邦体育に関する事項について米国教育長官より照会のあった件について，関係各省庁に問い合わせを行うべき旨承知致しました。
> 　別紙，書簡の回答を得たいと思いますので，何卒お取り計らいの程宜しくお願い致します。
>
> 　　　　明治 23 年 6 月 11 日
>
> 　　　　　　　　　　　　　　　　　　　　　　　　外務大臣子青木周蔵**

＊＊青木周蔵の経歴[5] (1844 ～ 1914 年)
　　　1844 (弘化元) 年厚狭郡小埴生村に生まれる。父は蘭方医 (産科医) 三浦玄沖。1865 (慶応元) 年長州藩藩医青木家の養子となり，娘テルと結婚。名を青木周蔵に改める。1868 (明治元) 年医学旅行のため長州藩に希望し 3 年間プロシアに留学。1873 (明治 6) 年外務一等全権公使として再びドイツに赴く。翌年オーストリア公使兼任。1879 (明治 12) 年条約改正取調御用掛拝命。1884 (明治 17) 年ベルリンに着いた軍留学生森林太郎 (鴎外)，青木公使に会い強烈な印象

を受ける。1889 (明治 22) 年山県内閣のもとで外務大臣となり，不平等条例改正に全力を傾注。1893 (明治 26) 年イギリス全権公使を兼任。1894 (明治 27) 年キンバレー英外相と日英通商航海条約調印。1896 (明治 29) 年ドイツ，ベルギー，フランス，オランダらと通商航海条約を結ぶ。1900 (明治 33) 年明治天皇に対ロシア強硬策を内奏，外相辞任。

2. 1890 (明治 23) 年 8 月 20 日付書簡　文部大臣　芳川顕正から外務大臣　青木周蔵宛

史料 3 － 5

> 外務大臣子青木周蔵　殿
>
> 　第 57 号書類の送付を以って本邦体育に関して米国教育長官より請求照会のあった件について，了承致しました。
> 　合わせて別冊を回答を致しますので，お取り計らい下さいますようよろしくお願い致します。
> (ママ)
>
> 　　　　明治 23 年 8 月 20 日
>
> 　　　　　　　　　　　　　　　　　　　　　　　　文部大臣
> 　　　　　　　　　　　　　　　　　　　　　　　　　芳川顕正***

　第 57 号書類をお送り頂き，米国教育省長官から依頼のあった日本における体育教育に関する情報提供の件，了承しました。
　問い合わせのあった件につきましては，別冊を用意して回答致しましたのでご査収下さいますよう宜しくお願い致します。
　なお，ここで触れられている回答の別冊版は，本史料中には収録されていないことが判明した。

　＊＊＊芳川顕正の経歴[6] (1841 年～ 1920 年)
　　　1841 (天保 12) 年 12 月 10 日，川田北島の医師原田民部家に 5 人兄弟の末っ子として生まれる。長崎に遊学。その後鹿児島に赴き海軍所で航海・数学・

第3章 「本邦体育ニ関スル事項取調方米国公使ヨリ照会一件」（1890年）について　155

兵学書の翻訳に携わる。1870（明治3）年徳島に帰り，洋学の教授となる。同年12月伊藤博文に従い，欧米視察，帰朝後官界へ進み，1872（明治5）年紙幣頭，1874（同7）年工部大丞，1880（同13）年外務省少輔，1881・1882（同14・15）年東京府知事・内務省大輔を歴任。1886（明治19）年内務次官となり，1890（明治23）年山県内閣の文部大臣として，教育勅語頒布，翌年文相を辞し宮中顧問官となる。爾来司法大臣・内務大臣・逓信大臣・鉄道国有調査会長・貴族院議員・枢密顧問官等を歴任した。その間教育方面にも皇室講究所長及び国学院大学長となって力を注いだ。80歳で没した。

3. 1890（明治23）年8月21日付書簡　第23号　外務大臣　青木周蔵から米国全権公使宛

史料3－6

米国全権公使　殿

第23号

本邦体育に関する書類送付の件

　本年6月10日付，第54号書類を以て米国国務長官より請求のあった本邦体育に関する事項取調べに対して，早速文部省に照会したところ同省より下記の通りの回答があった。
　体操伝習所取調書として，以下の資料を送付する。
　体操伝習所一覧，文部省所轄体操伝習所規則（英訳）又幷活力統計比較一覧表

　　　明治23年8月21日

　　　　　　　　　　　　　　　　　　　　　　　　外務大臣
　　　　　　　　　　　　　　　　　　　　　　　　　　青木周蔵

　日本の体育に関する書類送付の件
　本年6月10日付の第54号書類によって，米国国務省長官から調査依頼のあったわが国の体育教育に関する取調べに対して，早急にこの件に関して文部省

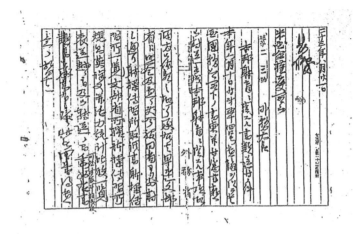

図3-3　外務大臣青木周蔵から米国全権公使宛書簡（明治23年8月21日）

に問い合わせをしたところ，文部省から次に記すような回答が寄せられた。

　文部省は，体操伝習所に関する諸々の資料を一括取り纏めて，体操伝習所取調書として，以下の資料を付して報告を行った。
　一．体操伝習所一覧
　一．文部省所轄体操伝習所規則（英訳版）
　一．活力統計比較一覧表

　ここで見る限り，1890年4月9日付米国教育省長官から内務省長官に宛てた書簡にあった2件の問い合わせに対して，1件目のリーランドがもたらしたわが国の体育の成果に関しては，3点の体操伝習所の概要を示す資料でほぼ十分な回答が用意できたものと見做される。しかし2件目の質問については，ほとんど答えられた形跡が窺えない。史料3-4及び史料3-5において「別紙回答を致し」とあるので，本来はこの箇所に回答が納められているものと推定されるが，現在手許の史料からは，それがはっきりと確認できないままである。
　そこで次章では，リーランド帰国以後，この問いが発せられた時期（明治10

年代半ば～明治20年代前半)の間の，わが国体育の動向を眺め，日本側政府が用意したと想定される2つめの質問に対する回答，換言すれば日本の体育の到達点を整理しておく。

第3節　リーランド帰国から明治20年代前半におけるわが国体育の動向について

ここの箇所では，リーランド帰国以後およそ10年間のわが国の体育(体操，遊戯，競技運動など)の動向を見直し，そこでの特徴を述べることにする。

1. 体　　操
a. 普通体操

1878(明治11)年10月「本邦適当の体育法を撰定し且体育学教員を養成」する目的で体操伝習所を設立し，米国からリーランドを招聘したのを契機にわが国の学校体育は本格的にその整備に着手することになる。リーランドが指導した体育は，当初「軽体操」と呼ばれ，各府県から伝習員を徴集して教員養成が謀られた結果，一気に全国的普及が進展した。こうした体操伝習所の体育法選定の取り組みは軽体操のみならず，在来武術，歩兵操練，戸外遊戯の領域にも及んだ。

1883(明治16)年文部省から「撃剣柔術の教育上における利害適否」の調査が行われ，種々検討が加えられた結果，学校での武術実施の方向は当分見送られることになった。

それ以後，1885(明治18)年6月を境にして体育奨励[7]の目的で，小学校生徒体育奨励会，生徒体操講習会が全国的規模で頻繁に開催された。

1886(明治19)年の学校令で確立した体操科[8]は，改正小学校令制定と共に，土地の実情を考慮しながら充実の方向に向かうことになる。1890(明治23)年以降，全国的な動向として，小学校教員講習会が頻繁に開催されるようになる。翌1891年，小学校教則大綱で体操科の目的[9]が明示され，戸外遊戯の奨励，

学校設備に体操場を加え，祝祭日儀式の一部に運動会を奨励した。

　b．兵式体操

　1884（明治17）年以降，学校体育に兵式体操を導入するための様々な施策が顕著に見られるようになった。その第一歩として，明治17年2月28日，官立学校で演習すべき歩兵操練の程度，施行方法及び小学校での施行の是非を取り調べるよう体操伝習所に通達が出された。同年6月には，当時，現役の歩兵大尉であった倉山唯永が兼任で文部省御用掛を命ぜられ体操伝習所勤務の傍ら歩兵操練科の調査に当たっている。同7月体操伝習所で歩兵操練が試験的に実施された後，文部省は，明治18年5月全国に向けて兵式体操実施を示達した。明治19年の学校令下では，兵式体操が学科目中に正式に位置づけられた[10]。兵式体操の実施に伴って射撃演習，発火演習が順次取り入れられ，並行して銃器・火薬等の取り扱いに関する規則が定められた。

　兵式体操の振興策に伴いこの時代の体育は一般的に行事化する傾向が強く，明治18年10月頃から遠足[11]，行軍[12]，修学旅行[13]（明治19年2月に実施された東京師範学校の長途遠足がその起源とされている）などが融合される形で実施される機会が増えて行った。

　一方，兵式体操を担当する教員養成は体操伝習所において，すでに明治18年11月から着手されていたが，明治21年を境にして各都道府県において兵式体操講習会が頻繁に開催されるようになり，合わせて兵式体操教員の養成も急務とされた。

2．遊戯（小学校）

　明治16年頃の体操伝習所報告によれば，東京女子師範では当時すでに行進遊戯のようなものが実行されていたようである。また15年頃の同報告書には，地方から蹴鞠や循環球などの購入を依頼して来たことが，明記されていることから，当時すでに一部の地方においても球技の類が導入されていた事実が窺える。

　体操教授に遊戯を利用する端緒はすでに教育令から学校令期においてその萌

芽を発したようであるが，ようやくこの領域に注目するようになったのは，明治23年「改正小学校令」発布以後か，同24年「小学校教則大綱」発布以後のことである。

明治27年に刊行された『遊戯法』の緒言によれば，「明治23年，改正小学校令ノ発布セラルルニ及ビテ，始メテ重キヲ之ニ置キ翕然トシテ其ノ法ヲ研究スルニ到レリ，是レ此ノ書ニ因リテ起ル所ナリ，各府県附属小学校ニ教ヲ請フ者四十九校，其ノ十六校ハ未ダ教ヲ得ズ，九校ハ答フルニ特異ノ遊戯法ナキヲ以テセラル，乃チ戯スル所二十四校ナリ。」[14)] とある。これによると，師範附属小学校でさえも，特異の遊戯法を課さなかった所が少なくなかったし，報告した学校中にもお手玉，鬼ごっこ，角力，鞠つき，独楽廻し，縄跳び等の自然的なもののみを数え上げている所が少なくない。参考までに多くの学校で行われていた種類を挙げると以下のようである。

　　蝶々，風車，ここなる門，鴿，民草，環，織り成す錦，進め進め，開いた開いた，かごめかごめ，一羽の鳥，花売り，花輪，からねこ，うたまひ，渦く水，友どち来れ，霞か雲か，兄弟姉妹，プロネード，グランドチェン，コントラダンス，十字行進，方形行進，鬼遊び，場所取り鬼遊び，仏蘭西鬼，盲鬼，一人一脚，二人三脚，片脚競走，徒手競走，旗取り競走，旗送り競走，旗拾競争，載臺競走，提燈競走，擬馬競走，障害物競走，袋脚競走，猫鼠，球送り，綱曳，旗奪，軍艦，ベースボール，フートボール，クロッケー

この時期は，遊戯とスポーツがほとんど同義に扱われており，上記の分類に従えば，この両者は混在して取り上げられていることが指摘される。

3. 競技運動

この領域の特徴として，わが国の高等教育機関に招かれた外国人教師たちによって積極的な競技運動（スポーツ）の導入が諮られた。その代表例として以下

の2つが挙げられる。

　体操伝習所においてリーランドの行った体操は軽体操が中心であったが，1884（明治17）年の規則によると，これ以外に随意科目ではあったが戸外運動としてフットボール（躍球），クリケット（投毬），クロッケー（循環球），ベースボール，トロッコ，操櫓術として端船操櫓法，競漕演習等が加えられている。則ちすでにこの時点で，学科目中にスポーツ教材化の試みが認められることになる。同所教員であった坪井玄道は，1885（明治18）年『戸外遊戯法』を著して戸外遊戯を積極的に奨励した。それは心身に及ぶ効果を大いに期待し，体操と遊戯の併用による体育の完全化を目指すものであった。以来，学校体育は体操，遊戯，競技運動（スポーツ）を含む内容を意味するものとなった。

　一方，大学における課外体育に注目すると，1883（明治16）年以降積極的に課外体育を推進し，同年6月東京大学3学部と大学予備門合同の陸上競技会の開催，翌年10月走舸組による競漕会の開催，1885年6月には本郷において大学，予備門合同の陸上運動会等が相次いで開催された。こうした外来のスポーツを学生たちに積極的に指導したのが予備門の英語教師F. W. ストレンジであった。彼の熱心な働きかけの結果，1886（明治19）年7月帝国大学に校友組織として「運動会」が結成された。このような動きは，やがて他の高等専門教育機関にも波及効果を及ぼし，東京高商の「運動会」，学習院の「輔仁会」，一高の「校友会」，慶応義塾の「体育会」等が相次いで組織され，課外体育による大学体育の確立へと発展していく。

　さらにこれらの組織は，高専から中学，師範学校へと広がり，やがて選手を主体とした対抗競技の母体へと進化を見せた。

　明治20年代に入ると，運動会[15]が全国各地で頻繁に開催されるようになり，帝国大学では，競漕会や陸上運動会開催が恒例行事化される傾向がみられた。

　高等中学校及び専門学校では比較的早くから柔道部（学習院，海軍兵学校），撃剣部（一高）等の設けがあった。その他野球（慶応義塾，青山学院，明治学院など），ダンス（高等師範女子部，東京女学校など），自転車（帝大，同理科大学）なども当時にあっては比較的早い時期から学生の間で行われていた。

以上，リーランド帰国以後およそ10年間のわが国の体育の動向を体操，遊戯，競技運動の三領域に分類し，それぞれの領域で普及の過程を眺めて来た。その結果，特に評価をしておくべき諸点が見つかったので，以下に取り上げておく。
1) 体育を導入・展開していく際の普及ルートが確立されていた。
 　ａ．制度的ルート―体操伝習所，各府県師範学校，同附属小学校
 　ｂ．講習会その他のルート―生徒体育奨励会，体操講習会，小学校教員講習会，兵式体操講習会，教育会，体育会
2) 明治17年頃すでに体操伝習所他の高等教育機関において，学科目中に，スポーツ教材化の試みが見られた。
3) 課外体育という狭い範囲に限定されていたものの，明治10年代後半，高等教育機関以上の学校でスポーツの実践が盛んに見られた。

第4節　アマースト体育の日本における浸透

　これまで見て来たように，米国政府から要請のあった本邦体育の実態に関する日本政府からの回答は，主としてリーランドが伝えたアマースト体育の導入・展開の一端が述べられているものに過ぎなかった。もう一方の問いであるリーランド帰国以後，明治20年代前半までの体育普及の実態及びアマースト流体育の直接的影響，スポーツ熱の高まり等については，添付資料の不明もあってほとんど言及されないまま，未解決の問題として残された。
　本章でこの時期のわが国体育の動向を眺めてきた。リーランドが伝えた体育をそのまま継承するというよりも，わが国の教育の実情に沿う形で教科の中に取り込まれて行った。
　その際以下に示すような評価すべき点が見出された。第一に，体育を浸透させる制度面及び講習会その他の普及ルートが確立されていたこと。第二として，スポーツを教材として位置付ける試みが為されたこと。第三には，当時，外国人教師によって齎されたスポーツが，課外体育という狭い範囲ではあったが，学生の間に急速に普及する動きを見せた。その意味では，この時期の体育は，

自由でかつ発展的な要素を十分含んで受け入れられたと言える。

　その一方，明治19年の学校令下では，体育の教科内容において重点の移行が見られ，時間配当で完全に兵式体操が普通体操に採って替わり重視の方向が打ち出された。

　明治19年を境にして，森有礼が文相に就任し学校教育の中に兵式体操を採用するや，それ以後の体育は，様相を一変する。則ち時代の要請を受け，質的に大きな変化を見せ始めることになる。折しも，米国からわが国に体育調査依頼の書簡が，発信されたのはちょうど時代の転換期に当たっていた。

注

1) 　真行寺朗生・吉原藤助共著『近代日本体育史』日本体育学会，1928年，pp. 122-123
　　真行寺らは，その著書『近代日本体育史』の中で，「この時期の学校体育の幕は森文部大臣によって開かれたといっても過言ではない。彼の文部大臣在任中は，兵式体操の全国的な実施，普通体操の普及とすばらしい発展を見るに至った。しかし彼の死後永くは継続しなかった。……日清戦争の勃発に伴い，国民漸く体育の必要を認め，且つ尚武の風を生ずるに至った。学校体育の中核とも称すべき学校体操は形式のみの兵式体操とアマースト大学流の形骸とも見るべき普通体操とが唯訳もなく惰性的に実施されたに過ぎない。」と，明治20年代以降の体育に対して，消極的な評価を下している。
2) 　大槻敬史「坪井玄道の米国体育視察（1902年5月～6月）──わが国近代体育の更なるアイデアを求める旅──」『北海道大学大学院教育学研究科紀要』82，pp. 183-197（2000）。坪井玄道がボストンに立ち寄った際に，わが国に体育が導入された経緯，その現状と問題点について地元新聞2紙に述べたコメントを取り上げて，此の度の米国体育視察の目的を明らかにした。
3) 　外務省外交史料館所蔵「明治二十三年　本邦体育ニ関スル事項取調方米国公使ヨリ照会一件」
4) 　Webster's New Biographical Dictionary, *New Biographical Dictionary*, p. 449, 1983.
5) 　山口県厚狭郡山陽町役場企画調整課「山陽出身の外務大臣　青木周蔵」に掲載の略年譜を参考に筆者が作成した。
6) 　吉川弘文館『明治維新人名事典』芳川顕正の箇所より引用，1982年，p. 1065

7) ここで注目しておくべきことは，この当時組織された民間体育団体の存在である。体操伝習所を中心とする学校体育の興隆は，教育の「事理ヲ講窮擴張スルヲ」目的として組織された教育会にその範を求める形で，1883（明治16）年頃に民間体育組織を発足させた。史料不足でその実態を十分に跡付けることが困難な状況ではあるが，唯一手がかりとなる『大日本教育会雑誌』をもとにその活動実態を掘り下げてみる。これらの中で，主導的な役割を果たしたもののひとつに東京体育会が挙げられる。東京体育会は，文部省官吏や体操伝習所の教員や生徒から成り，春秋の年2回開催される演習会において遊戯を演じ，上からの教育奨励・体育奨励を諮ったものである。このことは，体育会の当日の参加者が「会員中重立たる者は辻，濱尾，中川の文部書記官并に野村体操伝習所長等にして客員には森文部省御用掛渡辺東京府知事江木文部書記官矢野商業学校長折田大学分校長等なり」（『大日本教育会雑誌』第27号，p.70，明治19年1月31日発行）と報じられていることからもその意図が明確に読み取れよう。

これ以外にも京都体育会，埼玉体育会，常総体育会，鴻城体育会（山口県）などの活動が挙げられており，それぞれの地域で学校を巻き込んで体育が急速な勢いで伝達されていく際の極めて先導的な役割を果たしていくことになる。
明治17年から同20年までの間に開催された東京体育会の活動実態を下表に掲載しておいた。特に来賓の顔ぶれと会の参加者数に注目されたい。

東京体育会の開催

年月日	名称	対象校・場所	主な来賓	参加者数
明治17年4月20日	春季大演習会	体操伝習所・同所内		300有余名
17年11月23日	（第3回）秋季大演習会	同上		200名
18年11月22日	秋季大演習会	体操伝習所・同所内	辻・濱尾・中川文部大書記官，森文部省御用掛，渡辺東京府知事，矢野商業学校長，折田大学分校長	300余名
19年4月25日	春季大演習会	同上	辻文部次官，菊池理科大学長，久保田文部会計局長，江木文部視学官，永井帝大書記官	750余名
19年11月21日	秋季大演習会	体操伝習所・一ツ橋体育場		
20年4月24日	春季大演習会	同上	久保田文部会計局長，野村第一高等中学校長，矢野商業学校長，元田東京府学務課長他	

8) 明治19年4月の「小学校令」によれば，尋常小学校では，唱歌体操一週6時間，高等小学校では，左同一週5時間(但し唱歌はこれを缺くことを得)，幼年児童─遊戯・年長児童─軽体操・男児─隊列運動とされている。
9) 明治24年「小学校教則大綱」により初めて，体操の指導目標が明示された。それによれば，「体操は，身体の成長を均整にして健康ならしめ精神を快活にして剛毅ならしめ兼て規律を守るの習慣を養ふを以て要旨とす。」とあり，尋常小学校では，遊戯・普通体操，男子には兵式体操を課し，高等小学校では，兵式体操を，同女子には普通体操又は遊戯を課すこととしている。
10) 「尋常師範ノ学科及其程度」によると，男一週6時間…普通体操，兵式体操，女一週3時間…普通体操とされており，「中学ノ学科及其程度」では尋常，高等中学校共に普通体操3時間，兵式体操においては前者が5時間，後者が3時間と若干，配当時間に違いが見られる。
11) 遠足・修学旅行に関しては，教授と訓育とが相互に依存関係を保っている姿が見られる。遠足は，身体の鍛練を主目的とするがそこにおいて理科，歴史の実物教授の面があることが指摘されている。また修学旅行も実地の観察によって知識の修得を目的とする教科外教授の面と，身体鍛練を目的とする遠足の側面とを併有するものであり，それ故に修学旅行は，教授と訓育の両面を備え持つことになる。
12) 明治17年を境にして，フランス式の兵式操練を模倣した「行軍演習」に相当するもの。
13) 従来の「行軍」，「遠足」に，福岡県豊津中学校で実施した学術上の研究が加味された「遠足会」が結合した形態をとっている。東京師範学校の「長途遠足」は以後，急速な普及を見る。全国の師範学校は，次々と「長途遠足」を実施し，「長途遠足」という呼称を「修学旅行」に代置している。
　　明治21年前後の修学旅行の特徴は，①修学旅行の目的地において一層遊戯等の運動が多くなっている。②遠足，修学旅行の目的のひとつに，職員と生徒の親睦を図ろうとする事例が見られる(山本信良・今野敏彦『近代教育の天皇制イデオロギー』1987年，pp.224-232，新泉社，を参考に要点を抜粋した)。
14) 真行寺・吉原前掲書，pp.100-102
15) 萌芽期に見る運動会─海軍兵学寮，札幌農学校，東京大学らの事例─の特徴は，いずれも英国，米国型のスポーツを中心とした運動競技会をモデルにしており外国人教師の指導による高等教育機関に狭く限定されて発展をしてきた。一般に運動会は，明治19年頃から全国的な普及をみせ始める。当初は，体操伝習所，大学，中学校，師範学校，小学校の順での開催が見られ，後半はそのほとんどが小学校において実施されている。この時期の小学校運動会は，県・郡単位の連合運動会が主流であった。このことは，運動会自体が官府主体の上からの教育奨励・体育奨励を目的とした運動会であったことを物語っている。

運動会は，他校との競争を通して，体育や運動の振興を諮ると同時に公開行事として地域の人びと（当局・父兄・住民）の啓蒙を意図した行事であった。明治20年代に入ると，時代の要請に伴って内容に変化が生じて来る。この時期の運動会は，行進や隊列運動を主体とし，目的地において体操や遊戯競争，旗奪を行う「遠足運動」を伴っていた。当時，遠足運動は師範学校や中学校で実施されていた行軍の影響を強く受けたものであった（山本・今野前掲書，pp. 360-397参照）。

第 4 章

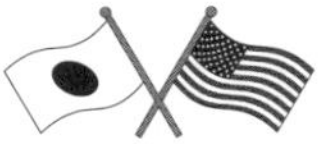

坪井玄道の米国体育視察（1902 年 5 月～ 6 月）

──わが国近代体育の更なるアイデアを求める旅──

文部省の教育近代化に伴う体操振興の方針にそって，明治 12（1879）年わが国に適した体操法の研究選定と，体育教員の養成を図る目的で体操伝習所が開設された。明治政府は，そこでの指導者として米国からリーランドを招き直接その任に当たらせた。明治 14（1881）年，3 年の任期を終えリーランドが帰国するや坪井玄道が同所の主任教師となり，リーランドが伝えた普通体操の普及に努めた。

今回取り上げるのはその中でも，坪井が高等師範学校及び女子高等師範学校教授であった明治 33 年 6 月，文部省は彼に体操研究を目的として向こう 1 年間の欧州留学を命じている（「体操研究ノ為満一年間仏独英三ヶ国へ留学ヲ命ス　但シ米国ヲ経テ帰朝スベシ　明治 33 年 6 月 12 日　文部大臣　樺山資紀）[1]。その際特に興味深いのは最後に米国経由で帰国することの一行を付け加えていたことである。

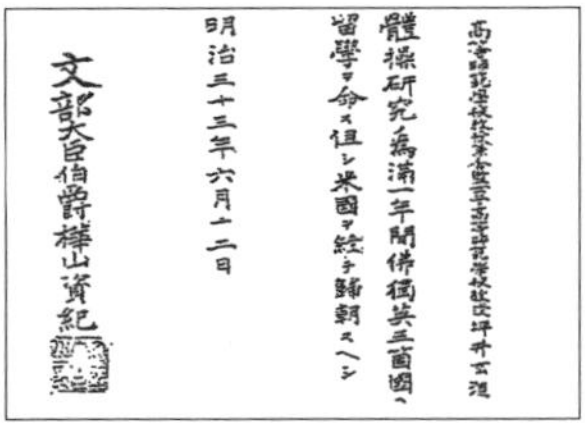
體操研究ノ爲滿一年間佛獨英三箇國ヘ
留學ヲ命ス但シ米國ヲ經テ歸朝スヘシ
明治三十三年六月十二日
文部大臣伯爵樺山資紀

図 4 － 1　辞令

これまで坪井に関するこの時期の研究は，回想などを元に論述されることが多く，彼の言動を巡って直接現地に残された史料に即して検討されることはほとんど見られなかった。

本章では，当時坪井が帰国の際に米国に立ち寄るのは如何なる意義が存在したのか，実際にどのような場所を訪れ，どんな人物と出会った

のか，また彼を待ち受けたボストンでの反響はどのようなものであったのか等について，1995年に行った米国史料調査の際に，新たに発見された当時の現地ボストンのジャーナリズムに掲載された記事や日本国内に所蔵されている坪井玄道関係史料を主要な手がかりにしながら，可能な限り解明していく。

最後に，この米国体育視察の成果について，考察する。

表4－1　坪井玄道略年譜

明治 5年(1872) 7月	文部省から新設の師範学校(後の高等師範学校)勤務を命じられ，アメリカ人教師スコットの通訳を務める。
明治 8年(1875) 6月	官立宮城英語学校の教師として仙台に転任。
明治11年(1878)10月	体操伝習所の開設にあたり，東京に戻りアメリカ人体操教師リーランドの通訳を務める。
明治14年(1881) 7月	リーランド帰国後，後を継ぎ体操教師の養成にあたる。
明治15年(1882) 6月	『新選体操書』を体操伝習所から刊行。
明治17年(1884) 6月	『小学普通体操法』上・下巻を田中盛業との共編で刊行。
明治18年(1885) 4月	田中盛業との共編で，『戸外遊戯法一名戸外運動法』を刊行。
明治19年(1886) 4月	体操伝習所が廃止となり，高等師範学校の助教諭となる。
明治20年(1887) 7月	田中盛業との共編で，『普通体操法』を刊行。
明治23年(1890)10月	高等師範学校兼女子師範学校教授となる。
明治33年(1900) 6月	文部省から体操研究を目的として，1年間のフランス・ドイツ・イギリス3か国への留学を命じられる。
明治34年(1901) 2月	欧州留学へ出発。留学生に芳賀矢一，滝簾太郎がいた。
明治35年(1902) 6月	アメリカ経由で帰国。イギリスからピンポン用具を持ち帰り，初めて紹介する。
明治36年(1903) 6月	抄訳『女子運動法』を可児徳と共に刊行。
明治37年(1904)10月	文部省の体操遊戯取調委員となる。33年～44年にかけて，『体操発達史』を初めとして著書，訳書を次々と発表。

第1節　坪井玄道の米国訪問

坪井が体操研究の為，明治34(1901)年2月に欧米に向かって日本を旅立ち，翌明治35(1902)年6月に帰国するまでの間の詳しい留学行程は，日本国内に所蔵されている坪井玄道関係史料「書簡の部」及び米国で発見されたボストンのジャーナルの両者を整理・分析することによって，およそ表4－2に示したように，彼の欧米における滞在行程を跡づけることができる。そしてこの旅の締め括りとして，同年5月初めに，米国ボストンに立ち寄ることになる。

表4－2　書簡にみる坪井玄道欧米留学行程[2)]

明治34(1901)年			11月	ドイツ(ベルリン)
2月	日本を出発		12月	
3月			明治35(1902)年	
4月			1月	
20日	ドイツ(ベルリン)		2月4日〜9日	
5月				スウェーデン(ストックホルム)
6月			3月2日	ドイツ(ライプツィヒ)
			10日	フランス(パリ)
7月			22日	
8月11日	〃 (ライプツィヒ, イエーナ)		26日	
17日	ドイツ(ベルリン)		4月2日	イギリス(ロンドン)
9月			12日	
28日	スウェーデン(ストックホルム)		21日	
29日	〃		5月1日	アメリカ(サンフランシスコ)
10月4日	ノルウェー(オスロ)		3日	アメリカ(ボストン)
6日	ドイツ(ベルリン)		6月	
			21日	アメリカ(サンフランシスコ)
				帰国

図4－2　ベルリンにて(前列左から坪井玄道, Marie von Lagerström, 後列左から吉武栄ノ進, 小泉又一, 蜂谷貞興らと)明治34年9月

第4章　坪井玄道の米国体育視察（1902年5月～6月）　169

1. 訪米の目的

　この時期における坪井の米国訪問には，いかなる目的があったのであろうか。この辺りの事情に関して最も詳しい『ボストン・グローブ』紙は，「坪井玄道氏がボストンに来たのは，旧跡や美しい風景，街の建物を訪れるためでも，たくさんの教団やこの地域特有の『学説』を学ぶためでもありません。傑出した日本人である坪井教授の目的は，<u>東京，次いでは日本全土で指導するシステム化された体育教育に採用できる体育の方法をボストンから学ぶことです。</u>」と述べている（傍線：筆者）。坪井が訪れた当時のアメリカ体育界の動きを概観すると，およそ次のようである。

19世紀後半のアメリカ体育界の動向—体操体系の系譜[3]

　① 初期のドイツ体操の系譜（C. ベック，C. フォーレン，F. リーバー，C. E. ビーチャー，D. ルイス）

　国民個々人の能力を増進させると同時に，平時，戦時の別なく非常事態に十分に応じることができるようによく訓練された市民を国家に提供しようとすることを目的としていた。学校におけるカリキュラムの一部としての身体運動は，運動それ自体のためでも，体操家養成のためでもなく，生徒自身の身体を健康で，強く，機敏にさせるために修めるべきものであって，これを病気を治療したり，軽い疾患や不具を治す一般的な処方としては捉えていなかった。

　② 南北戦争後のドイツ体操の系譜

　基本的には，ヨーロッパで実施されていたものと同様で，特に数種類の器具を使う体操とクラス全体や個々の生徒を対象とするゲーム，徒手体操又は軽体操を音楽にあわせて行っていた。ドイツ人は，体操の要素を含む多くのゲームを通して，体育に重要な貢献をしている。

　③ スウェーデン体操の系譜（H. ニッセン，B. N. ポッセ，E. M. ハートウェル）

　この体操をアメリカの学校に伝えた最初のひとりであるポッセは，体育は単に健康だけでなく技術の獲得，即ち抑制，印象，表現を正しく行うための注意力の教育に役だっている。…正常な活動にある自然さを助長し，異常な方向へ

の発展を妨げるためにいろいろな運動が選ばれた。体操運動の価値は，身体に及ぼしたその効果とそれを行う際の簡潔さと美しさが決定すると述べている。そして器械体操よりも徒手体操に重点を置いた。ここでは，逆に音楽は心を乱すものとして非難された。

④ アメリカ体操の系譜(E. ヒッチコック，D. A. サージェント，R. J. ロバーツ※，L. H. ギューリック※，J. H. マカーディ※)　※YMCAの体系もここに含めて分類した。

また相前後して，坪井のボストン滞在を報じた『ボストン・サンデーポスト』紙によれば，「坪井教授は文部省の指示により，身体発育のための最良の教育法を捜し求める世界歴訪の旅に出るために，去る2月東京を発ちました。教授はこれまでにベルリン，パリ，ストックホルム，オスロ，コペンハーゲン，ライプツィヒ，ミュンヘン，テューリッヒ，ロンドンを訪問しました。」と前置きをしながら，今回の訪問を「日本は，他の分野同様，国民の健康全般の基礎としてのみならず，国民の知的発育並びに道徳的発育の基礎として，体育の重要性を深く認識しています。この事実は，東京で男女師範学校における高等教育に関し，教鞭を執っている坪井教授がわが街(ボストン：筆者注)を訪れていることからも明らかです」(以下：同断)。

以上のように，両紙とも今回の訪問のねらいを，わが国の体育の近代化に資する優れた教育法を学ぶことであると明確に報じている。

2. 訪問日程及び場所

ボストンでは，まず最初に，YMCA体育館にロバーツ教授*を訪問している。この模様は，「昨日(1902年5月7日：筆者注)，坪井教授はボストンYMCA体育館でロバーツ教授と一緒に数時間を過ごしました。ロバーツ教授は，今までに良好な成績を収め，おそらく全国数百もの同じ様な体育館で実践されている独自の(ロバーツ)システムを実践しました。…
(中略)…YMCAで長年医学長を務めたリーランド博士は，ロバーツ教授のシステムに傾倒しており，坪井教授も本市滞在中に大きな関心を寄せることでし

第4章 坪井玄道の米国体育視察（1902年5月～6月） 171

ょう。」と述べ，今回の訪問の中で，坪井自身がとりわけこの場所を訪れることに深い関心を示していたことを窺わせている。

> ＊ロバーツ(Robert J. Roberts)：YMCA の最初の体育教師，"体操は安全で偏せず，容易で簡潔であり，満足感を与えるもので，しかも有益でなければならない"と信じていた。事実，YMCA の初期の体育計画は，亜鈴，軽器械を用いての活発，敏捷なカリセニクスと，重器械体操，ランニング，スポーツなどを組み合わせて，均衡が取れるように努めていた。YMCA が独自で体育指導者の養成を始めてからの体育課程は，スポーツや競技，水上競技，レクリエーション活動と共に，コンディショニングを目的とするカリセニクスや体操を行うように変わった。また，職員によるバスケットボールやバレーボールの考案はスポーツに対する関心を示した結果の産物であった。
> 1887年　YMCA トレーニングスクール（スプリングフィールド，シカゴは1890年）体育部増設→後のスプリングフィールド・カレッジ：ロバーツ，ギューリック，マカーディらは体育計画の創案と発展に関わる，ジョージ・ウィリアムズ・カレッジ

他に市立屋外体育館，ハーバード大学にサージェント博士＊＊，並びに同大学フィッツジェラルド教授を訪れ，特に彼とは一緒に市内の多数の公立及び私立学校の訪問を予定していた。

> ＊＊サージェント(Dudley Sargent)：1879年　ハーバード大学の助教授となり，新しく出来たヘミンウェー体育館長を兼務する。以来40年間，体育の多くの面（教員養成，競技，カリキュラム，テスト，測定，体育館及びその施設等）に渡って深い影響をもたらした。
> 1887年　ハーバード大学夏期講座開講（期間は，5週間，以後毎年開催，57名の男女参加）
> 1889年　ボストンで"身体鍛練のための会議"開催
> 1891年　サージェント，フィッツ（ジェラルド）ハーバード大学ローレンス理学部内解剖学・生理学・体育学科設置（2～3年後閉鎖）
> 1897年　全国大学体育協会創設（旧名称は，カレッジ体育館長協会）

これ以外には，ニューヨーク市やシカゴ等を訪れ，最終的には，6月12日頃サンフランシスコを経由して帰国をする計画を携えていた。

なお，この機会に坪井がリーランドに直接会ったか否かという事実[4]に関し

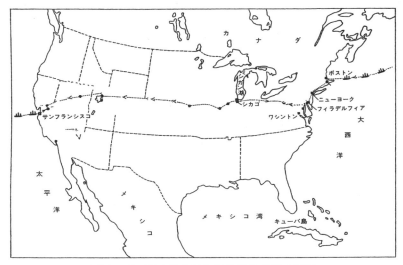

図4-3 アメリカにおける坪井玄道の行程

ては，判然としない。アメリカに帰国してからのリーランドの活動については，以下のようである。

 1893 (明治26) 年 43歳 妻子同伴渡欧，ベルリンに数ヵ月滞在，この年，ダートマス医学校(Dartmouth College Hanover, New Hampshire)咽頭科教授となる。1913年まで20年間続く。
 1894 (明治27) 年 44歳 米国耳科学会会員となる。
 1902 (明治35) 年 52歳 米国咽頭学会副会長となる。

第2節　ボストンのジャーナルに掲載された「坪井玄道」

すでに取り上げたように，遠来の賓客である坪井玄道の訪問を詳しく掲載したボストンの地元紙に以下の2紙があった。
『ボストン・グローブ』(1902年5月8日付)[5]
「体育研究」—坪井玄道教授，日本における体育の最良の教育法を捜し求めて

第4章　坪井玄道の米国体育視察（1902年5月～6月）　173

『ボストン・サンデーポスト』(1902年5月11日付)[6]
「坪井玄道教授」—日本における体育

　各紙は，それぞれ関心を引くタイトルを付し，この日本からの教育者を手厚く歓迎した。以下に，これらのジャーナルに実際に掲載された坪井玄道教授の紹介，日本におけるアマースト方式導入の経緯，日本体育の現状について（体育に対する考え方及び姿勢，日本女性に関心のあるもの，日米の女性の相違）など，その内容に即して検討していく。

　なお，『ボストン・サンデーポスト』の記事は，著者アーサー T. バスウェル（医学博士，所属は不詳：筆者注）と記されており，彼が取材及びインタビューするかたちでまとめられていたことがわかる。

> Visiting Boston, not to see its historic points, the beauties of its environment, its buildings, nor yet to study its many cults and local "isms," is Gendo Tsuboi, a prominent Japanese who has come to take from Boston what of its methods of physical culture can be adapted to the system which he, himself, controls in the city of Tokio, and incidentally throughout all Japan.
> Twenty years ago, when Dr Leeland of Amherst college visited Japan to organize a system of physical culture, Tsuboi was his interpreter, and when after his four years' task, Dr Leeland returned to this country, his place was taken by Tsuboi, who all that time had been his closest co-worker.
> Prof Tsuboi has nearly completed a tour around the world in quest of new ideas for later practice in Japan. Yesterday he spent several hours with Prof Roberts at the B. Y. M. C. A. gymnasium, who practically demonstrated his "system," which has been productive of such good results and which is perhaps in operation in hundreds of similar gymnasiums throughout the country. Later he will visit the municipal open-air gymnasiums and that of Dr Sargent at Harvard, as well as the many other private and public institutions that are so numerous in this city.
> Dr Leeland, who for a number of years was medical director of the Y. M. C. A. has great faith in Prof Roberts' system, and to this Prof Tsuboi will devote much attention while in this city.
> "There is much variation in systems," he said yesterday, in his quaintly accented English, "but little difference radically is there in the German and Swedish and the American, which is more or less borrowed from these. In Japan we have some apparatus, but do not confine ourselves to work with that in our many gymnasiums connected with the schools of every grade.
> "We are able, especially near Tokio, to have our gymnasiums out of doors, where warm, usually even weather comes to us the year round, and much interest is taken by our young people. We have few what you Americans term competitive sports.
> "During the past 20 years the field of work in physical culture has rapidly been enlarged.
> "I have been to Paris, Berlin, Stockholm, Christiania, Copenhagen, Leipsic, Munich, Zurich and London. I shall visit New York, Chicago and San Francisco, gathering there all that can benefit our system. Then when I arrive home I shall instruct my large corps of teachers in the new and advanced methods which I consider superior to those now in use.
> "I have been well received everywhere, but have been especially impressed with what I have seen in Sweden and Germany, and here in Boston.
> "Germans use the most apparatus, but give unusual attention, especially in the schools, to 'reigen,' that is, poise, carriage in marching and dancing. Every school there devotes much time each day to exercise."
> Prof Tsuboi will visit the Boston schools with Dr Fitzgerald. He is especially interested in the high and normal school work in Japan. Physical culture formerly was adopted only in the higher grades, but now the lower grades have classes, and although the Japanese costume, particularly that of the women, makes parts of the other systems impractical, still Prof Tsuboi expects to find much that can be adapted.
> Prof Tsuboi is about 50, not tall, but of splendid physique. He has taken copious notes of all he has seen on his long journey and besides has gathered together much literature on the subject in which he is so interested.
> "Yes, I like Boston," he said, "and some time I want to come back here and—and when I am not in such a hurry."
> Prof Tsuboi sails from San Francisco early in June.

図4-4　Boston Globe, May 8, 1902.

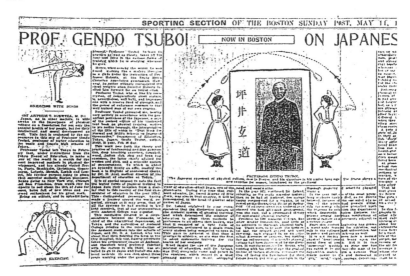

図4-5　Boston Sunday Post, May 11, 1902.

1. 坪井玄道教授の紹介

『ボストン・サンデーポスト』紙は，同市滞在中の坪井を直筆，署名付き写真と留学直前に刊行された『訂正増補　普通体操法』[7]のイラスト入りで次のように紹介した。

図4-6　ボストン紙に掲載された坪井玄道

「スポーツマンであり，立派な肉体の持ち主である坪井教授は，理論と共に実践も重んじています。訪問先では，調査中の様々なトレーニングにも，自ら参加しています。」

「筆者(前出：アーサー　T.バスウェル)の目から見ると，坪井教授はYMCA体育館でロバーツ教授の指示のもと授業に取り組む現代のヘラクレスのようです。しかし，ロバーツ教授が坪井教授を紹介するために前に出るように促すと，彼はむしろ進んで肩の力を抜きました。坪井教授は出身国の日本国民同

様,比較的背が低いにもかかわらず体格が良く鍛え抜かれ,アメリカ男性に共通の温存体力や耐久力の持ち主といった印象を,人びとに与えます。良く知られている日本人の礼儀作法に従い,非常に礼儀正しくお辞儀をしながら,坪井教授は日本語の普通体操法の改訂版一部を下さいました。教科書のタイトルの英訳は,"Text Book for Normal and Middle Schools on Improved Gymnastics"です(明治31年2月26日文部省発行『訂正増補 普通体操法』,中学校及び師範学校教科用書,をさす:筆者注)。

　この教科書は,基礎的で無理ない体操,深呼吸法,ダンベル,アーチェリーの的板,インディアンクラブ,吊り輪,お手玉(主に女子に指導)及び科学的な測定方法に関する理論と実技について述べています」(同書には,付録として,文部省医学監督新井春次郎博士による人体運動機略が添付されている:筆者注)。

　以上のように,彼の日本での最近の業績も含めてわかりやすく人物紹介を行っている。

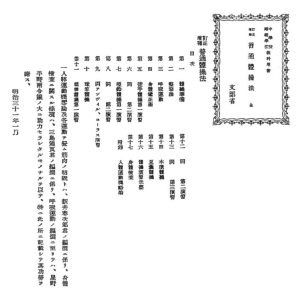

図4-7 『訂正増補　普遍体操法』(明治31年2月26日　文部省発行)
　　　　坪井玄道,田中盛業編

2. 日本におけるアマースト方式導入の経緯

アメリカからリーランドを招き日本体育の近代化に着手するプロセスは，これまでの先行研究で数多く取り上げられてきた。たとえば，1888年アマースト大学卒業生ポール C. フィリップスの『アマースト同窓会季刊紙』寄稿の文章や「シーリー関係文書」（アマースト大学所蔵）[8]等ですでに明らかであるが，ここで述べられている多くの部分がこうした情報源を参考にして記述したと見做される類似した箇所を数多く含んでいることが指摘されよう。

以下にその箇所を引用する。

> わが国における体育が，1876年から1877年にかけて文部大輔田中不二麿の同じようなアメリカ訪問から端を発している事実は，誠に興味深いことである。不思議に思えるかもしれないが，この著名な人物は，世界各国訪問後，長期に渡って調査した全ての教育方法の中でも，地味で規模の小さいアマースト大学が優れたものであるとの報告をしている。この結果，アマースト教育法を日本の学校に紹介することに関して，文部省とアマースト大学当局の間で書簡のやり取りが始まり，G. A. リーランド博士が選ばれて日本にアマースト教育法を教えに行った。リーランド博士は，ボストン市立病院での任期が終わるところであった。さらに博士は，以前にアマースト大学の準備コースを受講していたので，当大学での教育法に精通していた。その後3年間リーランド博士は，総括監督者伊沢修二のもと任務に従事した。この間，著名なニューヨークの教育者ディビット・マレー博士も日本に滞在中で，日本の師範教育の指揮を担当していた。

次にリーランド博士は書簡の中で，文部大臣が当時既知の他の全ての教育法を差し置いて，採用を決定したアマースト体育教育法の特徴について，以下のように述べている。

> それは軽い柔軟体操で構成され，指導は各クラスごとに行い，全ての学

生が参加を義務づけられるものである。この結果，アマースト大学は同大学の学生の健康のために，システム化した訓練を採用した最初の大学として，当時，体育教育における名声を与えられた。

リーランド博士によると，日本の文部大臣が目を見張ったことは，身も心も没頭させながら，音楽に合わせ，とても楽しく体を動かす体操に，皆が参加しに来たということである。
　続いて地道な実践を積み重ねてきたアマースト方式の成果に触れて，1872年にリーランド博士は，大学10チームが参加したスプリングフィールドのコネティカット川ボートレースで見せたアマースト体育教育法の素晴らしさについて以下のように述べた。

　　　全てのチームの中で，アマーストの男子学生達は，全般的に最高の成長を見せてレースに優勝し，システム化した体育教育の勝利を宣言した。

　続いて，このアマースト方式を導入することになった動機とその後の発展ぶりについて，以下のように要約した。

　　　1869年以前は，他の大学同様アマースト大学も徹底的な体育教育に対してほとんど関心を示していなかった。確かに鉄棒，クロッケーや輪投げはしていたが，どれもたまに遊んだり娯楽するもので，指導者達が夢見ていた科学的体育の実施といったものではなかった。そこで，厳しい眼で，徐々に低レベル化していく一部の学生達に気付き，全体的な科学的体育教育を通じて，将来的な健康や精神力の基礎を築くという考えを産み出したのが，敬うべきスターン博士（第4代学長：筆者注）であった。
　　　1858年，ひとりの将来有望な学生が死亡した。博士は，この学生の死は知識だけに偏った教育のせいだと考えた。先見の明があるこの教育者は，大学の理事達を説得して体育学科を創設した。アマースト大学は，大学課

程に体育教育を設置した最初の大学として，アメリカの学校の先駆者となった。

　この小さな始まりが，世界的な体育に対する需要に発展していった。

　その需要は，大学や短期大学のみならず公立や私立の一般の学校にも広く普及していった。

最後に，身体的発育が道徳的性質に及ぼす影響について言及し，アマースト方式の特性について次のように強調した。

　通常の身体的発育が青年の道徳的性質にどのように関係するのかについては，すぐに結果がみられるものではありません。しかし少年期に，努力しなければならない素質を得ようと求めた人が，青年期に成功するのです。この内に秘めた行動力─あえて言うなら，根性，勇気，活力，度胸，決心─が肉体的に鍛えられた人間を形成し，大抵そのような人間は，自信を生みだし何処に行っても自らの道を勝ち取る純粋で強靭な性格，そして美点を兼ね備えているものです。バットやオールの陰に隠れている少年達に必要なことは，筋肉と同時に勇気を養うことです。そして賢明な体育教育を実施している教育者達は，単に受け持ちの生徒達の知性と体力を鍛えるだけでなく，彼等の人格も養っているのです。

3. 日本体育の現状について
a. 体育に対する基本的な考え方及び姿勢

日本の学校教育の一環として義務づけられている体育の利点について，坪井は，以下のように述べた。

　一般に学校の教室での体育は，子どもたちにはたいてい嫌がられる存在にある。またこれを内容的にみても極めて機械的な遊びに過ぎない傾向が強くみられ，一方教師たちの厳格な監視のもと本来の目的から逸れている

現状にある。しかしたとえこのような実情にあっても，心と体の手作りの教養こそが，学校を卒業してからも，生徒に末長く体育の習慣を続けさせることに直接つながっていくものである。

　実際にわが国で体育教育が開始されて以来，全体として国民の健康保持と長寿をもたらすことに大いに貢献してきたが，概して日本の下層階級は，怠惰で裕福な階級よりも体が丈夫で健康である。そのような傾向が見られるにもかかわらずこの裕福な階層は大学を卒業してしまうと，学校での体育のことに段々無関心になり，食事と睡眠の時以外は，凧上げをしたり，将棋大会に出たりして過ごしているのが現状である。

　以上のことから肝案すると真に体育を必要としているのは，これらの裕福な階層であるといえる。

b．日本女性に関心のあるもの

次に今日，わが国の若い女性達に流行しているスポーツについて言及し，その効用について逆にアメリカ側に指摘をしている箇所がある。

　　現在の日本の若い少女達に人気があり，全身の健康をもたらす競技がバドミントン（英国式羽根つき）です。ほとんどのアメリカの子どもたちは，このゲームのことを全く聞いたことがないのですが，非常に爽快で健康的なゲームの一つであることは確かです。もしこのゲームが，アメリカの子どもたちの間で人気が出たら，日本同様，全アメリカ国民の人気を得ることでしょう。

c．日米の女性の相違（体育，習慣，衣服，寿命）

また日米の女性の体育，習慣，衣服，寿命などの違いについて，その特徴を端的に述べている箇所がある。

① 日本の女性の体育について触れた箇所では，（一般的な傾向として）私たちは，楽しいことや，幸福感とか健康を与えてくれるものを熱心に続ける。日本

の女の子は，何時間も続けて遊ぶが，これは同時に最良の体育でもある。一方米国の女性の場合は，運動といえば，馬車乗りあるいは，常時監視の目に晒された中での控えめの散歩といったようなものが一般的である。

② 日米の習慣の違いについては，日本の少女は，自分の部屋や庭で，鳥や菊，蓮の花の香りに囲まれ，幼少の頃は女中の世話になりながら，自らを鍛えていかなければならない。一方米国の場合は，人びとは教養クラブや利益的なクラブの会合のために室内に集まるといった習慣は持ち合わせていない。

③ 衣服に関しては，日本の若い女性は，自由で自然な生活環境のもと，ゆったりとした着物をきている。これとは対照的に米国の普通の若い女性は，コルセットを身に付けたり，ウエストを締め付けている。おしゃれな装いではあるが，健康面を無視したものである。

最後に最も興味を引く問題として，女性の寿命の長さを指摘している。

④ 日本の女性は，男性よりも長生きをする。見たところ華奢な体つきなのに，一般的に健康で長生きをし多くの女性が90歳，100歳まで生きる（各国勢調査で，80歳を超えた国民全てに，天皇陛下が美しい「サコ」（杯）を贈る風習がある。この年齢に達する男性はわずかであるが，多くの女性は皆が羨むその贈り物を受け取りにやって来る）。理由として彼女たちの習慣，衣服，そして野外での自由な時間を謳歌している為と考えられる。なお，ここでは米国の女性の事例に関しては，一切触れられていない。

当時の日米の文化，生活，習慣などの違いが容易に比較対照できて実に興味深い指摘を行っている。

第3節　留学報告—日本近代体育の更なるアイデアを求める旅の総括

坪井玄道は，1年4ヵ月に渡る欧米留学を通して，『ボストン・グローブ』に以下のような旅を総括する一文を寄せている。

第 4 章　坪井玄道の米国体育視察（1902 年 5 月～6 月）

　（世界各国で実施されている：筆者補足）<u>システム（体操体系）は，様々である。しかし，ドイツ [9]，スウェーデン [9]，アメリカ [10] のシステムの間には抜本的な違いは見られない。これらのシステムは多かれ少なかれ適合している。</u>日本では，学校の各学年に関係する多くの体育館に幾つかの体操器具があるが，われわれはその器具だけにとらわれていない。
　日本には屋外体育館がある。特に東京付近は温暖で，気候も大抵年中穏やかで，若者の関心を大いに引いている。
　<u>わが国には，アメリカ人のいう競技（Competitive Sports）がほとんど行われていない。</u>
　過去 20 年間に，体育の現場は大きく広がっていった。
　今後，ニューヨーク，シカゴ，サンフランシスコを訪れ，さらにわが国システムの役に立つものを収集する予定である。帰国後は，現在採用している教育法よりも優れていると私が考える先進の新しい方法を，多くの教師集団に教えるつもりである。

　ここの箇所で極めて重要な指摘を行っていた。
　ひとつは，現在，欧米で実施されている体操（主としてドイツ，スウェーデン，アメリカ）は，どれをとっても大きな違いが見られないとの判断を下したこと [11]。2 つめには，わが国に体育が導入されて以来この方，スポーツの実施がほとんど見られなかった点を鋭く突いたことである。そのため一番身近にあったリーランドが伝えたアマースト方式の継承・発展を図ると同時に，一方ではその不備な点を克服しようと常に努力を怠らなかったことである。
　結果，彼が後年体育を通じて目標（目指した）とした「体操遊戯併用」[12] 論に結実していったと考えられる。こうした意識の芽生えは，まさにこの時期を契機に形成されていったものと見做される。
　最後に，

　　「どこも，私を暖かく迎かえ入れて下さいました。その中で私が調査し

て特に感銘を受けたのは、スウェーデン、ドイツ[13]（「ドイツ人は最も多く体操器具を使っています。しかしながら、特に学校ではバランスや行進、ダンスの時の姿勢に非常に高い関心を寄せています。どの学校も体操に多くの時間を割いています」）（『ボストン・グローブ』）、そしてここボストンです。」

と最も印象に深く残った3つの都市を挙げて、文章を締めくくっている。

第4節　坪井玄道の米国訪問が意味するもの

　坪井玄道は、欧米各国の体育研究を行ったが、とりわけ関心の深かった米国体育については、わが国にもたらされた体育のルーツを自分の目でしっかりと確かめることと同時に体育導入以来20有余年を経て一段と進歩・発展した米国の体育教授法に学ぶことが主眼であった。

　『ボストン・グローブ』紙は、「体育は以前、高学年の授業にだけ採用されていましたが、今では低学年でも取り入れています。日本人の服装、特に女性の服装は、他のシステムの幾つかを実行不可能にしています。坪井教授はまだ、自国に取り入れられるものを数多く見つけるつもりです。…（略）…教授は長い旅の間で見て来たものを全て、メモにぎっしり取って来ました。さらに、興味を持ったテーマに関する文献を収集して来ました。」と、この辺りの事情について更に詳しく述べている。

　これまで見てきたように、坪井玄道が欧州留学をほぼ終えて立ち寄ったボストンで洩らした感想は、彼が後年わが国の体育界で活動を成していく際の中核をなす根本理念を示唆していたといえる。

　他のシステムについても千思万考の末に、尚、一途にアメリカに深い関心を示し、進歩した教育法をわが国に導入するために尽力した。

　こうした起動力を呼び起こす契機となったのが、まさにこの時期の欧州留学・米国視察の体験を通してであったといえよう。その意味では、坪井の視野と探究心を大いに広げた旅であった。

坪井のヨーロッパ諸国における体育研究及び米国ボストン以外の諸都市を巡る視察の詳細については，今回取り上げることができなかった。今後の課題としたい。

注

1) 「坪井玄道関係資料」1.A 辞令，明治33年6月12日
2) 「坪井玄道関係資料」8.H 書簡(1～10)，書簡中，No.1～No.309について年月日，表題，差出人，受取人，形態を手がかりに，坪井の留学中の滞在先を跡づけた。なお，滞在地は，あくまでも書簡に基づき発信地及び受信地により確定した。
3) D. B. ヴァンダーレン，B. L. ベネット共著，加藤橘夫訳『体育の世界史』pp. 383-417(前掲箇所を参考に，19世紀後半のアメリカ体育界の動向を筆者が概観した)，1976年7月，ベースボール・マガジン社
4) 国民教育奨励会編纂『教育五十年史』第二章 創業時代の師範教育体操伝習所の設置 坪井玄道，pp. 18-23，民友社，1922年10月
　リーランド氏帰国の箇所で，「リーランド氏は其後独逸に3年留学，米国に帰てから耳鼻咽喉科の開業医となった。私が前に米国へ行った時別れてから21年目で遭って大層世話になった。今でも達者で居るさうだが，其時から数へて今年が又其21年目に当るのも何かの因縁であろう。(完)」と述べている。この記述から推測すると，米国視察の途上で，この2人は直接出会ったことになる。
5) Amherst College「リーランド関係資料」，3) Clippings – Boston Globe, May 8, 1902.
6) Amherst College「リーランド関係資料」，3) Clippings – Boston Sunday Post, May 11, 1902.
7) 坪井玄道・田中盛業編『訂正増補 普通体操法』明治31年2月26日，文部省発行，巻末の記述によれば，明治20年7月8日 版権所有届 文部省，同31年2月21日 訂正増補 文部省検閲済，同年2月23日 訂正増補印刷，同年2月26日 再版発行(発行兼印刷者 大日本図書株式会社)となっている。
8) 拙稿「リーランド招聘に関する経緯」―アマースト大学所蔵文書の分析を中心として，『北海道大学教育学部紀要』第73号，1997年，ここですでに指摘したように，
　(ⅰ) 1878年3月6日付書簡 体育教師の招聘(体育教師選任依頼)
　(ⅱ) 1878年8月15日付書簡 1878年6月3日付書簡 体育教師選任に関する書簡，体育教師選任に関する御礼，リーランド博士に寄せる期待，契約に関

する進捗状況

 (iii) 1879年4月10日付書簡　リーランド博士赴任後の活動報告，わが国体育教育の実情報告，リーランド博士選任に関する御礼（今村嘉雄『学校体育の父　リーランド博士』資料12　田中不二麿書状—シーリー宛　同書では，1879年4月10日付書簡のみが取り上げられているに過ぎない）。

 これらの書簡によって，詳しい事情を窺い知ることが可能である。

9) 『山陰之教育』明治35年3月，鳥取県立図書館所蔵

 坪井によるドイツ体育視察によれば，「男女の体操　伯林に於ける体操の模様をみるに中学校小学校私立の学校を問わず共に中々盛に行われ，日本では主に男子のみに課せられあれども此所では女子に行われつつあり。其程度は行進運動，器械体操にして器械体操は鉄棒の肱懸上がり，振上懸垂，木馬の閉脚跳開脚跳等簡易のものを用ひたり。されど男子の体操に就いては日本と較べて格段斬新なる事なけれ」。

 同様にスウェーデンの事情についても触れて，「ストックホルムは伯林よりも一層体操の奨励さるる土地にて学校に於ける教授の方法及体操の種類などは別に伯林と異なる所なし…(略)…時に偶々小学校生徒の合併運動会ありて王国体操学会長の紹介にて運動会を来観せしが男女の生徒の運動方法は別段目新らしく思はる点を発見せざりし。…単に体操といへば壮年者のみに限られ併も強壮なる者に行はる感あれども此所にては老人に体操をなさしむる方法あり。」と当時の体育事情を述べている。

10) 藤村とよ『学校体育論』(学校体育文庫　第二巻)，1930年3月12日，一成社，p.58

 坪井玄道の弟子で，彼の可児徳が洋行し帰朝後の話しによっても，「<u>我が国の坪井氏時代の体育は決して世界の進歩に遅れたものでなく，アメリカに於いては未だそれらの形成が盛んに行われていたということを報告されたことがあった。</u>」と当時を振り返って述懐をしている箇所がある。(傍線：筆者)

11) 前掲書，pp.22-23

 坪井は，当時欧米で実施されていた体育をおよそ以下のように受け止めていたと考えられる。

 「<u>坪井玄道氏が世界漫遊中，既に其他国に於いてはスウェーデン万能視しているにも拘わらず，ドイツではスウェーデン崇拝者もあったが，又反対者多く，余り万能視していなかった，尚研究中であったと言われていた。</u>即ちドイツはいよいよ真理と認めたならば，他国のものでも自国のもの同様に取り入れる代りに，決して自己の中心を覆へしてまで不合理に流行を追わないということは確実である。

 今日ドイツではスウェーデン式を全然採用しなかったとは言っていない，然しその長所を採ってその短所を採らなかったということは明らかであるのみな

らず，その長所を自国に同化しそれを採用し，スウェーデン式として丸のみに採用しなかったと云っている。
　　今日如何なる国に於いてもスウェーデン式の器械のない国はないに反してドイツにては，僅に肋木がある他にはスウェーデンの器械は用いていないのによっても明らかである。」(以下：同断)

12)　鵜沢久美子『中世以降の市川』五．郷土と人，1982年10月，pp.54-63
　　「確かに，彼が体育界に身を置くようになったのは，リーランドの通訳を勤めるという一つのきっかけから過ぎなかった。しかし，その後の彼の行動は，一貫して「体操遊戯併用」という体育論を掲げ，得意とする語学力を生かして，欧米スポーツの中から日本にあったスポーツを選んで紹介，普及に努め，当時の体操の戸外遊戯不足を正に努力している。」
　　同様に，体操遊戯併用論に言及した論考は，他にも例が見られる。木下秀明「近代日本の体育思想3　坪井玄道」『体育の科学』1964年6月，pp.351-355 ここでは，「坪井は，身体活動による心身の教育という意味での体育観にたち，健康を目的に合理的に構成された普通体操と人間性の発展に資する戸外遊戯を併用する方法論を提起した」と述べ，(この時期における)近代的な体操遊戯併用論の提唱者(筋の通った体育思想家)として彼の存在を高く評価している。

13)　『京都府教育会雑誌』149号，1904(明治37)年9月，p.10
　　明治37年8月，坪井は欧米留学から帰国後，「体操」と題して京都府に於いて以下のような講演を行った。「欧米の先進国へ行ったら嘸かし新しい体操や珍しい運動が沢山あって恰も宝の山へ入った様に掴み取りえり取りであろうと思って行きました。所が案外さうでない。一向つまらぬことが多い。…段々見て歩く内に追々感心すべき点が見い出された。能く能く調査して見ると…感服することばかりであった。独逸には一番永く滞在しましたが，其学校でやる体操は生徒の身体の為めと云うのが目的であるから，技術は極容易なものを選んで而して必ず生徒自身にやらせるようにしている。…日本の学校で，器械体操をやらせる所を見ると，大変に難しいことをやらせるから，生徒一人ではなかなか出来ない。…生徒がやって居るのか先生がやって居るのか，殆どわからぬような次第である。独逸では容易なものを選んで，其上足の運動や手の運動や身体の運動や色々の種類を取り換え入れ換へて飽かぬようにやらせている。日本でやる所を見ると学校の時間割にあるからやらせると云うような有様で…それでは何の役にもたたぬ。私は独逸流に容易な事を飽かぬようにやらせたいと思ふ。生徒の飽かぬように色々の種類をやらせると云うことは，初め随分と困難なことであるが熟練して来ると訳なく出来るようになる。
　　それで体操を教えようとなさる方々は，先ず第一其授業に就いて考へられたい。…遊戯は只生徒を悦ばせるのが主意でないから，彼の表情遊戯とか云って手先許り動かすのは何の益にもたたぬから是非共動体遊戯をやるようにしたい。

瑞典。体育では世界第一だと誇っている丈けあって，それは盛大なもので独逸などの比でない。…而して<u>体操教師は，大変に厚遇されている。尤も体操教師には医学士も沢山いる。各学校は競うて医学士の体操教師を庸うている。</u>」(傍線：筆者)

と述べ，坪井が欧州留学中に感銘を受けた体育に関する指導法及び基本的な考え方，体育教師の位置づけなどについて特に強調している箇所が見出せる。

第 5 章

アメリカ・ボード日本ミッションの活動と
日本近代体育の成立
―― 来日アメリカ人宣教師関係文書を手がかりとして ――

　幕末維新期のキリスト教開教以来，最も多くの宣教師を日本に派遣したのはアメリカ合衆国であった。それによってもたらされたキリスト教，とくにプロテスタンティズムとそれに随伴してもたらされた西欧近代の科学技術・産業・文化・諸制度等はこの時期の日本の近代化過程において，極めて重要な影響力を持った。この時期わが国に派遣された宣教師たちが，在留中本国のミッション本部に宛てて発信した夥しい数の書簡，報告書がこれまでに収集・蓄積されてきている（杉井六郎「アメリカ所在キリスト教各派日本関係文書」『史林』第52巻4号，1969：ここでは調査可能な7つの宗派の代表的な文書が収録，同志社大学人文学科研究所編『アメリカ・ボード宣教師文書資料一覧』1993，他に同研究所編『来日宣教師』1999 などが見られる）。

　本章では，先に述べた資料蓄積の成果に着目し，これまで教育制度，政策を中心とした体育史研究では比較的注目されることの少なかったアメリカ・ボード関係文書を主要な手がかりとしながら，以下の2点について明らかにしていく。

1) 日本近代体育の成立を横断的な視点―1870年代と相前後して，わが国に導入された体育を日米相互の関係に注目して―で捉える。
2) すぐれたキリスト教文化の所産として日本に伝えられた体育を特定の宗派に深く立ち入って検討する。その際わが国に滞在した宣教師やお雇い外国人教師たちの人的交流にも着目し，彼等の教育活動を探って行く。今回，

アマースト・グループの日本における新たなネット・ワークの存在も確認された。

塩崎らの最近の研究によれば，19世紀初めすでにニューイングランドを中心としてアジアなどの異教の地に神の教えを広めようとする熱狂的な動きが起こっていた。すなわち当時ボストンは貿易のみならず，キリスト教布教という面でも日本に深い関心を持っていたことになる。アメリカ各地に点在する各宗派の中で，とりわけわが国の近代教育，特に体育・音楽に関わって多大な影響を及ぼしたと見做されるアメリカン・ボード(組合教会派)の活動を中心に検討する。この宗派には，アルフュース・ハーディ(新島襄の留学時のスポンサー，フィリップス・アカデミー・アマースト大学・アンドーヴァー神学校各理事)やルーサー W. メーソン(お雇い外国人教師・音楽)他にウィリアム S. クラーク，ウィリアム・ホイラー，ディヴィット P. ペンハロー，ウィリアム P. ブルックス，ジョン C. カッター(札幌農学校教師)など，わが国教育の近代化に深く関わった人物が多数含まれていた(塩崎智『アメリカ「知日派」の起源』2001)。

このような視点から論究した先行研究に，安田寛「キリスト教宣教と唱歌成立のダイナミズム」や本井康博「体育の成立とミッション」などが挙げられる。これらの論稿の特徴は，唱歌や体育がアメリカ・プロテスタント諸教派の日本伝道の強い影響のもとに成立したことを指摘している点にある。これ以外に本井康博「アメリカン・ボード宣教師，ラーネッドの場合」がある。ここでは宣教師の報告書簡を駆使して，同志社で開始された体育の先進性を高く評価すると共に，リーランドが日本政府との契約が切れる直前，ミッション専属の医師として委嘱されたがその誘いを固辞したために，結果，その計画は断ち切れになった新事実を明らかにした。しかしこうした研究成果は必ずしも，学界で十分な認知が得られているとは言い難い状態にある。

こうした多くの研究成果に学びつつ，同時にここで取り上げて検討しようとするキリスト教関係の書簡や報告書を単に宗教史(プロテスタント史)における宣教・伝道上の問題解決の為の狭い範囲の資料に止めることなく，広く教育史，体育史，国際教育等日本の近代史の構造を明らかにする貴重な資料として十分

に活用されるための可能性を探って行きたい。

第1節　アメリカン・ボードによる日本宣教と体育の開始

1. アメリカン・ボード（組合教会派）による日本宣教の目的

　メイフラワー号の移民に象徴されるように，アメリカは信仰の自由を求めた人びとが作り上げた国である。ニューイングランドはナサニエル・ホーソーンの『緋文字』に描かれたように，特にキリスト教とのつながりが深く，宗教裁判や魔女狩りまで行われた土地柄である。アジアなどの異教の地に神の教えを広めようとする熱狂的な動きが沸き起こったのも，ニューイングランドであった。1810年，マサチューセッツ組合教会総会に，若い神学生たちから海外宣教を目的とする委員会設立の申請書が提出された。彼らの大半は，後に新島が進学するアンドーヴァー神学校の学生たちである。申請書は認可され，若者たちは2年後に，海外宣教師第一弾としてインドへ向けて出発をした。1827年，ボストンと日本の間に宿命的な関係が結ばれる。この年，ボストンとその近隣地域在住のキリスト教信者の一団が世界のキリスト教への回心を祈って定期集会を始め，ボストン郊外のウィリアム氏のもとに集まり最初の寄付金600ドルを，それまで宣教師が訪れたことのない日本に捧げた。一説によれば，集会に使われた竹籠が偶然日本製だったので，日本が選ばれたと言われている。この600ドルはやがて増額されて4,000ドルを越え，ダイエル・クロスビー・グリーン牧師夫妻の日本での宣教活動資金として使われる。ボストンは貿易のみならず，キリスト教布教という面でも日本に手をのばしていたことになる。この宣教団体はアメリカン・ボードと呼ばれた。新島襄の留学時のスポンサー，ハーディーは，この団体の中心人物であった。新島がボストンの東洋貿易船に乗ってボストンに上陸し，そこで信仰心篤いハーディーに出会ったというのは，ある意味，歴史的必然であり，日本とボストンの関係を象徴的に示していると言える。

　ハーディーは，ボストン北郊の町チャタムに生まれた。牧師になることを目

指してアンドーヴァーのフィリップス・アカデミーに入学するが，健康上の理由で退学を余儀なくされる。その後商取引の道に転じて大成功を収める。彼は，企業家として活動する傍ら，母校フィリップス・アカデミーやアマースト大学の理事を務め，貿易から上がる利益と自己の労力を惜しみなく注ぎ込んだ。これら2つの学校は，新興キリスト教勢力ユニテリアン派に対抗する伝統的なピューリタン，組合教会派の巣窟的な学校であった。彼は，アメリカン・ボードの運営委員会の議長として長年，活躍する等，キリスト教の布教に一生を捧げた。もうひとり，日本に関わり深い人物がいる。1880年，音楽の導入に関わってわが国に招聘されたルーサー W. メーソンである。安田らの研究によれば，メーソンは熱心な組合教会派の信者で，自らの専門である音楽教育を生かし，日本でのキリスト教布教の役に立とうと考えていたと言う。その他に札幌農学校教頭に招かれたウィリアム S. クラークもまたマサチューセッツ州出身で，アマースト大学卒業の科学者であった。「滞在が極端に短かったにもかかわらず，彼は北海道で教育者・技術指導者・宣教師という3つの異なった『ヤトイ』[1]の役割を果たすという偉業を成し遂げた。彼のマサチューセッツ農科大学での後継者は，クラークが農学校で日に4時間の講義をし学生たちに実地見学をさせ，実験農場を作り，耕作機械で実地教授をし，『非公式的な宣教師として日曜礼拝を行った』と伝えている」（サーダス・バークス「西洋から日本へ」p. 199）。クラークが引き連れて来たウィリアム・ホイラー，ディヴィット P. ペンハロー，ウィリアム P. ブルックスらはいずれも信仰心篤いマサチューセッツ出身の科学者たちであった。

　幕末維新期のキリスト教の布教というと，フルベッキ，ブラウン，バラと言ったオランダ改革派教会の活動が目立つが，この時期多くの教師を派遣してきた組合教会派の活動も決して見逃すことはできない。そして，この組合教会派こそは伝統的なニューイングランドのキリスト教であった。

2. 日本近代体育の創始――先進モデル校にみる体育の共通性

a．同志社の事例

〈体育教育の実施[2]〉　同志社における最初の体育実施は，1876年学校創立の翌年までに遡る。当時，同校の外国人教師としてその職にあった宣教師 D. W. ラーネッドによって指導された。1879年10月16日付 D. W. ラーネッドが N. G. クラークに宛てた書簡によれば，「校庭で簡単な体操(some simple gymnastic exercise)を始めています」と当時の様子を述べている。その時期に行われていた体操は，亜鈴や棍棒，球竿などの簡単な器具を使用した，いわゆる「軽体操」を指していたことが窺える。

創立当初の同志社では「体育」は「音楽」と並んで課外の随意科目であり，これらは外国人教師によって担当されていた。ちなみに1880年度のカリキュラムによれば，前者はラーネッドが，後者はゴードンが各々担当していた。こうした動きを全国的視野で捉えると，1876年8月に開校された札幌農学校の体操の開始時期とほぼ同様であり，東京の体操伝習所のそれと比較するとおよそ2年早く開始されたことになる。当時の様子は，『創設期の同志社[3]』によっても窺うことができる。1876年10月16日付クラーク宛書簡に，「同志社の学生たちが余りにも運動をしない様子を見兼ねて，球投げや石蹴り等校庭でできる簡単なゲームを紹介している」とある。またこの他にフットボール(サッカー)などのスポーツも折に触れて取り入れている。これ以外にも「軽体操は，アメリカではピアノにあわせて実施されたが，同志社ではラーネッドが歌で代用した」との証言もある。

同志社女学校でも早くから体操が取り入れられている。1877年5月京都府学務課の視察報告書によれば，「運動所があり，体操に用いる木製の玉棒(竿)及び投擲に用いる袋あり，袋は木綿を用い中に豌豆(えんどう豆)を入れたり」とある。この当時の体育担当者は女性宣教師パミリー(H. F. Parmelee)であった。

〈体育館の創設〉　同志社で行われた体育のもう一つの特徴は，体育館の創設である。アメリカ東部地方と比較的気候風土の類似した日本においては，天候に左右されることなく常時安定して運動可能な場の確保が必要不可欠な問題で

あった。1879年6月の年次会議において体育館の設置を建議し，同年11月15日付ラーネッドの書簡において「ごく簡単な体育館を建設中」と述べていることから推測すれば，遅くとも年内にはその完成を見たことになる。日本ミッションの1881年5月11日付「81年度学校報告」によれば，「体育館で定期的に行われる体育の授業が学生の関心を引いていること，それと同時に学生たちの健康保持に大いに役立っているように見受けられる」と報告している。

b．体操伝習所の事例

〈アマースト方式への注目〉 周知のように体操伝習所は1878年10月，わが国の本格的な体操法の研究と体操教員養成を目指して開設された。文部大輔田中不二麿がフィラデルフィア博覧会に出席し，その帰途，教育制度調査の為，ニューイングランド及び南方諸州を視察した際，二度目のアマースト（大学）訪問を行っている。この時初めてアマースト大学の体育に触れ，最も優れた体育制度が確立しているここアマーストに範をとり，当時特に未整備な状況にあった日本の体育の振興が方向づけられた。文部省は田中を窓口に，直接シーリー学長宛て体育教師の招聘を依頼した。体育学科2代目教授として就任したエドワード・ヒッチコックを中心に体系化されたアマースト方式（＝疾病調査と活力検査を導入し科学的根拠に基づいた方法を用いて，運動効果を証明した）は一躍全米の注目を浴びることと成った。アマーストの卒業生であり，ヒッチコックの優れた後継者でもあったジョージ A. リーランドが選任されわが国に派遣された。

〈リーランド任免を巡るミッションの関与〉 リーランドの日本招聘を巡る経緯について，これまでに言及されていない新たな指摘が見られる。コングリゲーショナルの史料を手がかりに詳細な検討を行った安田の最近の研究[4]によれば，以下のようである。

「明治9(1876)年10月5日，アメリカでもっとも由緒ある宣教師海外派遣団体アメリカン・ボードのその年の大会がコネチカット州ハートフォードで開かれた。その大会の壇上に田中不二麿が登場したのである。そのこ

第5章　アメリカン・ボード日本ミッションの活動と日本近代体育の成立　193

とがアメリカン・ボード幹事をいかに興奮させたか。幹部の一人が，『われわれの歴史の中でもっともスリリングな場面の一つだった』と述べ，明治9 (1876) 年11月2日付　以下のような，日本宛て書簡を送っている。

　不二麿はアメリカン・ボードの全面的支援を得て，日本ではじめる体操の指導者としてリーランドという若いお雇い教師を獲得した。ボードが彼を推薦した理由のひとつは，『耶蘇教風の高志ある人』ということであった。

　ボードの幹部は，日本にいる宣教師に宛て，『不二麿が，ミッションの意向に沿った形で，文部省内で窃かに人員の配置転換を行っている』と，その興奮ぶりが伝わってくるような手紙を出している。」(傍線：筆者)

と述べ，上で指摘した一連の資料を駆使して，これまでの先行研究では取り上げられなかったリーランド招聘に関わる隠れた部分を見事に描き出している。

　彼は在任中，生徒の身体発育の測定について優れた統計資料を提供した他に，体操の指導書を作成するなどわが国の体育指導の為に多大な貢献をなした。体操伝習所でのリーランドの任期は，当初2年間の約束であったが，日本政府は契約期間を1年延長した。またリーランドが体育教師の職務を解かれて帰国をする際の経緯に関しては，来日アメリカ人宣教師関係資料の精緻な分析を行った本井の研究が見られる。

　1880年9月27日付　M. L. ゴードンの書簡[5]によれば，

「1880年秋，日本ミッションはリーランドをミッション専属の医師として採用したい旨の要請を行っていた。医師のゴードンがこの件をリーランドに打診したところ，直ちに職務につく意志がないとの返事が返って来た為に，この件は実現することなく立ち消えとなった。一方ボストンのミッション本部側では，1880年10月2日付　N. G. クラーク書簡において，リーランドが日本政府との契約期間を1年間延長した動向をすばやく察知し，ゴードンに対しては，採用は問題外であるとの回答を行っていた」(傍線：筆者)

事実が明らかになった。ミッションの要請に応じて、リーランドがそのまま医師として、日本に残った場合を想定するとわが国の体育の様相が一変する事態が生じていたであろうことは容易に想像される。

c．札幌農学校の事例

〈W. S. クラークの招聘〉 1876年アメリカマサチューセッツ農科大学（農業とそれに関係する諸学科を専ら教えている土地交付大学として成立している。アマーストにある農科大学は合衆国における唯一の純然たる農科大学である。以下，これを MAC と略す）を範として札幌に開校した。初代教頭として W. S. クラークを招聘した。彼は就任以来，8ヵ月に渡って生徒を育成し，専門の植物学の教授の傍らキリスト教の信仰を伝え多くのキリスト教信者を輩出させた。

〈軍事教練の重視〉 ここでの教育の特徴は，軍事教練が重視され，1876年開校当初のカリキュラムによれば，毎週2時間の「練兵」が，翌1877年にはこれがさらに細かく設定され，午後は製図(90分)と軍事教練(60分)が毎日実施されている。1878年9月，クラークの後を受けて教頭代理となったホイラーは，調所広丈校長に対して，アメリカ陸軍士官学校卒業の士官を招聘することを要請している。これに対して，開拓使は1879年11月陸軍士官学校卒業生陸軍少尉加藤重任を兵式体操教員として採用した。後に文部大臣となる森有礼が師範学校に兵式体操を導入するよりもおよそ10年先んじていたことになる。森が1875年にクラークに案内されて MAC を視察した際，この軍事教練にいたく感動したことが直接導入の契機になったと言われている。

これまでに見て来た3つの学校の体育に共通するものは，それらのいずれもがマサチューセッツ州アマーストに端を発する一文化としてわが国にもたらされたものであった。手塚竜麿が彼の著書『日本近代化の先駆者たち』（吾妻書房，1975)の中で指摘したように，「アマースト・グループとでも言うべきネット・ワークの存在」が実に重要な意味を持った。日本に体育を導入するにあたって力を尽くしたアメリカ人はアマースト大学学長であったシーリーを始めとしてほとんどがアマースト関係者であったし，しかも彼等のいずれもがアメリカン・

ボードの関係者[6]によって占められていた事実によっても明らかである。

第2節　日本の先駆となったアマースト・グループにおける体育

1. アマースト大学の事例—科学的指導法の導入とリーランドによるアマースト体育の伝達

　1860年，アマースト大学は全米でいちはやく体育館を建設し，体育学専門の授業を配した体育学科が設置されたことで良く知られている。1861年に就任した第2代目の教授エドワード・ヒッチコックの時，科学的指導法を導入したアマースト方式の体育は全米で一躍注目される存在になった。ここの卒業生には，W. S. クラークをはじめ G. A. リーランド他に新島襄など，後に日本の近代教育に関わり深い人物が多く含まれていた。わが国体育との関わりは，1872(明治5)年4月に遡る。田中不二麿は岩倉大使一行に加わって渡米したが，この時アマースト大学を訪ね，シーリー教授やヒッチコック教授とも直接交遊をしている。1876年11月，田中はフィラデルフィア博覧会の帰途，2回目のアマースト訪問を行っている。この時体育授業を実際に見学した。ここでの見聞が直接的契機となって，帰国後の1878年3月に体育教師選任の依頼が親書に認められることになる。当時ボストン市立病院の医師として研修中であったリーランドが推薦され日本に赴くこととなった。彼はアマースト大学に在学中，体育のクラスキャプテンを務める傍ら，1875年には共著で体育に関する指導書などの刊行に関わっており，技術及び指導面でも大いにその力を発揮していた。

　リーランドが日本に伝えた体育は，アマースト大学で教えられていた徒手・手具の体操であった。1878(明治11)年に来日し，明治14年に帰国するまでのわずかの間に，教材の作成，体操用具，図書など備品の整備から指導法の確立，教師の養成に至るまで文部省の体育教育体系のほとんど全ての分野にわたって基礎を確立した。

2. マサチューセッツ農科大学の事例―軍事教練の重視と配属将校制度の導入

1867年，モリル法に基づき軍事教練を実施しながら，農業及び機械技術の教育を振興する目的でマサチューセッツ州アマーストに農科大学が創設された。開学当初から「軍事教練」および「軍事技術」は必修科目として位置付けられていた。MACの第7年報でクラークは軍事技術の教育がモリル法によって要求されていることをあげ，「合衆国の多数の知的な若者たちにライフル，銃剣，サーベル，大砲の使用法，戦場における各種の軍務に従事する兵卒や士官の義務，加えて要塞構築の知識などに関する事柄を訓練することは国家にとって莫大な価値があろうことを信じ，かつまた軍事的訓練は体育の最もすぐれた手段となることを信じて，文学ではこの部門に十分な時間を割いて来た[7]」と述べ，さらに来日直前に記した13年報では，「連邦政府もそれを評価し，軍事の教授職を供与することによって，その方面の教育の便宜を増加させてきた[8]」とこれまでの実績を強調した。アメリカ陸軍士官を教授に任命する一種の配属将校制度の導入はMACにおいては，1869年以来実行されていた。当時，4名の教授が配置されていたが，そのうちのひとりは「フランス語」兼「軍事教練」担当教授としてヘンリー・グッデル[9)10)]の名前が見られた。

3. ウィリストン・セミナリーの事例―アマースト大学モデルの教育方針と体育の重視

1841年サムウェル・ウィリストンの多額の寄付(推定額27,000ドル)によって，イーストハンプトンに設立された当地初の中等教育機関(高等学校)である。ちなみにウィリストンは，アマースト大学に対しても同様に寄付を行い，後に校舎の寄贈までも行っている。発足当初は共学であったが，1864年からは男子校となった。同校はW. S. クラークやラーネッドの母校であると同時にアマースト大学とは極めて密接な関係にある高等学校であった。クラークは開校と同時にこの学校に入学し，1844年に卒業している。ラーネッドも1864年にこのセミナリーに入学し，2年間寄宿舎生活を経験している(この学校のスポンサー

でもあったウィリストンはラーネッドの母親の伯父にあたる)。この学校の教師のほとんどがアマースト大学の出身者であり，カリキュラム自体もアマースト大学をモデルとしていた。ちなみにクラークもアマースト大学を卒業した後，母校に戻り，2年間ここで化学と博物学を教えた。クラーク夫人となったハリエット(彼女はウィリストンの養女の一人であった)もまたこの時期，同校の教師を務めていた。

ラーネッドの在学中に教鞭をとった教師は全部で9名いたが，いずれもアマースト大学の卒業生であり，後にアメリカン・ボードの理事長や幹事，その他は他大学の学長や教授となっている。このセミナリーはアマースト大学と同様に体育が重視されており，1864年8月ちょうどラーネッドの入学した時期に体育館[11]が建設されている。それ以後体育の授業は週4回実施された。彼等の体育を担当した教師は，H. グッデル(高名な宣教師の息子)で後にマサチューセッツ農科大学の学長となった。

ラーネッドは同志社での体育実践をその回顧録の中で，「同志社で行った体育では，私はイーストハンプトンの学校で自分が学んだことを活用しました。同校ではグッデル先生から教わりましたが，先生は後にマサチューセッツ農科大学の学長になられました」と証言している。

第3節　アマースト・グループと札幌農学校との結びつき

1. リーランドと札幌農学校お雇い外国人教師との交流

これまでアメリカン・ボード日本ミッションとアマースト・グループ及び日本の近代体育をリードしてきた3校―同志社，体操伝習所，札幌農学校―のそれぞれの相互関係について見て来た(図5-1)。

ここでは特に筆者との関わりの深い札幌農学校に限定して，これまで取り上げられることのなかったアマースト・グループと北海道に招聘されたお雇い外国人教師との新しい人的交流の実相について探っていく。

北海道大学北方資料室に『開拓使外国人関係書簡目録』が所蔵されている。

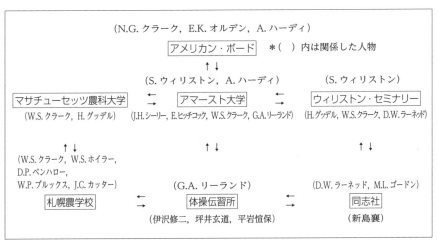

図5-1 アマースト・グループ,日本とアメリカン・ボードの関係

この書簡中に,1879年6月19日付 ペンハロー(札幌)から野口源之助(開拓使東京出張所)に宛てた「リーランド氏より送付予定の人力車小樽へ回送依頼」と題する書簡が収められている。

札幌,1879年6月19日
野口様
　　拝啓　この手紙を受け取ると間もなく,東京のジョージ・リーランド博士から,人力車が送られることと思います。その人力車が到着次第しっかり荷造りし,一番早い船便で小樽にお送り下さい。よろしくお願い申し上げます。
　　　　　　　　　　　　　　　　　　　　　　　　　　　　敬具
　　D. P. ペンハロー

これに対して,1879年7月3日付でリーランド(東京)から野口源之助(東京出張所)に宛てて「ペンハロー氏依頼の人力車送付」と題した書簡が送付されている。

第5章　アメリカン・ボード日本ミッションの活動と日本近代体育の成立　199

> 加賀屋敷17，1879年7月3日
> 野口様
> 　　拝啓　10日程前に，札幌のあなたの学部にいらっしゃるペンハロー教授宛てに，人力車を一台注文いたしました。完成次第，野口様から教授に送ってもらうことになっていると承っております。こうしてご依頼通りに人力車を納品させて頂くことができ，光栄に存じます。ペンハロー夫人が事故にあわれたため，外出の際便利なように人力車が必要になったのです。ご都合がつき次第，できるだけ早く教授に送ってくださいますようお願い致します。
> 　　　　　　　　　　　　　　　　　　　　　　　　　　　　　　　敬具
> 　　G. A. リーランド

　当時，体操伝習所に勤務していたリーランドと札幌農学校教師ペンハローの間に交されたわずか2通の書簡が見つかった。リーランドは，お雇い外国人教師として慣れない日本での生活の最中，突然不慮の事故に遭遇して不自由な生活を余儀なくされている同僚，ペンハローの妻を思いやり，東京で人力車を注文し，札幌に送付する労を自ら買って出ている。二人の間柄を思い知らせる書簡である。直接，体育に関わる問題に触れてはいないが，両者の交流が如実に認められる資料と言える。

2．体育導入についての意見

　1880年1月3日付，札幌農学校教頭心得　ペンハローから開拓(使)大書記官　調所広丈に宛てた「体操器具買入の意見[12]」と題した書簡が，前掲北方資料室『札幌農学校史料』中に所蔵されている。
　これはクラーク帰国後，彼の後を引き継いで教頭の職についたペンハローが，当校の生理学・解剖学担当教師兼医師でもあったカッターに生徒の体質を養成する方法について意見を求めたものである。その結果としてリーランド博士が監督する東京体操伝習所で実際に使用している体操用具一式を取り寄せ，直ちに体操科の実施に踏み切るべきであるとの意見を述べたものである(図5-2)。

書簡中に取り上げられている13種類に及ぶ体操用具はいずれもかなり具体的にその機種，形態，数量が示されており，事前に両者の間に入念な情報交換がなされた結果と見做される。

書簡の最後で述べている通り正課としての体育の位置づけ並びに内容構成はアマーストに範をとったものと言える。

第4節　アメリカン・ボード日本ミッションの活動がわが国の近代体育にもたらしたもの

これまでわが国にもたらされた体育は，当時文部省とアメリカ東部の一大学であるアマースト大学との間の交渉によってその導入が決定づけられたと捉えられていた。しかし今回の検討を通して一歩論を進めるならば，すでに見て来たように現地アメリカにおいては，アメリカン・ボードによってすでに構築されていたネットワークの中で相互に関連し合いながら体育文化の原型が，アマースト・グループによって創造されていた。

わが国では1870年代の後半よりアメリカン・ボードによる日本宣教を目的に来日していた宣教師及びお雇い外国人教師などによって急速に体育の紹介，導入が計られることになった。そこにおいて見られた特徴は，アメリカでとられていた方法をそっくり踏襲する形で，わが国に持ち込まれたことである。1878（明治11）年に，一時帰国していたM. L. ゴードンが，「日本で仕事が成功する為にはミッションと協同することが不可欠だ」と述べた発言に象徴されている。

アマースト・グループで形成された体育文化は，学校設立の目的や教育方針に応じて各学校において，独自な形態で取り入れられて行った。

- アマースト大学—Physical Cultrue →体操伝習所—Gymnastics, Physical Education
- マサチューセッツ農科大学—Military Drill and Military Tactics →札幌農学校—Military Drill

第5章　アメリカン・ボード日本ミッションの活動と日本近代体育の成立　201

```
一　ドム，ペール（木製）　　　　　　　　　　　　　　百対　　　　　一　固定パラルレルバル　　　　　　　　　　　　一箇
一　バルベール　長三英尺各端０字形ノ球アルモノヲ要ス　八十対　　一　ハウルチング，ホールス　　　　　　　　　一箇
一　インデアン，クロップ（大小軽重トモ四通リ）　　　八十対　　一　ハウルチング，バル　　　　　　　　　　　一箇
一　タラペジイ　一箇者上ニ重ネ他ヨリ小ナルモノ　　　二個　　　一　マットレッス　良ク塵芥ヲ去レルモノ　　　二箇
一　ペール，リングス　　　　　　　　　　　　　　　　一揃　　　一　ショウルドル，エンウェーチング錘　　　　二箇
一　ロウ，オフ，リングス数五箇　　　　　　　　　　　一揃　　　一　直垂線　　　　　　　　　　　　　　　　　一条
　　　　　　　　　　　　　　　　　　　　　　　　　　　　　　　一　直垂杭　　　　　　　　　　　　　　　　　一対

札幌本庁ヨリ東京出張所ヘ照会シテドクトル，チョージエー，リーランドノ管掌セル東京体操場ノ器械
師及ヒ図者ヲ送致アランヲ依頼セラレン事ヲ推奨ス同所ニテハ現ニ使用スル器具ヲリシテ直ニ其模形図
取及ヒ詳細ヲ法リ得ヘケレハナリ其器具ハ悉ク最モ耐久スヘキ物質ヲ以テ神速ニ製作セラレン事ヲ推奨ス
……（中略）……
前件ノ次第故余ハ謹テ閣下ニ左件ヲ推奨ス

第一ドクトルカッターノ掲載セル諸装置ヲ可成丈遠ニ得ラレン事　　　第四前件ニ述フル体操述ハ理学及ヒ解剖学教授ノ定業ニシテ
第二目今東京ニ於テ使用スル模形ニ従ヒ之ヲ製作セラルル事　　　　　其者ハ毎週若干頭ノ馬ヲ苦ノ訓練スル事
第三体操術ヲ農校ノ定則学科中ニ加ヘラレン事
　　　　　　　　　　　　　　　　　　　　　　　　　　　　　　　本条ヲ御参考ニ供セハ允諾アランヲ請フ敬具

　　　　　　　　　　　　　　　　　　　　　　　　　　札幌農学校教頭心得デイ，ピー，ペンハルロー手記
```

図5-2　体操器具買入の意見（一部を抜粋）明治13年

・ウィリストン・セミナリー――Gymnastic Exercise →同志社―体操

　またキリスト教系の学校に位置づいた宣教師たちは，宗教教育を重視しながらその他に特徴ある教育（体育，音楽 etc）を展開することが可能であったが，官公立学校に招聘されたお雇い外国人教師たちは，当初から宗教に関わる教育は極力制約され，任用された各自の専門領域内の教育・研究面での貢献が大いに期待された。その為彼等の多くは専門領域が持つ思想的背景にはほとんど触れることなく，専らその知識や技術の伝達のみに傾注することを余儀なくされた。

　結果として，明治期の教育の近代化は，やがて伝達する側と受容する側の間にさまざまな齟齬をきたす結果が生じることになる。

　筆者は目下，米国に所蔵されているアメリカン・ボード日本ミッション関係の資料調査・収集に本格的に取り組んでいる最中である。今後さらにキリスト教関係史料の発掘を推し進め，新たな史実に基づいて，わが国の体育の近代化像に迫って行きたい。

注

1) アーダス・バークス編『近代化の推進者たち―留学生・お雇い外国人と明治―』思文閣出版，1990年，2 24，pp.196-199
2) 同志社大学人文科学研究所『アメリカン・ボード宣教師文書資料一覧』1993年，D. W. ラーネッド書簡，Roll 84。これより他に同志社の体育について触れたものに，Roll 134, 142, Annual Report of Kyoto Station, Roll 21, School Report, Roll 163 などが挙げられる。
3) 同志社史資料室編『創設期の同志社―卒業生達の回想録』1986年，p.46, p.66
4) 安田寛『「唱歌」という奇跡 十二の物語』文春新書，2003年，pp.18-19
5) 同志社大学人文科学研究所，2)の前掲書，M. L. ゴードン書簡，Roll 86
6) A Personal Familiar Letter From Japan, 17 KAGAYASHIKI, Tokio, JAPAN, October 17, 1880. リーランドが在任中，同一宗派で親交のあったボストンの牧師と交わした書簡が見つかっている。これによれば，当時日本におけるキリスト教布教の実態が詳しく報告されている。そのような中で，彼等お雇い外国人教師たちが宗教上置かれていた微妙な立場が描かれていて，実に興味深い資料である。
7) Seventh Annual Report of MAC, Jan, 1870, p.14.
8) Thirteenth Annual Report of MAC, pp.66-73.
9) "Annual Report of Massachusetts Agricultural College", AGRICULTURAL COLLEGE of TRUSTEES, OVER SEERS, FACULTY AND STUDENTS, Jan, 1868.
10) Henry Hill Goodell, The story of his life with letters and a few of his addresses, 1911. この中で，H・グッデルは，1867年から1869年の3年間，軍事教練および体操の教師を務めていたと記されている。
11) 北海道大学附属図書館『明治大正期の北海道』(目録と写真編)。北大図書館の写真コレクション，米国ウィリストン学院体育館内部(マサチューセッツ州)。クラークが札幌農学校に招聘された際に所持していたものと考えられる(1877年頃)。写真には，クラークの寄贈と記されている。詳しくは，体育史専門分科会定例研究集会(2002, 10)発表資料，資料6を参照。
12) 北海道大学『北大百年史』札幌農学校史料(一)〔農101〕，ぎょうせい，1981年，pp.465-466

第 6 章

G. A. リーランドとアメリカン・ボード
――来日米国人宣教師文書及びリーランド書簡（1880年10月17日付）の分析を通して――

　お雇い外国人教師であったG. A. リーランドをわが国の体操教師として招聘・任免する経緯については，これまで限定された資料に基づいて言及がなされてきている。

　本章では，第一にこれまでほとんど取り上げられることのなかったアメリカン・ボード関係資料を主要な手がかりに，殊にリーランドの任免を巡る経緯について，新たに判明した事実に基づいて明らかにして行く。第二の点は，当時わが国に招聘された数多くのお雇い外国人教師たちが，キリスト教布教に対してどのような感情を抱いていたのか―この時期のキリスト教普及の実態と布教活動について詳細に報告したリーランドの書簡を事例として―取り上げ，彼等お雇い外国人教師たちが専門教育を教える傍らキリスト教布教の度合いにも深く配慮し，わが国のキリスト教布教のどのような点に関心を持ち，アメリカ本国に何を伝えようとしたのかを詳しく検証し，この分野で彼等が担った特別な役割を明らかにしようとするものである。

第1節　アマースト大学とアメリカン・ボードの結びつき

　ボストンは学問の都である。新大陸移住後間もない17世紀に，早くもハーバード大学が設立されたほどである。当初は会衆派（＝組合派）の男子修道院として創立され，その目的は「イギリス人とインディアンの若者に知育と敬神を

表6−1　独立前に設立された大学と宗派

大学名	州名	宗派	設立年
ハーヴァード（Harvard）	マサチューセッツ	会衆派	1636年
ウィリアム・メアリー（William & Mary）	ヴァジニア	英国教会	1693年
イエール（Yale）	コネチカット	会衆派	1701年
プリンストン（Princeton）	ニュージャージー	長老派	1746年
コロンビア（Columbia）	ニューヨーク	英国教会	1754年
ペンシルヴェニア（Pennsylvania）	ペンシルヴェニア		1755年
ブラウン（Brown）	ロードアイランド	バプテスト	1765年
ダートマス（Dartmouth）	ニューハンプシャー	会衆派	1769年
ラトガース（Rutgers）	ニュージャージー	オランダ改革派	1771年

(『アメリカ・キリスト教史』より引用)

教える」こととされていた。この学校を卒業した者はプロテスタントの聖職者になるのがふつうだった。旺盛な知的好奇心は，ニューイングランドの伝統的な信仰にもメスを入れることになる。

　19世紀のボストンは，新興のユニテリアン派がボストンの宗教と言われるほどに勢力を広げてきつつあった。ユニテリアン派は，キリストの神格，つまり三位一体の教義を認めないという自由神学の思想を掲げ，組合派に比べて芸術や娯楽に関して寛容であった。1825年には，アメリカ・ユニテリアン協会が結成されるに伴って，ニューイングランドの教会は続々と組合派から離脱して1840年には135の教会がユニテリアン派に加盟していった。ハーバード大学も徐々にユニテリアン化し，1838年にはすでに教授の大半はユニテリアン

であったと言われている。結果としてハーバードは当時ユニテリアンの牙城となっていった。

　このユニテリアンは社会意識と人道主義の精神が旺盛で，奴隷制廃止にもいち早く乗り出すことになる。エマソンなどの超絶主義者たちも，伝統的なカルヴィン主義に反逆した点でユニテリアン的な傾向を強くしていった。これに対してニューイングランドの伝統的正統派神学を守る立場から1807年に創立されたのがアンドーヴァー神学校であり，また1832年創立のアマースト大学であった。

　19世紀の中葉には，アマースト大学は聖職者を最もたくさん輩出した大学であったと言われている。とくに1868年新島襄が在学した当時のアマースト大学の学生数と，陪餐会員数，牧師志願者数，宣教師志願者数について興味深い統計を，北垣宗治はホランド※文書のなかで指摘[1]している。

　※　W. J. Holland (1848-1932)　新島襄はアマースト大学の学寮で3年間を過ごした。ルームメイトは，2年目がW. J. ホランドであった。彼は新島より5歳年下であった。信仰の点からみて，また趣味からいっても，新島はホランドとの親交を最も楽しんだようである。ホランドはアマースト大学を卒業後は，諸学校の校長，牧師などを務めた。後にウエスト・ペンシルヴァニア大学(現ピッツバーグ大学)の学長，博物館長に就任した。1887年，日食観察のため来日した際，新島を京都に訪ねた。

表6－2　RELIGIOUS STATISTICS AMHERST COLLEGE (1868-1869)

	Seniors	Juniors	Sophomores	Freshmen	Total
No. in class	56	56	70	65	247
No. of Communicants	43	37	47	44	171
No. of Non-Communicants	13	19	23	21	76
Preparing for the Ministry	20	27	22	20	89
Looking toward Mission Field	5	8	6	5	24
［卒　業　年］	1869	1870	1871	1872	

　この表が作成された当時はW. J. ホランドが4年生，新島が3年生の時の統計であり，新島のクラス(Sophomores)は他のクラスに比べて陪餐会員数は少な

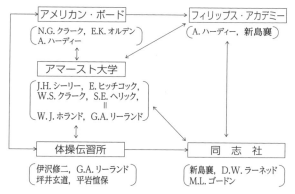

図6-1 アマースト・グループとアメリカン・ボードの関係図

いが，牧師と宣教師志願者数では断然他のクラスを引き離していることがわかる。

ローバート・ヘンリー・ディヴィス，オーティス・ケーリー・Jr.，アーサー・ウィリス・スタンフォード，ホレイテオ B. ニューウェル，フランク・アランソン・ロンバード，といったアマーストの卒業生はすべてアメリカン・ボードの宣教師であったことからもわかるように，アマースト大学とアメリカン・ボードは当時非常に密接な関係にあったともいえる。宣教師たちはしばしばアマーストを訪れて宣教先での体験を語って，若い学生たちを鼓舞したことが，新島やホランドの手紙に反映している。アメリカン・ボードの大会がニューイングランドで開催される時には，アマーストの学生が大挙してそれに参加する習慣があったといわれている。

第2節 お雇い外国人教師リーランドの任免を巡るアメリカン・ボードの関与

1. リーランドの招聘

コングリゲーショナルの史料を手がかりに詳細な検討を行った安田の2003

年の研究²⁾によれば，以下のようである。

　明治9(1876)年10月5日，アメリカでもっとも由緒ある宣教師海外派遣団体アメリカン・ボードのその年の大会がコネチカット州ハートフォードで開かれた。その大会の壇上に田中不二麿が登場したのである。そのことがアメリカン・ボード幹事をいかに興奮させたか。幹部のひとりが，「われわれの歴史の中でもっともスリリングな場面の一つだった」と述べ，明治9(1876)年11月2日付　以下のような，日本宛て書簡を送っている。
　<u>不二麿はアメリカン・ボードの全面的支援を得て，日本ではじめる体操の指導者としてリーランドという若いお雇い教師を獲得した。ボードが彼を推薦した理由のひとつは，「耶蘇教風の高志ある人」ということであった。</u>
　ボードの幹部は，日本にいる宣教師に宛て，「不二麿が，ミッションの意向に沿った形で，文部省内でひそかに人員の配置転換を行っている。」と，その興奮ぶりが伝わってくるような手紙を出している。(傍線：筆者)

と述べ，上で指摘した一連の資料を駆使して，これまでの先行研究では取り上げられなかったリーランド招聘に関わる隠れた部分を見事に描き出している。
　体操伝習所でのリーランドの任期は，当初2年間の約束であったが，日本政府は契約期間をさらに1年延長した。

2．リーランドの任免

またリーランドが体操教師の職務を解かれて帰国をする際の経緯に関しては，来日アメリカ人宣教師関係資料の精緻な分析を行った本井の研究が見られる。
　1880年9月27日付　M. L. ゴードンの書簡³⁾によれば。「<u>1880年秋，日本ミッションはリーランドをミッション専属の医師として採用したい旨の要請を行っていた。医師のゴードンがこの件をリーランドに打診したところ，直ちに職務につく意志がないとの返事が返って来た為に，この件は実現することなく立ち消えとなった。</u>一方ボストンのミッション本部側では，<u>1880年10月2日</u>

付 N. G. クラーク書簡において，リーランドが日本政府との契約期間を1年間延長した動向をすばやく察知し，ゴードンに対しては，採用は問題外であるとの回答を行っていた」事実が明らかになった。ミッションの要請に応じて，リーランドがそのまま医師として，日本に残った場合を想定するとわが国の体育の様相が一変する事態が生じていたであろうことは容易に想像される。(傍線：筆者)

第3節　リーランドの明治日本への関心
―「キリスト教布教の実態」に関する報告
~「日本からの個人的な親しみのこもった手紙」(1880年10月17日付)[4]

リーランドがキリスト教について直に言及した資料はほとんど見かけられない。筆者がこれまでに精力的に資料調査を行ってきた結果，唯一入手できた一点限りの書簡である。この書簡が発せられた時期から推測して，日本ミッションが彼をミッション専属の医師として採用したい旨の打診をし，ゴードンを経て断りの意志を伝えて来た直後のものと云える。教派から受けた強い要請に対して，それを断ってしまったという良心の呵責と同時に彼自身の目的を達成させたいという強い気持ちが入り交じった複雑な胸の内が容易に想像される。こうした複雑な気持ちを紛らすかのようにボストンで牧師を務める親友であるヘリックに宛て，わが国におけるキリスト教布教の実態を以下の書簡で詳しく述べている。

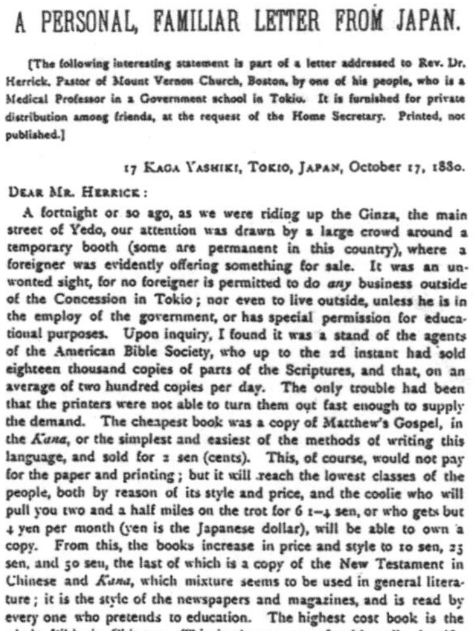

まず。冒頭部分にこの書簡の性格につ

図6-2　日本からの個人的な親しみのこもった手紙

第6章　G. A. リーランドとアメリカン・ボード　209

いて述べられている。

「日本からの個人的な，親しみのこもった手紙」表題（タイトル）の次に4行ほどに渡って書簡の主旨が冒頭で述べられている。彼の親しかった友人たちへも配付された模様である。

以下の興味深い記述は，「ボストンのマウント・バーノン教会(1874年9月24日新島襄がアンドーヴァー神学校を卒業して，正規の牧師の資格を与えられた場所。この教会の位置はマサチューセッツ・アヴェニューのチャールズ川に架かっているハーバード橋のボストン側のたもとの東側である：筆者注)の牧師であるヘリック博士宛に，彼の教区民である，東京の国立大学に勤務する医学教授が出した手紙の一部である。
　これは，内務大臣の要請により，友人たちへの個人的な配付に供するものです。印刷はされましたが，出版はされていません。」と説明が付されている。（傍

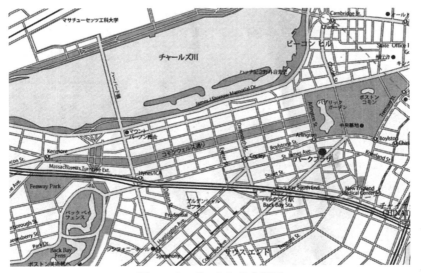

図6－3　ボストンの市街図

線：筆者)

書簡の全容を示すと，およそ以下の通りである。

　　　　　　　　17　加賀屋敷　1880年10月17日　日本，東京にて

拝啓　ヘリック　様
　2週間ほど前に，江戸の大通りである銀座を通っていたとき，私達の注意は，外国人が明らかに何かを売っていると思われる露店（日本では常設している露店もあります）の前の人だかりに向けられました。それは異様な光景でした。というのも，東京の外国人居留地の外で，外国人が商売をすることは許されていなかったからです。また，外国人は，政府に雇われているか，教育目的の為の特別な許可を得ていない限り，居留地の外に住むことも許されていませんでした。問い合わせてみて，アメリカ聖書協会の代理人の露店だということが，分かりました。彼等は，一日平均200部の聖書を売り，今月2日までに18,000部が売れました。唯一困ったことは，需要を満たす程早く印刷機が回転しなかったことです。この中で最も安価な本は，日本語の最も平易な表記法である「かな」によって書かれたマタイによる福音書で1銭で売られていました。これが紙代，印刷代にもならないのは言うまでもありません。しかしこの表記法と価格のおかげで，最も下層にいる人びとの手元にも届き，また6 1/4銭で客を2.5マイルも走って運んだりする人力車夫や，月にたった4円(円は日本のドルに相当)しか得ていない下級労働者も，聖書を手にすることができるのです。これらの本の価値は，その他に，10銭，25銭，50銭などの聖書があり，値段が高くなると共に表記法も高度になり，50銭のものは，一般的な文献で使用されている漢字・かな交じりで書かれた旧約・新約聖書です。
　これは，全ての学術書の表記法で，この聖書は，最も上流階級の教育を受けた人びとの注目を集めることを意図していました。というのも，中国語に堪能な優れた学者であることは，最も高度な教育を受けたことの証だ

第6章　G.A.リーランドとアメリカン・ボード　211

からです。偉大な仕事をしたのは，アメリカ聖書協会だけではありません。スコットランド聖書協会も，大きな成功を収め，恐らくアメリカ聖書協会に匹敵するほど偉大な業績を残したと言えるかも知れません。そして今，この大きな成功を喜びながらも，わずか1年程前に，宗教書籍行商人が「売れない」とこぼしていたことを思い起こさなければなりません。この「神の御言葉」(聖書：筆者注)の大規模な配布が神の教えと導きのもとでどれほど大きな価値を有しているかは計り知れません。日本には，貧しい人びと，女性，子どもたちのための読み物はほとんどありませんし，その本質において，高い道徳性を持ち，精神を高めるような読み物が全くありません。女性は，概して，教育を受けておらず，少しは読めたとしてもせいぜいその程度で，女性向けの本は，妻や母の努めについてだけ扱ったものです。また，子ども向けの物語本は，あまりにも意図的であり，家に置いておく気にもなれません。日本語を専攻している大変立派な若いイギリスの学生が，日本の「ガリヴァー」から「日本のアジア的社会」を抜粋したものを翻訳してくれました。彼は，その他の部分は，あまりにも反道徳的なので，文明国のほんの一握りの人達にしか分からない言語で隠しておいた方がいいと言っていました。日本人は，大変「読書家」です。週に2, 3度巡回図書が，使徒の住む地区を訪れます。文字通りのこの巡回する図書は，何十冊もの本が大きな緑の布に包まれて，一人か二人の男の背に掛けられて，やって来るのです。そう言った男たちは，町の至るところで見かけることが出来ます。それなら，このすばらしく売れた聖書の数から，何かを期待しないでいることなど出来ましょうか？(傍線：筆者)

　現地のキリスト教徒は，宣教師による援助や煽動などによる，高い道徳性を有する読み物の必要性に気づきました。この手紙とともに，今月(10月)11日にその第1号が発刊された月刊の宗教雑誌(『六合雑誌』の創刊号のこと：筆者注)を送ります。編集長は敬愛なる小崎氏で，彼は京都にある外国伝導神学校のアメリカ理事会の昨年の卒業生です。同氏はまたこの立派な市の中心地に13人の信徒からなる教会を持っています。幾人かの現地のキ

リスト教徒と二人の優れた宣教師であるフルベッキ博士とファウルド博士がこの雑誌に投稿することになっています。お送りした雑誌に，「人間の起源」についてのファウルド博士の記事が載っていることにお気付き頂けるでしょう。彼はモース教授と闘った人であり，日本の「Punch」また「Puck」が，彼に十字架の形を真似た人びとに向かって説教させたとされており，双方ともに，互いが間違っていると論争しています。(傍線：筆者)

野外集会

　最近東京で建造された教会の牧師である敬愛なる小崎氏が，10日前に私を訪ねてきて，寄稿論文を提供してくれました。見出しは，「日本人のキリスト教徒は，15，20年の発展過程を経て，キリスト教の祝福と慰めとを享受して来たので，自らの立場を知らしめ，はっきりとした姿勢と態度を示す時期が訪れたと考えるに至った」となっています。そのような経緯から，<u>今月11，12日，上野公園</u>(精養軒：筆者注)<u>で説教等の目的で，野外集会を開くことが決定されました。</u>(傍線：筆者)

　精養軒の敷地が借り上げられました。というのもこのホテルは，政府の非常に重要な部局である「開拓使」の長官である黒田氏によって所有・経営されているからです。また東京市は，中央政府と同様，そのような集会の可能性を保証するために，許可もしくは無関心を示さなければなりませんでした。両当局は，また東京で最も大きな仏教寺の比較的高い地位にある僧侶が，キリスト教徒の野外集会を妨害するのではないかと恐れていましたが，そのようなことはありませんでした。また集会の2日目に音楽を提供するために，当局は海軍の楽団を雇いましたが，結局，楽団は現れませんでした。小崎氏が言うには，当局は，そのような友好の情は公には示したくないということです。11日がやって来て，雨の日となりました。そのため野外集会が実行不可能となりましたが，ひとつのお話だけはほとんど最後まで行われ，傘をさした聴衆が聞き入りました。集会は引き続き大きな食堂で開かれることになり，満員の衆の中で説教が何時間も続けら

第6章 G.A.リーランドとアメリカン・ボード 213

れました。翌日は，比較的天候に恵まれましたが，その時期いつもそうであるほど心地よい天気ではありませんでした。野外集会は，午前9時から12時まで，そして午後1時から5時まで開かれました。私どもは2時30分頃に訪れました。会場に向かっていたとき，夥しい数の人力車と人だかりが，何か常ならぬ興味深いことが起こっていることを示していました。さらに後方には，おそらく長さ8フィートの，幅2.5フィートの大きな白い布があって，そこには縦書きで「イエスの宗教…偉大なる説教の会場」と書かれていました。この布の丁度下で，ひとりの日本人の大きな声がし，私達の注目はそこに集まりました。その人は，石段の頂上から多くの人に向かって，ひどく真剣に話をしていました。彼の頭上には，大きなブロンズ製の仏像があって，彼を静かに見下ろしていました。高さ15フィートもあろうかというその仏像は，円光の代わりとして，頭の後におおきな金輪をつけていました。しかしこれは会場から溢れ出たものたちの集会といったようなものでした。さらに遠くの方に会場があったのです。<u>横浜のコーレル（メソジスト監督教会の教師。1873年6月来日。当時は横浜美会神学校（後に青山学院と改めた）の教授であった：筆者注）</u>さんという方が，説教をしていました。私の側にいた宣教師が，次の引用を同時通訳してくれました。「なにびとも未来を知ることはできない」。しかしまあ，なんという興味深い聴衆でしょう！　前部の席には，何百人もの女子生徒，すなわち以前手紙に書いた伝道女学校の学生がいました。制服を着て武器を携帯している兵士，ゆったり垂れた奇妙な色の職服を着て，頭を剃った異教徒の僧侶，やはり頭を丸めた未亡人，お歯黒の既婚女性，鮮やかな色の服を着たキリスト教徒である津田氏がそこにいる人びとの数を推測して欲しいと私に頼みました。私は「2千人だよ」といいました。彼は「ああ，そうだね」。もし彼らが皆外国人だったら君の言うとおりだろう。でも日本人は非常に礼儀正しい国民で，互いに非常に接近して座ることができるから，3千人いると見ていいよ。」と言いました。午後になって，礼拝のある部分に出席した人びとは，4千人以上いると推定されました。(傍線：筆者)

コーレル氏のお話の後,「戴冠式」が英語で歌われました。外国人の宣教師達からなる壇上の大聖歌隊が豊かな音色で「全ての人の主キリストに冠を」と歌って,最高潮に達した時このモンゴル人の主催者の感情は溢れだし感激の余り気絶しそうになりました。しかし音楽会での試みのような音楽的なものはありませんでした。おそらく貴方は,どのような感情がこの歌によって呼び覚まされたか想像がつくでしょう。それから私たちの友である<u>平岩氏(体操伝習所で,理科担当兼務を命ぜられ,他に体育学も講義した：筆者注)</u>が紹介されました。外国人のお話しを聞くと言うアトラクションが終わり,何百人かの人びとが立ち去りましたが,其れでもなお多くの聴衆が残っていました。おそらく2千5百人位いたと思います。彼のお話しの間中ずっと,誰もが静かに整然としており,妨害も反対行動もなく,皆が注意を向けていました。そして,平岩氏が着席すると,聴衆は皆,深々とお辞儀をしました。(傍線：筆者)

　その日は,多くの聖書や宗教書が売られ,何千もの小冊子が配布されました。<u>政府がこのような集会を開くことを許可し,また公共の印刷機がキリスト教のために使用されることや,日刊紙に広告が載ることを許可し,先に述べたようなこと全てが今実際に起こっている</u>このときに,感謝の念とともに喜び表すことがふさわしくないということがありましょうか？

敬具

G. A. リーランド

　なお,書簡の最後にこれを受けたボストンのミッション本部の幹事　E. K. オルデンの名でコメントが付されている。

　　<u>日本のキリスト教徒たち,また宣教師協会とは正式には関わりを持たないが,キリスト教徒の行動に心からの共感を抱き,大日本帝国中にキリストの王国を広めようと尽力している国公立学校の教師たち</u>のことを,どう

か心にお留め置き下さい。(傍線：筆者)

E. K. オルデン

(アメリカン・ボード幹事)

ボストン　Missionary Rooms より
1880年12月

　リーランドは，当時日本におけるキリスト教布教の実態を，以下のように捉えていたことがわかる。

　ひとつには，聖書が短期間に余りにも驚異的な売り上げを示したことに大変な驚きを持って捉えていた。その理由として，下層階級の人びとにも容易に入手できる安価な値段であったこと，「かな」書きで読みやすい内容であったことなどが考えられた。

　2つには，日本には貧しい人びと，女性，子どもたち向けの高い道徳性を持ち，精神を高めるような読み物が，明らかに不足していたが聖書の配布により一気にこれが解消されるようになった。

　3つには，聖書の印刷・出版はアメリカ聖書協会とスコットランド聖書協会が手がけた。

　4つには，現地のキリスト教徒は，宣教師による援助や煽動などによる高い道徳性を有する読み物の必要性に気づいた。10月11日に月刊の宗教雑誌『六合雑誌』が創刊された。編集者は，小崎弘道(同志社卒業生)であった。2人の優れた宣教師であるフルベッキとファウルド(「人間の起源」について，モースと論争をした人物)がこの雑誌に寄稿していた。

　最後に10月11，12日の両日上野公園で説教を目的とした野外集会が開催された。壇上には横浜のコーレルが立ち，説教の後平岩愃保が紹介された。政府が，集会を開くことを許可し，公共の印刷機がキリスト教の為に使用されることや，日刊紙に広告が掲載されることを許可した寛容な態度に対して感謝の念と共に喜びを表していた。

　また，彼の書簡を受け取ったアメリカン・ボード幹事オルデンの付記にも明

らかなように，直接キリスト教の宣教活動が主たる任務ではなかったリーランドのようなお雇い外国人教師たちも常に日本でのキリスト教布教活動には深い関心を持ち続けていた事が窺える。

第4節　S. E. ヘリックとリーランド

1. ヘリック博士について

これまでの資料調査においては，リーランドが日本に滞在中の1880年10月，加賀屋敷から親しみを込めて手紙を送った相手であるヘリック博士に関する詳細は，不明であった。しかし昨年(2008年9月)筆者がアマーストを訪れた際に，かつてアマースト大学スペシャル・コレクションズの責任者であったダリア氏から親切なる資料提供を受けてこれまで抱いていた疑問は，一気に解決することが可能となった。当大学に所蔵されている"Amherst College Biographical Records" 1973,[5] によれば以下の通りである。

ヘリックとアマースト大学の関係は非常に関わりが深く，大学院においてそ

ヘリック・サミュエル・エドワード(Herrick, Samuel Edward)略年譜

1841年4月6日	ニューヨーク州サウザンプトンに生まれる。
1856～59年	サウザンプトン・アカデミー卒業
1859～61年	ニュージャージー州オレンジ郡で教職に就く。
1861～63年	プリンストン神学校において学ぶ。
1862年	アマースト大学文学修士取得。
1863年10月13日	聖職を授与される。
1863～64年	ニューヨーク州のワッピンガーズ・フォールズ長老派教会に在職する。
1864～71年	チェルシーのブロードウェイ・コングリゲーショナル(組合)教会に在職する。
1871～1904年	ボストンのマウント・バーノン教会に在職する。
1878年	アマースト大学神学博士号を取得する。
1890年	アマースト大学長老派同窓会会長に就任する。
1898年5月29日	『William Seymour Tylerの追憶』(アマースト大学教会)を発表する。
1904年12月4日	ボストンにて死去。
主な著作物	『過去の異教徒』『12～18世紀の宗教活動』『中世の布教活動』etc.

第6章　G. A. リーランドとアメリカン・ボード　217

れぞれ修士号，博士号の学位を取得している。専門である神学を学ぶ傍ら，聖職者としての資格を得て，1868年以降は，長老派教会，組合教会において，牧師を務めている。また1890年には，大学の同窓会の教派を代表する会長職も務めている。さらに，ヘリックとアマースト大学を結びつける強固な状況証拠が見つかっている。

　2008年資料調査で立ち寄ったボストン・パブリックライブラリーにおいて，下記のタイトル名の刊本が発見された。これは『タイラー教授の追憶』(*An address in memory of William Seymour Tyler: delivered in the college church at Amherst, May 29. 1898*)[6] と題されたものであり，彼の業績，大学で担当した講義及び教会で行った説教等が取り上げられている。A5判，全28ページ，アマースト大学教会によって刊行されたものである。タイラー教授は，1830年度アマースト大学の卒業生であり，大学では主に古典語を教えていた。新島が在学中，タイラーからギリシア語を習ったかは定かではないが，彼の説教は何度か聞いた筈である。彼は理事会の委嘱を受けて，1895年『アマースト大学50年史』を編纂している。

2. 帰国後の交流

　リーランドとの親密な交流は帰国した後も継続して続いていた模様である。リーランド文書の中で，書簡の部の後半に納められている。

　1902年8月10日付の書簡で，ダートマス大学医学部に集中講義のため出講した際に，ニューハンプシャー州ハノーバーに滞在したリーランドからヘリック博士に宛てて提出されたものであった。

ヘリック博士宛書簡(1902年8月10日)[7]

　　　　　　　　　　　　　　　　　　1902年8月10日　ハノーバー

　拝啓　ヘリック博士

　　今週目に留まった Clyde Fritch の切り抜きを何点か同封致しました。

その中の一点は貴方のかつての教区民たちの切り抜きですが，他に全く興味を引くものでなければ少なくとも貴方にとって微笑ましいものなのかもしれません。

　現在私は，ダートマス・メディカルスクールの毎年恒例の勤務でこちらに来ております。風光明媚な場所で，今までのところ今年の夏は非常に心地よく過ごせております。こちらに来てから10日目なのですが，あと4日で勤務終了となります。是非充実した夏休みをお過ごしになって次学期に備えて十分健康を維持されることを願っております。貴方の経験則がどのようにして発表されたのか存じ上げておりませんが，耳に入ってこないことからおそらく厄介なことにはなっていないのだと考えております。

　　　　　　　　　　　　ご多幸をお祈りしております
　　　　　　　　　　　　　　　　　　　敬具
　　　　　　　　　　　　　　　　　G. A. リーランド

　今週見て特に関心を引いたクライド川（スコットランド南部の川）の入江に関する記事の切り抜きを何点か同封致しました。その中の一点は貴方のかつての区民たちのものをお送りしましたが，非常に興味があるものであれば満足していただけるかもしれません。毎年恒例の夏季休暇期間中の集中講義で，2週間前ダートマス大学医学部に出講した先からヘリック博士宛に暑中見舞いを投函しております。今夏は今のところ非常に気持ちよく過ごしております。貴方もどうか，来期に備えて十分健康に留意され，充実した夏休みを過ごされるように願っています。

　貴方が実際の経験から発見された法則がどのようなものかは理解しかねますが，実際に私の耳に入っていないことからすると，特に問題は起っていないと思っています。

　と述べ，相手の健康を十分に気づかった親友としての二人の間柄が偲ばれる文であると言える。

　残念ながら今のところリーランド関係文書に収められている書簡の中では，

本章で取り上げた2件のみに限られている。

第5節　G. A. リーランドとアメリカン・ボードの関わり

　すでに見てきたように，(1) お雇い外国人教師 G. A. リーランドを体操教師としてわが国へ招聘・任免する際に，日米両国間の公式交渉ルート以外に一宣教団体であるアメリカン・ボードが深く関与していた事実が窺える。
　この宣教団体はお雇い外国人教師の推薦（＝人選），派遣の働きかけや新たな人事配置，雇用期間の継続等に及ぶさまざまな場面において，大きな影響力を持っていた事実が明らかになった。時としてボードが寄せる要求や意向は，正式な日本政府と相手機関との交渉よりも強力な権限を持ち，両者の計画を左右する程の大きな力を持っていた。(2) わが国に招聘されたお雇い外国人の一人であるリーランドがキリスト教布教のどのような点に関心を持ったのか，次に米国本国に何を伝えていたのかを実際の報告に基づいて整理すると，およそ以下のようにまとめることができる。滞在期間がわずか2年という短期間にもかかわらず実に詳細な情報を収集，提供していたことがわかる。具体的には，① 聖書が出版されて短期間にもかかわらず余りにも驚異的な売り上げを示したことに大きな驚きを持って捉えていた。② 日本では貧しい人びと，女性，子どもたち向けの道徳性に富んだ，精神を高めるような読み物が不足していたが，聖書を配布したことによりこうした弊害が一気に解消された。③ 聖書の印刷，出版はアメリカ聖書協会とスコットランド聖書協会が手がけた。④ 現地のキリスト教徒は，宣教師が行う援助や煽動による高い道徳性のある読み物の必要性に気づいた。10月11日，月刊『六合雑誌』（編集長　小崎弘道）が創刊された。⑤ 10月11，12日説教を目的とした野外集会が開催された。政府が集会開催を許可し，印刷物や日刊紙にキリスト教の広告掲載を許可した寛容な態度に感謝の念と喜びを表していた。
　書簡の最後に，これを受け取ったボストンのミッション本部の幹事 E. K. オルデンが付したコメントに述べられているように，アメリカン・ボードとは直

接的に関係していないけれどもキリスト教徒がとる行動に同意し，日本国内にキリスト教を布教しようと力を尽くしているお雇い外国人教師たちが実在することをしっかり記憶してほしいと伝えている。

　以上のように，本人は契約上の制約もあってキリスト教布教に関して積極的に関わる方法ではないが，これを側面から援助をする形で，キリスト教布教が極めて順調に進展している模様を忠実に報告していたことが明らかになった。これは，お雇い外国人教師が担ったもう一つの役割として付け加えることができる。

注

1) 北垣宗治『新島襄とアーモスト大学』山口書店，1993 年，p. 293
2) 安田寛『「唱歌」という奇跡 十二の物語』文春新書，2003 年，pp. 18-19
3) 同志社大学人文科学研究所『アメリカン・ボード宣教師文書資料一覧』1993 年，M.L. ゴードン書簡，Roll 86
4) Leland Bio Files, *Archives and Special Collection, Amherst College Library*, 1880, pp. 374-376.
5) The Trustees of Amherst College, Amherst College Biographical Records 1973, Biographical Record of the Graduate and non-graduates of the classes of 1822-1971 in clusive, p. 91.
6) Boston Public Library, *An address in memory of William Seymour Tyler: delivered in the college church at Amherst*, May 29, 1898, p. 28.
7) Leland Bio Files, *Archives and Special Collections*, Amherst College Library, 1902, pp. 324-325.

　なお，書簡文の判読が大変に難解であったために，英語を専門に研究されているお二人に解読をお願いした。山城俊昭氏，ノーマン・ロジャー氏（ロンドン在住）には記してお礼申し上げます。

第 7 章

アマースト大学における
体操プログラムの実験的試み
―― 会衆派ジャーナルにみる記事の分析を通して ――

　1861 年～ 63 年にかけてアマースト大学の体操プログラムに関して触れた会衆派ジャーナルが取り上げた記事が見つかった。従来，全米初の大学体育としてもたらされたアマースト方式の体育を，強く支持した当該教派の人びとの眼に実際どのように映っていたのかを知る手がかりは皆無に等しかった。アマースト大学は，新興キリスト教勢力ユニテリアン派に対抗する伝統的なピューリタン，組合教会派の巣窟的な学校であった。その意味で，今回発掘された資料は，その内実を知る極めて興味深い資料であるといえる。当時のアマースト大学の体育に関する記事に即して，その内容を詳しく検討する。

第1節　会衆派ジャーナルに掲載された記事

1. Congregationalist, Dec. 6, 1861.

　この学科の全学年に対する調査が学期終了少し前の評議会の前に行われた。また，各学年から選ばれた 10 人による公開授業が学期最後の土曜日の午後に行われた。全学年調査は評議会を非常に満足させるものであったし，公開授業も同様に集まった人びとを喜ばせるものであった。公開授業でのパフォーマンスはサーカスに劣らずさまざまな動きがあり，楽しく，そして大いに役立つものであるが，その動きはすべて軍隊の秩序で実行され，全体に対し，またはいくつかの学年に対して出される号令に合わせて正確に行われる。見物客が主に

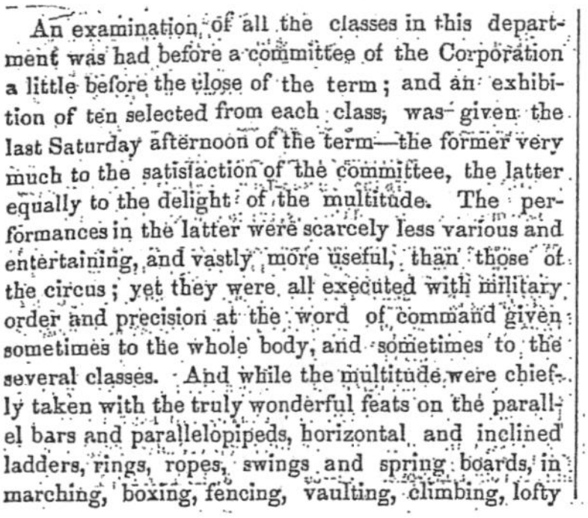

An examination of all the classes in this department was had before a committee of the Corporation a little before the close of the term; and an exhibition of ten selected from each class, was given the last Saturday afternoon of the term—the former very much to the satisfaction of the committee, the latter equally to the delight of the multitude. The performances in the latter were scarcely less various and entertaining, and vastly more useful, than those of the circus; yet they were all executed with military order and precision at the word of command given sometimes to the whole body, and sometimes to the several classes. And while the multitude were chiefly taken with the truly wonderful feats on the parallel bars and parallelopipeds, horizontal and inclined ladders, rings, ropes, swings and spring boards, in marching, boxing, fencing, vaulting, climbing, lofty

図７－１　Congregationalist, Dec. 6, 1861.

平行棒や平行六面体，横たえられているか，立てられているハシゴ，輪，ロープ，ブランコ，跳躍板を使った素晴らしい妙技や，行進，ボクシング，フェンシング，跳馬，クライミング，宙返りや床運動などに見入る一方で，少数の視察者たちはそれ以上に，その精神的な活動，素早い判断力，迅速で完璧な服従，軍隊秩序と正確さに目を奪われていた。これらがこの公開授業を際立たせ，またこれらが精神面，そして体育教育における重要な要素となっているのである。キャプテン(各学年から４名)の命令能力も培われ，また，新しい運動や多種多様な運動計画を考案する発想力も発達している。興味の低下の兆候は少しも見られない。それどころか，終わったばかりのこの学期において，この制度はかつてないほど評判が良く，効果を上げている。

2. The congregational journal, Amherst college. Oct. 6, 1862.

1862年10月6日　マサチューセッツ州アマースト神学博士ストーン牧師—この美しい村でのちょっとした時間つぶしに，アマースト大学にある９つの建物を何度か訪れた。自習室と学生寮の４階建ての建物が３棟，教会，大学図書館，ローレンス天体観測館(Lawrence Astronomical Observatory)，アプルトンキャビネット(Appleton Cabinet)，ウィリストンホール(Williston Hall)，そして体育館があり，どの建物も立派で，それぞれの目的にあった設計で建てられている。最後に挙げた建物は，体操運動のための設備が備わっており，この町を訪問する人びとの注目を集めている。この体育館は1860年から1861年に建設され，体操のための器具が完備されている。この横70フィート，奥行50フィートの２階建て石造りの建物には整備された地下もあり，正面にはオークやカ

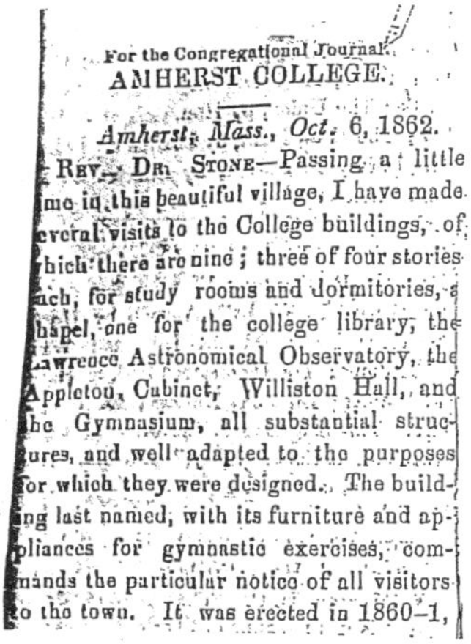

For the Congregational Journal.
AMHERST COLLEGE.

Amherst, Mass., Oct. 6, 1862.

REV. DR. STONE—Passing a little [t]ime in this beautiful village, I have made [s]everal visits to the College buildings, of [w]hich there are nine; three of four stories [e]ach, for study rooms and dormitories, a [c]hapel, one for the college library, the Lawrence Astronomical Observatory, the Appleton Cabinet, Williston Hall, and [t]he Gymnasium, all substantial struc[t]ures, and well adapted to the purposes for which they were designed. The build[i]ng last named, with its furniture and appliances for gymnastic exercises, com[m]ands the particular notice of all visitors [t]o the town. It was erected in 1860–1,

図7－2 The congregational journal, Amherst college. Oct. 6, 1862.

エデの木が美しく並び，運動や文化，レクリエーションにぴったりの環境を作り出している。この体育館との関連で，1860年に同大学が設置した「衛生・体育学科教授」と呼ばれる職に率いられる新しい学科がある。この学科は全学生に健康に良い毎日の運動とレクリエーション活動を行わせ，発声器官の使い方や体の動き，雄弁術に関連する手法の指導を行い，健康の法則を理論的，実践的に学ばせることを目的としている。毎日の身体トレーニングは通常の大学教育課程の一部として組み入れられている。エドワード・ヒッチコック・ジュニア教授(A.M., M.D.)は，尊敬すべき亡き元学長の息子であり，現在，この大学の自然神学と地質学の教授を務めており，また優れた医師でもあるが，彼は大学における保健衛生の監督を行っているだけでなく，学生は無償で彼のカウンセリングを受けることができるのである。体育館では最高水準の身体トレーニングを行うことができるが，生徒に課された運動は過度に体力を使ったり，怪我をしたりしないように考えられている。筆者はこれまで2回，それぞれ1時間以上，学生たちが運動しているところを見たので証言できるのであるが，学生はこの学科を楽しんでいる。週に5日，各授業でそれぞれ30分の運動を行う。土曜日には運動は行わない。この体操の手順をどんなに詳述したところで，これを読む読者にそれを正しく理解してもらうのは難しいが，その手法はすべての関節や筋肉，体全体，そして同様に大切な胸部や肺の運動を促すものである。カタツムリのようなゆっくりした動きは許されず，すべての動きは規律正しい兵士のように素早く，一定している。学生は行進し，走り，跳ね，ジャンプし，手足を前後に振ったり，鉄の玉を肩や頭ごしから素早く投げたりする。長いはしごを手を組んで駆け上がり，足ですべ

ての動きを行う。また，体をスイングさせたり，よじ登ったり，跳ねたり，リスのようにある場所から別の場所へ，ポールからポールへとジャンプして移動する。すべての動きは連隊・小グループのキャプテンによる一連の号令で一糸乱れず行われている。体操着は青色のウールのシャツとパンタロンで，腰回りをきつくはないがしっかりとしたベルトで締められるようになっており，伸縮性のある上履きを履いている。各学年にそれぞれのユニフォームがあり，体の各部分が締め付けられることなく動かせるように作られている。

　では，このような体操は生徒にどのような効果があるのだろうか。身体，精神，態度，人格において良い効果ばかりである。運動は健康を増進している。これは現時点で約220人の学生の全体的な印象から明らかである。「学生たちの顔は血色がよく，個性が確立され，彼らの踏むステップは素早くしなやかで，態度は陽気である。歩き方は紳士的であり，すべての動きに健康と気持ちの明るさがにじみ出ている。この整備された大学を何度か眺めてみて，学生たちが見せる本当に生き生きした姿に感動を覚えた。暗い表情をしている学生はひとりもいない。」

3. Congregational, Dec. 23, 1862.

　体操運動は学生の秩序やモラルの成長を大きく促した。体育館での規律正しい体操の動きにより学生の粗野な精神が取り除かれていっている。体操により，○○（判読不能，以下同）や，大学では頻繁に発生する学生による迷惑行為が抑えられている。この村の住民のひとりから聞いた話であるが，以前に比べて，体育館ができてからは大学や村の建物が壊されることはほとんどなくなったという。この村の建物への被害が減ったことにより，体育館の建設費用はすぐに償還されるであろう。

　体育館の効果として見逃せないのは，学生の精神的成長への影響である。学生は体操運動をし，健康な体，すっきりとした心，明るい気分で授業に臨む。気の滅入りは学業への最大の敵であり，学業への意欲を失わせる。すべては明るく，前途有望で，希望にみちている。どの○○も，学内のどの学科も，体育

館の活動以上に建学の崇高な目的を達成に導くものはないということが時間とともに証明されるであろう。体育館の建物と器具には約1万2千ドルがかかっており，その内の5千ドルを<u>ノーザンプトンのバレット博士が寄付</u>している。

アマースト大学には17名の教授と教員がおり，信仰心が厚く，愛国心のある優秀な指導陣である。教職員のひとりであり，クラーク教授の後任であったマンロス（Manross）教授はマサチューセッツ州第21義勇軍連隊長であったが，アンティータムの戦いで亡くなった。スターンズ学長（神学博士，牧師）は○○を受け，立派な息子を軍に送ったが，その息子もまたニューバーンの戦いで勇敢に戦い戦死した。1年と少しの間に，<u>約70名の大学関係者が志願兵となり</u>，現在の4年生が15名，13名は宗教学の教授の地位で，彼らの中には知力と研究手法において学年トップクラスの人たちもいる。

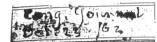

図7－3　Congregational, Dec. 23, 1862.

アマースト大学にはニューイングランド，中部，西部の州のほとんどの州からの出身者がおり，14人がニューハンプシャー州出身者である。

アマースト大学はその地位，特徴，そして徹底した教育のための設備と教育手法を確立してきたが，これほど短期間にこれを達成できた大学はニューイングランドにも，おそらくはこの国においてもないであろう。1822年に一期生3名が卒業し，スネル（Snell, LL. D.）教授もそのひとりである。これまでの<u>卒業生総数は1,333名で</u>，その多くが教会や州の重要な地位についている。アマースト大学はこれまでにも大きな貢献をしてきた。神への祈りにおいて創設され，神は大きく微笑んだ。これからも変わることなく神が微笑みつづけてくださいますように。

W. C.

4. Congregationalist, Jan. 2, 1863.

アマースト大学理事が採用した体操プログラムが成果を上げていることについて，好意的な評価を耳にするのは嬉しいことである。同学科のエドワード・ヒッチコック・ジュニア教授から先学期の報告書が提出されたが，教育システムの向上に関心を持つ者たちにとって，その報告書は非常に満足のいくものであった。先学期において，またこの年度において，学生の健康状態は実に一様に安定している。年度内に発熱した学生の報告は1件もなかった。秋学期に履修登録した178人の学生の内，病人リストに3日以上名前が記載されたのはわずか5名であった。体育館で毎日運動をすることに危険はないのかと危惧する声が多くあったが，大きな事故はこれまでに起きておらず，意欲的な学生が授業範囲を超えた運動により捻挫するケースが時々発生するに留まっている。また，全員必修という強制的なやり方では興味を損ない，効果を妨げるのではないかとも考えられていたが，この科目を必修にすることは，他の科目同様に危険性はないということをこれまでの事実が証明している。学生は大学の他の科目同様にこの運動に出席している。各大学で体育科を廃止すべきか否かについての賛否を問うたところで，廃止すべきに賛成票を投ずる者はひとりもいないだろうと担当教授は確信している。むしろこの科目は大学教育課程においてもっとも人気の科目なのだ。

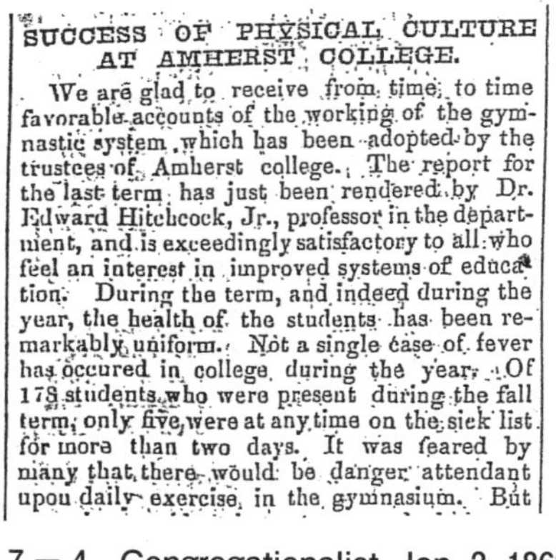

SUCCESS OF PHYSICAL CULTURE AT AMHERST COLLEGE.

We are glad to receive from time to time favorable accounts of the working of the gymnastic system which has been adopted by the trustees of Amherst college. The report for the last term has just been rendered by Dr. Edward Hitchcock, Jr., professor in the department, and is exceedingly satisfactory to all who feel an interest in improved systems of education. During the term, and indeed during the year, the health of the students has been remarkably uniform. Not a single case of fever has occured in college during the year. Of 178 students who were present during the fall term, only five were at any time on the sick list for more than two days. It was feared by many that there would be danger attendant upon daily exercise in the gymnasium. But

図7－4　Congregationalist, Jan. 2, 1863.
アマースト大学体育文化の成功

ノーザンプトンのベンジャミン・バレット(Benjamin Barret)博士やローウェルのネイサン・アレン(Nathan Allen)博士が先学期の終り頃に理事を代表し，体育科の利益を図るための施設視察を行った。この建物は，バレット博士がその建設に多額の寄付をしたことから「バレット体育館」と呼ばれている。バレット博士は通路のレイアウトや施設を趣味良

く装飾し，また建物内部の改善計画にも携わっている。力強く，生き生きと成長しこの大学から旅立っていく多くの学生たちが彼の尽力に感謝することは間違いない。ローウェルのアレン博士もまた，この施設の建設着手時からの協力者であり，アマーストで行うことができるかもしれない自分の専門分野における仕事の多くを犠牲にし，この事業の成功に力を注いでいる。アレン博士とスターンズ学長は体育科を支持する主要人物であり，彼らの先見の明と取り組み，そしてヒッチコック教授のたゆまぬ努力により，この実験的試みは大きな成功であったことが証明された。

（スプリングフィールド選出共和党員）

（図7－1, 2, 3, 4：Amherst college Special collections 所蔵）

第2節　記事の内容とアマースト大学体操プログラムの特徴

　第1節で取り上げた会衆派ジャーナル4紙を主な手がかりとして，記事の内容を分析し，この時期に実験的に行われたアマースト大学の体操プログラムの特徴を描き出す。ここで取り上げた記事は，以下に示すおおよそ4つの内容にまとめることができる。
1. 公開授業の内容について
2. 大学の建物，学科・教員，教育内容及びその効果について
3. 体育運動の効果について
4. 体操プログラムの成果について

1. 公開授業の内容について

　公開授業のパフォーマンスは，多種多様でかつ高度な内容を含んだ動きを伴い，見ていても楽しく大いに役立つもののように見受けられるが，動作は軍隊調で秩序に満ちたものであり，全体や部分に対して一糸乱れぬ号令によって貫かれている。大多数の見物客は準備された種々の用具を使った見事な演技に没頭する。一部の専門家たちは，一連の演技の奥に潜む精神面，迅速で完璧な判

断力や服従，きびきびとした軍隊秩序や正確さに驚嘆している。

2. 大学の建物，学科・教員，教育内容及びその効果について

　これまでにアマースト大学の構内を訪れたことのある訪問者であれば，一様にどの建物も立派で，合目的な配置で建てられていることを認めている。特に体育館については，以下のように最大の賛辞が贈られている。

　　「この体育館は，1860年から1861年に建設され，体操のための器具が完備されている。この横70フィート，奥行50フィートの2階建て石造りの建物には整備された地下もあり正面にはオークやカエデの木が美しく並び，運動や文化，レクリエーションにぴったりの環境を作り出している。」

次に1860年に同大学が設置した「衛生・体育学科」について触れている。

　　本学科は，全学年に健康に良い毎日の運動とレクリエーション活動を実施し，発声器官の使い方，体の動き，雄弁術に関する手法を指導し，健康法則を理論的，実践的に学ばせることを目的としている。この学科を担当するエドワード・ヒッチコック・Jr.教授は，元学長の子息であり，現在，大学で自然神学と地質学を担当し，他に保健衛生の監督（医師の有資格者である）を行っているばかりでなく学生は無償で彼のカウンセリングを受けることも可能である。体育館では最高水準の身体トレーニングを行うことが可能である。最後に教育内容とその効果について触れ，1）週5日，30分間の授業を行う。土曜日は実施しない。2）この体操の手順は，全ての関節，筋肉，体全体，胸部や肺の運動を促している。3）すべての動きは連隊・小グループのキャプテンによる号令でしっかりと統制されている。4）体操着は，青色のウールのシャツとパンタロンで統一されており，腰にはベルトを着用し上履を履いている。

3. 体育運動の効果について

次に体育運動の効果について，取り上げていく。

身体，精神，態度，人格面のいずれをとっても，すべてにわたって良い効果が見受けられる。運動は確実に健康を増進している。以上は，約220人の学生の全体的な印象を見れば明らかである。

4. 体操プログラムの成果について

本学理事会が採用した体操プログラムが高い評価を得ているという評判を耳にすることは誠に喜ばしい限りである。担当教授であるエドワード・ヒッチコックから先学期の報告書が提出されたが，その内容は非常に満足のいく内容であった。今年度に入って学生の健康状態は一様に安定しており，発熱した学生は皆無であった。秋学期に履修登録した178名の学生の内，病人リストに3日以上名前が記載されたのはわずか5名にすぎなかった。毎日体育館で積極的に運動することについて危険を案ずる声もあるが今のところその心配も不要である。学生にとっては，最も人気のある科目として受け入れられている。

これらの背景には，B. バレット博士，N. アレン博士，W. A. スターンズ学長など体育科を支持する主要な人物と，E. ヒッチコック教授のたゆまぬ努力によって指導された賜ものである。

第3節　会衆派の立場からみたアマースト体育の評価

これまで見て来たように，アマースト大学で実験的に取り組まれた体操プログラムは，総じて好意的かつ肯定的な非常に高い評価がもたらされていた。

こうした受け止め方は，やや自画自賛的とも見做されるが，試験的な体操プログラムの実施段階にあっては，新鮮さや物珍しさも手伝ってつい高い評価を下してしまうことも無理からぬ結果である。

しかし一時的な評判に陥ることなく，長いスパンでアマースト体育に対する

批判的，否定的な意見を取り上げ適切な評価を下していくことが求められよう。今後の課題としたい。

あとがき

　本書は，著者が長年取り組んできた研究テーマである「日米体育交流の実証的研究」を，2015年3月北海道大学を退職するのを機に一冊の本にまとめようと計画したものである。しかし同年3月にすでに刊行された別の著書である『時空を超えて 甦る幻の体操伝習所体操場』亜璃西社，とほぼ同時進行で出版を企画したために刊行予定の期日に大幅な遅れが生じてしまった。

　このような内部の事情にも拘わらず，本書の刊行に粘り強くお付き合いを頂いた学文社社長田中千津子氏の熱意と寛容に対して心より感謝の意を表したい。

　本書が刊行されるまでには，多くの方々のお世話を頂いた。

　研究を進めるに当たって様々な助言と激励を与えられた元鳴門教育大学田甫桂三先生には謝意を表したい。また著者が院生時代から指導教員の如く絶大なる影響を受けている元亜細亜大学中川隆先生である。日頃国会図書館でお会いする度に叱咤激励を受けている。東京学芸大学教育学部で教鞭を執っていた氏に出会わなければ，本書の出版はなかった。未だ十分な返礼ができないままである。

　また，本書の中枢をなす資料の提供において，多くの方々から協力を得ることができた。

　はじめに本書のリーランド関係資料の大半は，アマースト大学元特別資料室室長ダリア・ダリエンゾ氏から全面的な提供かつ多大な便宜を受けた。また本書刊行に至るまでの間，アメリカ連邦議会図書館元アジア・ディビジョン司書T. ヨネジ・オオタ氏，同図書館専門官　中原まり氏には，リーランドに関するあらゆる資料の情報提供を受けた。同様にワシントンD.C.在住のウルタ・リサーチ　プレジデント　ユタカ・ウンノ氏には，在米資料に関しての資料収集と情報提供を快くお引き受け頂いた。ここに記して，感謝を申し上げたい。

　それ以外にも国の内外の多くの国公，私立の機関及び大学等からも様々な資料提供を受けることができた。

国立国会図書館をはじめとして，国立公文書館，外務省外交資料館，東京都公文書館，北海道道庁行政資料館，北海道大学大学文書館，東京大学附属図書館，京都大学大学文書館，筑波大学附属図書館特別資料室，同志社大学社史資料センター，同大学人文科学研究所，その他海外資料ではハーバード大学附属図書館，アメリカ国立公文書館，ボストン公共図書館，コングリゲーショナル図書館，マサチューセッツ州立大学附属図書館特別資料室所蔵の資料の一部を収めることができた。

　また特に名前は記さないが，周囲の多くの方々にも激励や助言を頂いた。衷心より感謝申し上げたい。

　2015 年 6 月

大櫃　敬史

事項索引

A Guide to the History of Physical Education　1
Anthropometry　120
Physical Measurement　120
Vital Statistics　120

あ行

アマースト・グループ　188
アマースト大学回顧録　92
アマースト大学50年史　217
アマースト大学スペシャル・コレクションズ　91
アマースト大学体育学科　45, 66
アマースト大学体育学科二十年の歩み　52
アマースト大学体操便覧　77
アマースト大学図書館　45
『アマースト大学の学生生活』―その組織～会員と歴史　60
アマースト大学の体育　72
アマースト大学の歴史　92
アマースト大学報告書　57
アマースト同窓会季刊紙　176
アマーストプラン　40
アメリカ教員講習会　39
アメリカ国民保険会社の集会　65
アメリカ所在キリスト教各派日本関係文書　187
アメリカ聖書協会　211
アメリカ体育振興協会　104
アメリカ体育レビュー　68
アメリカ「知日派」の起源　188
アメリカ陸軍士官学校　194
アメリカン・ボード　188
アメリカン・ボード宣教師文書資料一覧　187
アンドーヴァー神学校　189
岩倉使節団　84
ウィリストン・セミナリー　124, 135, 196
運動会　160
衛生体育学部　94
衛生・体育学科教授　223
エール　92
遠足　158
欧州留学　166
欧米教育視察記　44
オランダ改革派教会　190

か行

開拓使　212
開拓使外国人関係書簡目録　197
学校体育の父　リーランド博士　47
活力統計比較表　105
活力統計表　64
教育瑣談　51
教育雑誌　109
教育制度調査取り調べ　80
競技運動(スポーツ)　160
強促法　65
キリスト教青年会(YMCA)　118
近代日本体育史　43
クラスキャプテン　76
軍事技術　196
軍事教練　194
「撃剣柔術の教育上における利害適否」の調査　157
ゲッティンゲン大学　13
建築委員会　101
ケンブリッジ　8
行軍　158

さ行

サージェント方式(サージェント)　135
札幌農学校　197
時空を超えて　甦る幻の体操伝習所体操場　231
疾病調査　85
耳鼻咽喉科の外科医　79
下関賠償金問題　46
射撃演習　158
修学旅行　158
十九世紀に於ける日本体育の研究　44
小学校生徒体育奨励会　157
小学校の歴史 I　52
少力運動(軽運動)　65, 84
シーリー関係文書　176
身体測定資料　112
身体鍛錬のための会議　121

身体の発達　71
スウェーデン体操　117, 119
スコットランド聖書協会　211
スチューデント　97
スミス大学　123, 135
正課体育　40
生徒体操講習会　157
専門学校其他諸学校に於ける生理, 解剖学の初歩　62
創設期の同志社　191

た　行

体育学兼衛生学　77
体育館構想　40
体育館の設立　12
体育の世界史　148
体育法　119
体操運動必携　76
体操学校監督　28
体操器具買入の意見　199
体操協会　60
体操研究　166
体操伝習所　197
体操伝習所監督　125
体操伝習所　新設体操成績報告　105
体操伝習所取調書　156
体操に関する論文　35, 40
体操の父　35
体操プログラム　221
体操遊戯併用　181
タイラー教授の追憶　217
ダートマス医学校　172
多力運動 (重運動)　84
訂正増補　普通体操法　174
ドイツ体操場　17
ドイツ体操連盟　119
同期季刊誌　109
東京外国語学校　140
東京師範学校　92, 140
東京女子師範学校　140
東京大学予備門　140
同志社　197

な　行

日米教育交流　146
日米体育交流　83
日本人の人体測定学　104
日本体育に関する情報　147

日本之体育　44
ノーザンプトン　86

は　行

バージニア大学　93
ハーゼンハイデ体操場　17, 29
発火演習　158
ハーバード　第2巻　18
ハーバードカタログ　19
ハーバード大学　10, 14
ハーバード大学医学部　85
ハーバードの黎明　17
バレット体育館　61, 92
比較人体測定学　104
美容術　57
フィラデルフィア博覧会　46
フィリップス・アカデミー　188
フォーカー体操学校　37
付設水泳学校　28
普通体操　166
ブラウン　92
プラット体育館　95
プロイセン政府　14
米国議会図書館　42
米国教育雑誌　7, 20
米国国立医学図書館　42
米国体育視察　167
兵式体操　194
ヘミンウェー体育館　118
ボストン医学通信　31, 33
ボストン・グローブ　169, 180
ボストン・コモン　25
ボストン公立体操場　20, 23
『ボストン公立体操場』設立請願書　23
ボストン・サンデーポスト　170, 174
ボストン市立病院　79
ボストン体操師範学校　38, 123
ボストン・パブリック・ライブラリー　24
ボードイン　92
歩兵操練科　158
ホランド文書　205

ま　行

マウント・バーノン教会　209
マウント・ホリヨーク大学　123, 135
マサチューセッツ衛生総会　62
マサチューセッツ農科大学　194
明治期学校体育の研究　50

索引　235

明治前期教育政策の研究　50
モリル法　196

や　行

ヤトイ　190
遊戯法　159
ユニテリアン派　190

ら　行

来日宣教師　187
ラウンド・ヒル学校　5
ラファイエット大学　76
リーランド関係史料　111

リーランド賞　116
リーランド招聘　43
六合雑誌　220
理事功程　44
留学生学資金問題　54
留学生貸費規則改正意見　54
留学生旅費及貸費条規　55
練兵　194

わ　行

YMCAトレーニングスクール　171
ワシントン・ガーデン　25

人名索引

あ　行

青木周蔵　153
アダムス，J. Q.（アメリカ第6代大統領）　33
アモロス，C.　26
アレン，N.　71, 226
伊沢修二　43, 50, 85
岩倉具視（特命全権大使）　46
ウィンジップ　101
ウェブスター，D.　8
エドワード，H.　60, 62
エモリー，W.　13
オーエン，R.　97
オルデン，E. K.　215

か　行

可児徳　91
加藤重任（陸軍少尉）　194
ギューリック，L. H.　170
グッデル，H.　196
クラーク，N. G.　191
クラーク，W. S.　188, 190
河野敏鎌（文部卿）　47, 114
コグスウェル，J. G.　5
ゴードン　191
コフィン，J. C.　8

さ　行

サージェント　171
サベージ，W. L.　68

サリバン，W.　21
三条実美（太政大臣）　114
シェルドン，E. A.　77
ジャービス，E.　38
ジュニア，E. H.　223
シーリー，J. H.　45
スターン，W. A.　57
スターンズ　94, 225
ストレンジ，F. W.　160
ストーン（神学博士）　222
スネル　225

た　行

ターナー，J. F.　26
田中不二麿　43
坪井玄道　146, 166
ティクノア，G.　6
ティックナー，J.　21

な　行

新島襄　84
ニール　29

は　行

パークス，C. E.　91
バスウェル，A. T.　173
ハーディ，A.　188
ハートウェル，E. M.　68, 169
バトラー，S.　33
ハリス，W. T.　149
バレット，B.　95, 225

バーロウ, E. H.　76
ハワード, J.　61
バンクロフト, G.　5
ピアース, A.　79
ヒギンズ, R. R.　79
ビーチャー, C. E.　169
ヒッギンソン, T. W.　18
平岩愃保　214
ファウル, W. B.　37
ファーロウ, J. W.　137
フィリップス, P. C.　68
フォーカー　29
フォスター, J. S.　21
フォーレン, C.　2
フーカー, W.　60
プフエル(陸軍少将)　31
ブルックス, W. P.　190
ベック, C.　2
ヘリック　209
ベルツ, E.　133
ベレンソン, S.　123
ペンハロー, D. P.　190
ホイラー, W.　190
ホーソーン, N.　189

ま 行
マカーディ, J. H.　170
マンロス　225
目賀田種太郎(留学生監督)　54
メーソン, L. W.　190
森有礼　194

や 行
ヤーン, F. L.　2, 9
芳川顕正　154

ら 行
ラーネッド, D. W.　191
リーバー, F.　2
リーランド　1
ルイス, D.　169
レオナルド, F. D.　1
ローエン, R.　66
ロバーツ, R. J.　170

わ 行
ワーレン　8
ワイマン, M.　57

著者紹介

大櫃　敬史（おおびつ　たかし）

1949年島根県に生まれる。
東京学芸大学大学院教育学研究課修了。
教育学修士。
北海道大学大学院教育学研究院教授，同大学同大学院同研究院特任教授。

主要論文・著書

「明治前期学校体育の成立過程―学制～改正教育令期における体育書の史的分析」（『日本の教育史学』第29集，1986年）
「アメリカン・ボード日本ミッションの活動と日本近代体育の成立―来日アメリカ人宣教師関係文書を手がかりとして」（『体育史研究』第22号，2005年）
『近代日本体育の父　リーランド博士全集1―アマースト大学と体育教育の成立』紫峰図書，2003年
『時空を超えて　甦る幻の体操伝習所体操場』亜璃西社，2015年

日米体育交流に関する実証的研究

2015年8月10日　第1版第1刷発行

著　者　大櫃　敬史

発行者　田中　千津子　　〒153-0064　東京都目黒区下目黒3-6-1
　　　　　　　　　　　　電話　03（3715）1501（代）
発行所　株式会社　学文社　FAX　03（3715）2012
　　　　　　　　　　　　http://www.gakubunsha.com

©2015 Obitsu Takashi Printed in Japan　　　印刷　新灯印刷
乱丁・落丁の場合は本社でお取替えします。
定価は売上カード，カバーに表示。

ISBN 978-4-7620-2557-0